정약용 코드

정약용 코드

초판 1쇄 발행 | 2022년 11월 10일

지은이 박정현
발행인 한명선

편집 김수경
마케팅 김예진 **관리** 박미실 **디자인** 모리스

주소 서울시 종로구 평창길 329(우편번호 03003)
문의전화 02-394-1037(편집) 02-394-1047(마케팅)
팩스 02-394-1029
전자우편 saeum98@hanmail.net
블로그 blog.naver.com/saeumpub
페이스북 facebook.com/saeumbooks
인스타그램 instagram.com/saeumbooks

발행처 (주)새움출판사
출판등록 1998년 8월 28일(제10-1633호)

ⓒ 박정현, 2022
ISBN 979-11-92684-14-7 03150

◆ 이 책은 관훈클럽 정신영기금의 도움을 받아 저술, 출판되었습니다.

정약용 코드

21세기형 실천적 하이브리드 지식인

박정현 지음

새움

머리말

정약용은 매우 현대적 인물이다. 26년 동안 기자생활 하면서 『목민심서』를 접했고, 그 뒤 공직에 있으면서 정약용에 대해 본격적인 탐구를 한 결과다. 갓 쓰고 헛기침하는 200여 년 전 고리타분한 선비가 아니다. 우리 시대가 바라는 미래를 위한 통섭형 인재가 바로 정약용이다. 그는 인문학적 소양과 과학적 지식을 모두 갖춘 양손잡이 지식인이다.

그가 갖고 있는 통섭(Consilience)은 깊이와 끝을 알 수 없다. '한자가 생긴 이래 가장 많은 저술'을 펴낸 학자이자 사상가인가 하면, 그 옛날에 엑셀을 돌려 어려운 수학 계산을 척척 해낸 수학자였다. 음악 전문 서적을 펴낸 음악가였고, 의사이면서, 군사전략가이기도 했다. 그의 통섭을 알아갈수록 고개가 끄덕여지고, 머리가 숙여진다. 너무나 매력적이다. 현대인이 닮아가고 좇아야할 통섭형 인물이 정약용이다.

남존여비의 조선시대에 여성들이 과로하지 않도록 옷감 짜는 길쌈을 중단시키자고 했고, 감옥에 있는 재소자들이 후손을 잇도록 부부관계를 허용하자고 주장한 휴머니스트다. 현대인보다 훨씬 앞서 있는 선각자를 200여 년 전의 선비라고 할 수 있을까 싶다. 그가 남긴 『경세유표』의 개혁정신은 여전히 유효하다. 지금도 개혁을 언급할 때면 어김없이 등장하는 표현이 '지금 당장 개혁하지 않으면 나라가 망하고 말 것'이란 경고다. 『경세유표』의 개혁정신은 미완에 그쳤지만 우리가 가야 할 개혁의 이정표다.

지금도 공직에 들어가 헤매고 있는 '어공(어쩌다 공무원)'이 있다면 『목민심서』 일독을 권하고 싶다. 『목민심서』를 읽고 나면 공직자는 걸음걸이도 천천히 하고, 말도 적게 하고, 식사도 적게 하게 되며, 마늘과 양파도 안 먹게 된다는 말을 이해하게 된다. 『목민심서』는 공직은 늘 조심해야 하는 살얼음판임을 알려주면서, 조직을 다스리고 처신 방법을 알려주는 '통치의 기술'을 담고 있다. 그가 강조하는 청렴은 통치의 수단에 가깝다. 행여 『목민심서』가 여전히 고리타분하게 느껴진다면 미겔 데 세르반테스의 세계적인 소설 『돈키호테 데 라만차』를 읽어도 좋다. 돈키호테가 그의 시종 산초 판사에게 전하는 통치자 매뉴얼은 『목민심서』와 완전 닮은꼴이고, '스페인판 목민심서'다.

정약용에 다가설수록 흠뻑 빠져들지만 그를 제대로 모른다는 사실을 절감한다. 특히 그의 삶에 대해서는 알지 못한다. 잘나가던 고위 관리에서 18년 유배생활로 내몰린 원인이 신유사옥 때문으로 알려져 있다. 하지만 정약용은 자신은 30대의 젊은 나이로 공직에 있을 때 과감한 언행 때문에 유배생활을 하게 됐다고 고백한다. 천주교 때문이 아니라는 것이다. 환갑 나이에 쓴 「자찬묘지명」 등에서 "인생 잘못 살았노라"는 뼈저린 후회를 한다. 그의 회한을 들노라면 행여 우리도 지금 남의 잘못을 단죄하는 데 거리낌 없이 신바람을 내고 있지 않은지 되돌아볼 필요가 있다.

다가설수록 정약용은 어렵다. 『목민심서』는 가볍게 읽을 수 있는 책이 아니다. 정약용과 관련해 최고의 권위를 가진 다산연구회도 『정선 목민심서』 서문에서 "일반 독자가 읽어내기에는 실로 만만치 않다"는 경고문을 붙였을 정도다. 기자생활과 공직생활을 하면서 『목민심서』와 정약용 저술을 읽고 이해하는 데 생각보다 오랜 시간이 걸린 이유도 어렵기 때문이다.

이준익 감독의 영화 「자산어보」는 흑백이다. 정약용의 둘째 형 약전의 흑산도 유배를 다룬 영화 「자산어보」는 흑백으로 처리되면서 관객들을 조선시대로 순간이동 시켰다. 흑백의 정약용은 시대 상황이 다르기 때문에 이해가 쉽지 않다. 나는 거꾸로 흑백의 정약용에게 컬러를 입혀 현대로 모셔 오고자 한다. 현대인들이 이해하도록 현대인의 시각에서 풀어 썼다. 한자는 되도록 쓰지 않고, 불가피할 경우에는 해설을 남겼다. 정약용의 발언과 저술의 원문은 될 수 있는 대로 그대로 표기하고자 했다. 쉽게 설명하려고 노력했음에도 여전히 부족함이 많을 것이다.

모두들 '다산'으로 부르는 분을 '정약용'으로 호칭하면 무례하게 비칠 수도 있겠지만, 그것은 여백을 남기기 위해서다. 그는 '문도공 정약용'일 수 있고, '사암 정약용' 또는 '여유 정약용'일 수도 있다. 정약용의 개혁 정신은 진영을 떠나 있는 그대로 바라봤으면 좋겠다. 정약용은 우리 모두의 정약용이다.

2022. 10.

박정현

I
문과와 이과를 오간 통섭형 인재

3 존경의 비결, 당당하고 떳떳함

4 다산(茶山)의 '다산(多産)' 비결

II

혁명가인가, 개혁가인가

III
돈키호테와
정약용의 만남

2 혼자서 바꿀 수 없다

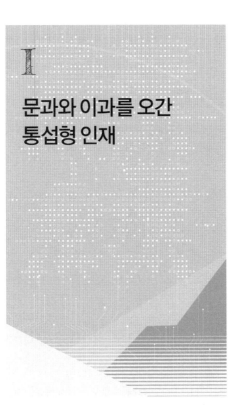

I

문과와 이과를 오간
통섭형 인재

1
르네상스형 천재

수학 잘하는 '뇌섹남'이자 음악가

정약용은 수학 잘하는 '뇌섹남'이다. 1795년 34살 병조참의(국방부 차관보) 때 그는 정조로부터 수원 근처 8개 도시에 심은 나무 숫자를 책 한 권으로 정리하라는 지시를 받았다. 정조가 1789년 양주 배봉산에 있던 사도세자의 묘소를 수원 현륭원으로 옮기면서, 수원 인근에 7년 동안 12차례 심은 나무가 도대체 몇 그루인지 궁금했던 것이다. 정약용은 식목한 장부를 수레에 실으니 소가 땀을 흘릴 정도로 많았다고 했다.

정약용은 가로에 12줄(식목 횟수)을 만들고, 세로에 8개 칸(나무를 심은 8개 도시)을 만들었다. 그랬더니 식목한 나무가 모두 1,200만 9,772그루라는 계산이 간단하게 나왔다. '소가 땀을 흘릴 정도'의 방대한 자료를 한 권의 책으로 정리하라는 정조의 지시를 정약용은 달랑 종이 한 장으로 정리했다. 가로와 세로에 숫자를 넣어 계산하는 간단한 방식은 요즘의 엑셀 개념이다.

'뇌섹남'의 수학적 재능은 엑셀 개념에 머무르지 않는다. 거중기 제작, 화성 축성 등 곳곳에서 수학적 능력을 발휘했다. 정약용이 만든 거중기와 수원 화성은 수학과 물리학 비밀로 가득하다. 삼각함수를 모르고는 성을 만들 수가 없었다. 화성의 성벽에 뚫려 있는 구멍들을 통해 바깥을 내다보면 아래쪽으로 뚫린 기울어진 각도의 크기가 구멍마다 다르다. 총을 쏘는 구멍, 즉 총안은 근거리용 근총안과 원거리용 원총안으로 구분된다. 총알이 날아가는 거리에 따라 구멍의 각도를 달리했다. 구멍 각도에 따라 총알이 날아가는 거리를 달리했다는 건 삼각함수다.

조선시대 산학자들이라고 불리는 수학자들이 있기는 했지만, 수학을 공부하지 않은 정약용이 엑셀로 계산을 하고 삼각함수 원리를 이용해 총안을 만들었다는 것은 천재라는 표현이 아니고는 설명이 되지 않는다. 정약용의 대표적 저술의 하나인 『주역사전』도 수학 실력을 바탕으로 했기에 가능했다. 『주역』은 상수학이다. 상수학은 우주의 진리를 밝히는 음양오행 철학으로 상징과 숫자로 이루어져 있다. 수학을 모르고는 『주역』을 공부할 수 없다. 정약용은 유배생활을 하면서 『주역』을 공부한 지 2년 만에 통달했다.

조선시대 선비들이 공부한 유교의 기본 경전은 사서삼경이다. 사서는 『논어』, 『맹자』, 『대학』, 『중용』이고 삼경은 『시경』, 『서경』, 『역경』을 말한다. 여기다 『춘추』와 『예기』를 포함해서 사서오경이라고 부른다. 조선시대 선비들이 사서삼경이나 사서오경을 공부할 때 정약용은 '사서육경'을 공부했다. 사서육경은 사서오경에 『악경(樂經)』이 추가된 것이다. 『악경』은 음악을 말한다. 고려와 조선시대를 통틀어 『악경』, 즉 음악을 공부한 선비는 정약용이 유일하다.

공자 시절에 음악은 아주 중요한 공부 과목이었다. 공자는 세상을 평화롭게 하기 위해 힘써야 할 세 가지로 시, 예, 그리고 음악을 꼽았다. 공자는 성인의 도는 음악이 아니면 실현하지 못하고, 제왕의 정치도 음악이 아니면 성공하지 못한다고 했다. 음악을 알아야 성인이 될 수 있고, 정치도 제대로 할 수 있다는 얘기다. 음악을 알아야 성인 반열에 오를 수 있다면, 분서갱유로 『악경』을 불태워 없앤 진시황은 분명 성인과는 거리가 멀다. 공자는 제자들에게 노래 부르기와 악기 연주를 가르쳤고, 비파를 타면서 학문이 깊어진 공자의 제자가 자로다. 정약용은 『목민심서』에서 학교는 공부하는 곳이 아니라 예와 음악을 익히는 곳이라고 설명한다.

『악경』 공부에 매달린 정약용이 유배생활 후반부에 펴낸 저술이 『악서고존(樂書孤存)』이다. '음악 악(樂), 글 서(書), 홀로 고

(孤), 있을 존(存)'으로 굳이 해석하자면 '악경을 홀로 보존하다'
가 된다. 『악서고존』은 음악 이론, 성률, 악기 등의 기록을 고증한
음악 서적으로 알려져 있다. 정약용은 『악서고존』이 자신의 저
서 가운데 인간 능력을 벗어난 책이라고 했다. 밤낮으로 사색하
고 심혈을 기울이다 보니 하루아침에 문득 깨닫게 됐다고 설명한
다. 『악서고존』은 아쉽게도 전해지지 않는다. 수학과 음악은 상관
성이 높다는 점을 감안하면 정약용이 수학자이자 음악가라는 점
은 그리 이상하지 않다.

정약용의 이공계 소질은 어릴 때부터 탁월했다. 정약용의 아
버지 정재원은 7살 나이의 아들에게 "분수(分數)와 소장(消長)에
밝으니 역법이나 산수에 능통할 것"이라고 했다. 소장은 태양년의
길이가 길어지거나 짧아지는 현상을 말한다. 또래 아이들은 천자
문을 읽을 어린 나이에 이미 수학과 천문 과학 등에 뛰어난 재능
을 보였다는 얘기다.

정약용에게 붙여진 타이틀은 셀 수 없이 많아 딱히 그의 직
함을 규정짓기는 어렵다. 학자, 문신, 사상가, 철학자, 저술가, 시
인, 법학자, 역사가 등의 타이틀이 붙는다. 때로는 개혁가, 실학가
라고들 한다. 여기까지는 조선의 다른 선비에게도 따라붙을 수
있는 직함이다. 정약용은 음악가이자 수학자인 동시에 과학자, 엔
지니어, 건축가 등으로 불렸다. 임금이 아플 때 찾는 의사였고, 무

기와 국방, 국제정세에도 밝은 군사전문가이었고, 장군의 기질도 갖추고 있었다.

그는 인문과 과학을 드나드는 통섭형 인물이었고, 문과와 이과를 넘나드는 양손잡이식 능력을 보여줬다. 과학과 예술에서 재능을 발휘한 르네상스형 천재였다. 한두 가지 일에 재능이 뛰어난 게 아니라 모든 일에 다재다능한 멀티 플레이어였다. 그렇다고 단순한 팔방미인이 아니다. 모든 일에 전문가적인 식견과 재능을 발휘했고, 전문지식의 깊이는 여느 전문가를 능가했다. 전문지식을 가지고 있으면서 다른 분야에도 소양을 갖고 있어 새로운 관점에서 문제를 창의적으로 해결해낸 인물이었다. 현대인들이 추구하는 미래형 지식인의 모습이 바로 통섭형 인물 정약용이다.

레오나르도 다빈치와 닮았다?

흔히들 정약용과 레오나르도 다빈치를 닮았다고들 한다. 두 사람을 비교하는 충분한 이유가 있다. 네덜란드 레이던 대학의 바우더베인 발라번 교수는 「조선 후기 사회에 대한 역사인류학 자료로서 다산의 저술들」이라는 논문에서 "세계적으로 그토록 높은 수준으로 그렇게 다양한 것들에 몰두했던 사람들의 사례를 찾아보기 힘들 정도"라면서 "정약용을 레오나르도 다빈치 같은 인물에 비교하는 것은 부적절한 일이 아니다"고 평가했다. 다빈치는 15세기, 정약용은 18~19세기 인물이다. 두 사람은 300년 넘는 세월의 간극과 동서양의 문화 차이가 있지만 너무 닮았다. 두 사람은 과학과 예술에서 재능을 발휘한 르네상스형 천재였고, 수학자이자 음악가였고, 과학자였다. 원근법에 대한 이해도 함께했고, 메모광이라는 점에서도 닮았다.

다빈치는 1482년 피렌체를 떠나 밀라노 궁전에 들어서면서 자신을 '음악가'라고 소개했다. 「모나리자」와 「최후의 만찬」 같은 세계적인 그림을 그리는 화가가 자신을 음악가라고 소개한 이유는 밀라노에 초빙된 자격이 미술가가 아닌 음악가였기 때문이다. 밀라노 공국의 공작인 루드비코 스포르차는 다빈치의 음악가이자 파티 기획자의 재능을 높이 샀다. 밀라노에서 다빈치 역할은 스포르차를 위한 무도회 기획이었다.

다빈치는 음악 기획자뿐 아니라 실제로 음악에 상당히 조예가 깊었다. 해부학자이기도 한 다빈치는 인체를 해부해서 목구멍의 구조를 비교한 결과 음 높이를 서서히 높이고 낮추는 기법을 찾아냈다. 하프처럼 생긴 악기 리라를 개발했는가 하면, 여러 악기의 음조와 음색을 조합했다. 그는 미술가, 과학자였고 동시에 정약용처럼 음악가이자 수학자였다. 다빈치의 수학적 재능은 '원의 구적'과 사면체의 무게중심에서 찾을 수 있다. 다빈치는 원과 똑같은 정사각형을 그리는 원의 구적 문제를 놓고 고민에 고민을 거듭했다. 정사면체, 정육면체, 정팔면체, 정십이면체, 정이십면체와 구, 원뿔, 원기둥, 피라미드 등의 입체 도형들을 그려내는 재능을 발휘했다.

정약용과 다빈치의 닮은 모습은 원근법에서도 확인된다. 정약용은 어린 나이에 지은 시에서 원근법을 묘사했다. "작은 산이 큰 산을 가리니(小山蔽大山), 땅의 멀고 가까움이 같지 않아서라네(遠近地不同)"라는 시를 7살 때 썼다. 어린아이가 원근법의 개념을 시에 표현한 것은 매우 놀라운 일이다. 원근법은 다빈치가 활동하던 15세기 르네상스 시대 전문 화가들이나 사용하던 그림법이고, 「최후의 만찬」은 원근법을 사용한 걸작이다. 천재들끼리는 300년의 세월과 동서를 뛰어넘어 소통하고 교감하는 모양이다.

'가정의'이자 임금을 치료한 의사

정약용은 의사였다. 의사는 중인의 직업이었지만 양반도 의사 역할을 했다. 병원과 약국이 모두 부족했던 시절, 집안에서 또는 고을에서 응급환자를 치료해줄 사람이 필요했다. 글을 알거나 의술에 관심이 있는 선비가 의학서적을 공부해서 의사 역할을 맡았다. 응급의이자 '가정의' 역할이다. 정약용이 바로 가정의였다. 류성룡도 허균에게 조언해줄 정도로 의술이 뛰어났다. 양반들이기 때문에 생계형 의원 활동은 하지 않는다. 정약용은 "높은 벼슬이나 깨끗한 직책에 있는 사람, 덕이 높고 학문이 깊은 사람도 의술을 터득하고 있지만 그들은 스스로 천하게 의원 노릇을 하지 않는다"고 했다.

유배에서 풀려난 지 12년이 지난 1830년 순조의 아들 효명세자(익종)가 세자로서 대리청정을 하고 있을 때다. 21살의 젊은 나이인 효명세자는 아픈 지 오래됐고, 왕실은 효명세자에게 한약을 지어 올리는 문제를 상의하기 위해 정약용을 긴급 호출했다. 정약용이 남양주에서 대궐로 불려가 진찰했을 때는 이미 위험한 지경이었다. 한약을 올리기도 전에 세자는 숨을 거뒀다. 정약용의 의술은 동네 환자를 돌봐주는 아마추어 수준이 아니었다. 왕실의 어의(주치의)가 있는데도 왕실에서 호출해서 한약 짓는 문제를 상의할 정도로 의술이 뛰어났던 것이다.

의사 정약용의 활약은 전염병에서 두각을 나타냈다. 중세에 가장 무서운 전염병은 천연두였다. 천연두로 인한 참혹한 죽음이 '임진년 병화', 즉 임진왜란 피해보다 심하다고 했다. 천연두가 유행할 때마다 백성들은 두려움에 떨었다. 천연두는 양반 천민을 가리지 않았고, 왕족도 피해 갈 수 없었다. 별다른 치료법도 없었기 때문에 서로 왕래와 접촉을 끊는 '사회적 거리두기'로 버텼다. 가족과 친척이 함께 모이는 제사도 건너뛰었다. 유교 사회인 조선에서 제삿날 친척이 모이지 않았다는 건 가장 강력한 사회적 거리두기다. 당시의 천연두는 코로나19에 비할 게 아니다. 문명 자체를 쓸어버릴 정도로 강력했다. 남미의 아즈텍과 잉카제국이 어느 날 갑자기 사라진 까닭은 강력한 스페인 군대 때문이 아니라 스페인 군인에 묻혀 간 천연두 병균 때문이다.

정약용의 호 가운데 하나인 '삼미(三眉)'도 천연두 때문에 생겼다. '석 삼(三), 눈썹 미(眉)'다. 두 개여야 할 눈썹이 상처 때문에 세 개로 보였던 것이다. 정약용은 6남 3녀를 낳았지만 6명의 아이를 천연두와 홍역 등으로 먼저 떠나보내야 했다. 특히 막내아들 구장이 홍역으로 숨졌다는 소식은 강진 유배지에서 전해 들었다. 전염병으로 자식 잃은 슬픔을 누구보다도 잘 아는 정약용은 1792년 황해도 곡산 도호부사 시절 천연두와 홍역 연구에 몰두했다. 그리고 홍역과 천연두 치료법을 모은 저술『마과회통』을 펴냈다. 평안도와 황해도에서 전해지던 치료법을 모았고, 잘못된 점을 찾아냈다. 새로운 치료법과 처방들을 담았다.

강진에 앞서 포항 장기에서 8개월 동안 짧은 유배생활을 하던 기간에도 의술서를 썼다. 시골 마을에서는 의사가 없어 병이 들면 무당을 시켜 푸닥거리를 하고, 그래도 낫지 않으면 뱀을 고아 먹는 게 고작이었다. 뱀을 먹어도 효험이 없으면 체념하고 죽는 날만 기다리는 수밖에 없었다. 정약용은 주민으로부터 이런 말을 전해 듣고 의술서를 저술한다. 책 이름은 『촌병혹치(村病或治)』. '혹시 시골 사람의 병이 치료될 수도 있으리라'는 뜻이다. 참고할 의학 서적 한 권 없는 상태에서 지은 저술이라 뒷날 자료가 모아지면 보완해서 '혹(或)'이라는 글자는 떼어내겠다고 했다. 하지만 포항 장기에 유배돼 있는 동안 터진 황사영 백서사건으로 다시 조사를 받으러 서울로 불려 올라가는 과정에서 저술은 사라져 버렸다.

정약용은 가는 곳마다 백성들을 위해 의술을 베풀었다. 다음 유배지 강진에서는 성산자라는 전염병 치료제를 만들어 백성들에게 나눠줬다. 『마과회통』과 『촌병혹치』, 그리고 성산자는 백성의 아픔과 고통을 함께하는 공감 능력, 백성을 고통을 덜어주려는 애민정신에서 나온 것이다. 정약용은 "전염병과 천연두나 여러 민간병으로 죽고 요절하는 재해가 유행할 때는 마땅히 관에서 구조해야 한다"고 강조했다. 정약용 탄생 250주년을 맞던 2012년, 유네스코가 작곡가 클로드 드뷔시, 장 자크 루소, 헤르만 헤세와 함께 정약용을 유네스코 세계기념인물로 선정한 것도 이런 백성을 사랑하는 애민정신과 무관치 않다.

부전자전이다. 정약용의 아들도 아버지를 닮아 의술이 뛰어났던 모양이다. 첫째 아들 학연은 실제로 중인처럼 의원 '활동'을 했다. 그러다 정약용이 이 사실을 알게 되면서 난리가 났다. 아들에게 편지를 써서 의원 행세를 당장 때려치우라고 호통을 쳤다. 그는 "네가 갑자기 의원이 되었다니 무슨 의도이며 무슨 이익이 있어 그리했느냐"고 꾸짖는다. 심지어 "네가 그 일을 그만두지 않으면 살아서는 연락도 않을 것이고 죽어서도 눈을 감지 못할 것이니 네 마음대로 하거라"라고 했다. 의원 생활을 접지 않으면 의절하겠다는 얘기다.

아들은 아버지를 유배지에서 꺼내 줄 구명운동을 하기 위한 로비 창구로 의원 활동을 하고 있었던 거다. 정약용이 이를 모를리 없었다. "요즘 네가 크게 소리를 내고 문을 활짝 열어놓고서 모든 종류의 사람들을 방에 모이게 해서 별의별 사람들을 사귀고 재워주고 먹여준다니 무슨 변고냐"면서 의술을 빙자해서 벼슬아치들과 사귀면서 아버지의 석방을 도모하고 싶어서 그랬느냐고 반문한다. 로비 목적의 의술 활동은 말렸지만 사람의 목숨을 구하는 의사 역할은 허용했다. 병자가 있는 집안에서 사람이 찾아와 서너 차례 간곡하게 부탁을 하면 위급해서 어쩔 수 없는 경우에 귀중한 처방을 해주라고 당부했다.

누가 조선의 통치이념 성리학을 비판했나

조선은 성리학의 나라다. 조선 개국공신인 정도전은 성리학을 국학으로 선포했고, 500년 동안 조선을 지배한 이념이 성리학이었다. 성리학은 나라를 지탱하는 통치이념이었고, 조선 사회의 기본 사상이자 사회 윤리였다. 조선의 밑바탕이 된 성리학은 어느 날 갑자기 생겨난 게 아니다. 성리학의 뿌리는 유학이다. 공자의 유학, 유교는 고구려·백제·신라의 삼국시대에 한자와 함께 우리나라에 들여온 것으로 알려진다. 학문적인 측면이 강조되면 유학, 종교적 의미가 부각되면 유교라고 불린다.

12세기 남송시대를 맞아 중국 양쯔강(장강) 아래 강남에서는 유학의 새로운 버전인 '신유학'이 유행한다. 신유학이 바로 성리학이다. 성리학과 유학은 전혀 별개가 아니고, 성리학은 유학의 연장선상에 나온 것이다. 주희가 이론을 정립한 성리학의 핵심은 중화사상이다. 세상에서 중국 문화가 최고이고, 중국을 중심으로 모든 것이 이루어진다는 한족의 중화사상은 바로 성리학에서 비롯된다.

주희는 왜 느닷없이 중국이 세계의 중심이라는 중화사상의 성리학 이론을 폈을까. 아이로니컬하게도 중국의 자존감 급락 때문이다. 여진족의 금나라와 몽골의 원나라에 쫓겨서 남쪽으로 내려가야 하는 처지에 놓인 한족인 송나라의 자존감은 한없이 무너져 내렸다. 변방으로 쫓겨 가면서도 송나라가 망하지 않을 것이라는 논리가 필요했다. 주희는 송나라를 불변의 원리인 이(理)라고 세우고, 대신 북방의 오랑캐를 가변적 변화 요인인 기(氣)로 봤다. 한마디로 송나라가 잠시 오랑캐에 밀려 양쯔강 아래로 내려가지만 이는 일시적인 현상에 불과할 뿐이라는 말을 하고 싶었던 거다.

주희의 이기론은 이는 엄연히 존재하되 가변적 변화 요인인 기의 작용에 따라 일시적으로 변화한다는 논리다. 송나라 문화는 불변의 원리이고, 결코 꺾이거나 사라지지 않는다는 얘기다. 성리학이 우주 원리의 문제와 인간 심성의 본질에 관한 철학적 탐구를 수행한 형이상학적인 학문이라는 거창한 설명은 포장일 뿐이다. 마음이 아직 발하지 않은 상태인 성(性)은 도덕적 본성이고, 마음이 이미 발하고 나서 나타나는 정(情)은 개인적 욕망이라는 설명도 그럴듯한 분장에 불과하다. 송나라는 세상의 중심이고, 영원하다는 게 핵심이다.

고려도 남송과 같은 처지였다. 원나라의 부마국인 고려도 성리학을 받아들인다. 남송이 몽골족의 원나라에 쫓겨 가면서 중화주의의 주자 성리학으로 민족적 자존감을 유지하려 했듯이, 무려 97년 동안 원나라의 간섭을 받았던 고려도 자아상실의 방지책으로 성리학을 수용했다. 중화사상에 버금가는 '소(小)중화'다. 고려 말기에 들어온 성리학은 조선의 개국공신 정도전이 국학으로 선포하면서 조선의 건국이념으로 자리 잡는다.

조선의 지식인 선비라면 누구나 성리학을 공부했고 떠받들었다. 성리학은 조선을 지배했던 사상이다. 정약용은 그런 성리학을 비판했다. 조선의 통치이념인 성리학을 감히 비판한 학자, 선비는 일찍이 없었다. 성리학자들이 이(理)니 기(氣)니, 성(性)이니 정(情)이니, 체(體)니 용(用)이니, 본연(本然)이니 기질(氣質)이니, 이발(理發)이니 기발(氣發)이니, 이발(已發)이니 미발(未發)이니를 놓고 갑론을박하는 데 정력을 소모하고 있다고 사정없이 비판했다. 정약용다움이다.

성리학은 경제 등 현실에는 실제로 적용할 수가 없다면서 이런 학문을 어디에 쓰겠느냐고 지적했다. 성리학자들은 그저 재야에 묻히려고만 하고, 관직을 주더라도 전곡, 갑병, 송옥 등의 실무적인 행정이나 제도는 전혀 모른다고 비판했다. 전곡은 경제, 갑병은 국방, 송옥은 사법행정을 말한다. 성리학은 나라를 잘살게 하거나 나라를 지키는 등의 현실문제 해결에 하나도 도움이 되지 않고, 써먹을 게 없다는 지적이다.

정약용은 주자 성리학에 안주해서는 안 된다고 강조한다. 관념화된 성리학으로는 더 이상 시대를 이끌어 갈 수 없다고 한계를 지적했다. 책상머리 성리학을 과감히 탈피하고자 하는 정약용이 추구한 게 실용이다. 성리학을 비판했다고 해서 그를 반(反)주자학자로 분류하기는 어렵다. 그는 성리학을 근본으로 하면서 성리학의 틀을 벗어나 실학적인 면에서 경세학을 추구했다.

성리학을 비판하고 실용을 주장한 정약용은 관직을 떠나 유배와 은둔 생활을 하면서 조선 사회의 별다른 관심을 받지 못하다 20세기 들어 집중적인 관심을 받게 된다. 황성신문은 1902년 5월 19일자 기사에서 정치경제학 인물로 김육-유형원-이익-정약용-박지원 등을 들면서 그중에서도 정약용이 으뜸이라고 평가했다. 정약용 서거 99주년을 맞은 1934년에 정인보와 안재홍은 정약용의 저술을 모은 전집 『여유당전서』를 바탕으로 조선학 운동을 시작했다. 조선학 운동은 일제의 식민주의적 조선 연구에 맞서 독자적으로 조선을 인식해 민족 정체성을 확립하려는 민족운동이다. '실학'이라는 용어가 사용되기 시작한 것도 이때부터다. 정인보는 '조선학에서 정다산의 지위'를 거론하면서 조선학을 정약용으로부터 시작하자고 역설했다. 안재홍은 유형원을 조선학의 창시자, 이익을 조선학의 확립자, 정약용을 조선학의 집대성자라고 평가했다.

걸식자와 식사를 함께 하는 애민정신

2012년 개봉한 에릭 발렛 감독의 프랑스 영화 「도망자(La Proie)」는 재소자가 감옥에서 아내와 사랑을 나누는 것으로 시작한다. 재소자들이 감옥에서 또는 감옥에서 잠시 벗어나 가족들과 함께 지내고, 부부관계를 갖는 것이다. 이런 배려를 하는 나라는 미국, 프랑스, 독일, 스웨덴, 핀란드 등으로 많지 않다. 우리나라가 수형자에게 가족을 만날 수 있는 '가족 만남의 집' 제도를 도입한 건 1999년이다.

'가족 만남의 집' 발상을 200여 년 전 조선시대에 내놓은 갓쓴 선비가 있다면 과연 믿을 수 있을까. 정약용은 오랫동안 감옥에 갇히는 바람에 부부생활을 할 수 없어 후손이 끊어지게 된 사람에게 자비와 은혜를 베풀어줘야 한다고 강조했다. 감옥에 있는 재소자에게 대를 잇도록 부부관계를 갖는 시간을 주자는 얘기다. 정약용은 명절에 죄수가 잠시 고향을 다녀올 수 있는 특별조치를 해도 돌아오지 않는 경우가 없다는 설명을 근거로 제시한다. 미국이 레드 하우스라는 '가족 만남의 집'을 도입한 게 20세기라는 점을 감안하면, 재소자에게 부부관계를 허용하자는 200여 년 전 정약용의 발상은 세계 최초가 아닐까 싶다.

정약용은 강도범에게는 아량을 베풀고, 절도범은 엄벌하라고 당부한다. 절도범에 비해 강도범에게 상대적으로 중한 벌을 주는 상식적인 양형기준과 거꾸로다. 정약용의 얘기인즉슨 풍년의 절도범은 강력히 처벌하고, 흉년의 강도는 너그럽게 대하자는 주문이다. 강진에서 유배 중이던 1809년과 1814년에 극심한 흉년이 들자 곳곳에서 양민들이 강도로 돌변했다. 수령은 강도짓을 한 양민을 잡아들여 사형에 처하거나 옥에서 굶겨 죽였다. 법대로 처벌한 것이다. 정약용은 이런 '법대로'가 마음에 들지 않았다.

도둑질은 특별한 방법과 기술이 있어야 한다. 자신만의 노하우를 갖고 있는 절도범은 습관적으로 절도를 하고, 전과도 많다. 일반 백성들은 절도의 기술이 없기 때문에 함부로 도둑질을 못한다. 하지만 흉년이 들면 백성들은 쉽게 생계형 강도로 나선다. 먹고살 게 없어 양민이 흉기를 들고 길에 나서면 그게 강도다. 누구나 강도가 될 수 있다. 강도로 돌변한 백성은 이듬해 풍년이 들어 가족들 먹일 게 생기면 금세 양민으로 돌아간다. 흉년의 강도를 너그럽게 대하라는 주문은 그래서 나온다.

정약용은 흉년에 강도짓 한 백성들을 먼 섬으로 흩어 유배시켰다가 풍년에 풀어주라고 주문한다. 강도를 엄벌하는 것은 법 규정에 따른 것이다. 정약용은 법 규정과 원칙을 앞세우기보다는 백성들이 왜 강도짓을 하게 됐는지를 먼저 따져보자는 얘기를 하고 있는 것이다. 백성을 사랑하는 마음, 애틋하게 바라보는 마음이 없으면 재소자에게 부부관계를 허용하고, 강도범을 너그럽게 봐주자는 말을 하기 어렵다.

시민여상(視民如傷).

수령이 근무하는 사무실에 걸어놓으라고 주문한 네 글자다. '볼 시(視), 백성 민(民), 같을 여(如), 상처 상(傷)'이다. 백성 대하기를 마치 다친 사람을 바라보듯 하라는 뜻이다. 『목민심서』에서 일관되게 강조하는 것이 바로 의사가 환자 돌보듯 백성을 대하라는 거다. 환자 돌보는 의사처럼 백성을 바라보면 백성을 수탈하고 탐학하는 일이 있을 수가 없다. 늘 백성을 위한 정책, 백성을 돌보는 행정을 하게 된다. 시민여상은 바로 백성을 사랑하고 애틋해 하는 마음인 애민정신이다. 정치인과 고위공직자들의 연설문은 늘 '존경하는 국민 여러분'으로 시작한다. 정치인들이 국민들을 그토록 존경할 리도 없으려니와, 국민들은 정치인들의 존경심을 바라지 않는다. 국민들은 정치인들과 공직자들이 국민을 사랑하고 공감하는 마음을 바란다.

공정과 정의가 중요한 국가적 가치로 떠오른 지는 최근의 일이지만 정약용은 일찌감치 공정과 정의를 강조했다. 조선은 불공정과 불평등의 나라였다. 정약용은 1만 가구가 살고 있는 고을을 예로 들면서 공정을 강조한다. 큰 고을에서 9,000가구는 부역을 부담하지 않았고, 홀아비와 과부 등만 부역 대상으로 올랐다. 젊고 건강한 부자들은 모두 뇌물 주고 다 빠져나갔고, 늙고 힘없는 약자들만 부역을 떠안고 있다. 정약용은 부역이 약자에게 전가된 데 대해 "백성의 수령된 자로서 보고만 있을 것인가"라고 질타했다.

수령이 고을을 다스리는 데 힘써야 할 일곱 가지 핵심 업무인 '수령칠사(守令七事)'의 하나가 공정한 부역이다. 수령칠사는 지방자치단체장의 7대 업무 수칙이라고 할 수 있다. 수령칠사는 부역을 고르게 하는 부역균(賦役均), 논밭과 뽕밭을 성하게 하는 농상성(農桑盛), 인구를 늘리는 호구증(戶口增), 학교를 일으키는 학교흥(學校興), 군정을 바르게 하는 군정수(軍政修), 송사를 간명하게 하는 사송간(詞訟簡), 간사하고 교활한 풍속을 그치게 하는 간활식(奸猾息) 등 21자의 한자로 구성돼 있다. 정약용은 "수령칠사 가운데서 부역을 공정히 하는 건 중요한 일"이라면서 공평하지 않은 부역은 징수해서는 안 되고, 저울 한 눈금만이라도 공평하지 않으면 정치라고 할 수 없다고 강조했다.

수령은 임금에게 부임 인사를 하면서 21자의 수령칠사를 외워서 읊어야 했다. 그만큼 수령칠사는 중요했다. 부역을 고르게 하는 등의 7대 업무를 임금 앞에서 외면서 제대로 실행하겠다는 다짐을 하는 셈이다. 수령칠사를 모르면 파면이다. 효종 때 강진현감으로 부임하는 이장형은 수령칠사를 제대로 외우지 못했다. 임금 앞이라 떨려서 기억이 나지 않을 수도 있겠다. 효종은 강진의 현안이 무엇인지를 물었는데, 답을 하지 못했다. 수령으로서 자격 미달인 이장형은 그 자리에서 파면됐다.

특히 사회적 약자 가운데 홀아비, 과부, 고아, 그리고 자식 없는 늙은이는 환과고독(鰥寡孤獨)이라고 불렀다. '홀아비 환(鰥), 과부 과(寡), 고아 고(孤), 자식 없는 노인 독(獨)'이다. 환과고독은 스스로 자립할 수 없을 정도로 생활이 어려워 남의 도움을 받아야 살아갈 수 있는 사회적 약자다. 정약용은 어려운 처지에 있는 네

부류의 사회적 약자는 수령과 나라가 나서서 적극적으로 돌봐주라고 강조했다. 사회적 약자는 수령이 직접 챙겨야 했고, 사회적 약자를 제대로 보살펴주지 않는 수령은 처벌 대상이었다.

흉년에 고아와 홀아비와 과부 등의 사회적 약자를 위해 무료급식소를 만들어 먹을 것을 챙겨주는 것은 당연한 일이다. 무료급식소 만드는 정도에 그치면 정약용의 애민정신이 별게 아니라고 할 수 있겠다. 정약용은 수령이 아침 일찍 가마솥에 끓여놓은 무료급식소의 죽을 먼저 맛보라고 당부했다. 죽이 묽은지 된지, 짜거나 싱거운지를 직접 챙기라는 것이다. 아랫사람에게 맡겨놓고 수령이 챙기지 않으면 무료급식소 배식은 이뤄지더라도 품질은 떨어질 가능성이 높다. 수령이 직접 맛을 보면 음식의 질이 달라진다. 그게 행정이다.

영조는 흉년이 들자 창경궁의 정문인 홍화문에 나와 걸식자들에게 죽을 나눠줬다. 그러고는 자신에게도 한 그릇을 달라고 해서 직접 먹었다. 왕이 걸식자들에게 죽을 배식하고 걸식자들과 앉아 죽을 함께 먹는 게 애민정신이다. 죽을 나눠주는 배식 봉사활동은 아무나 할 수 있지만, 죽맛을 보거나 함께 먹는 일은 누구나 못한다. 요즘도 무료급식소에서 흰색 위생모자 쓰고 배식 봉사활동 하는 정치인과 지도층 인사는 넘친다. 하지만 배식 봉사활동 사진을 찍는 데까지다. 배식 봉사활동 마치고 함께 식사하는 사진까지 찍으면 금상첨화일 것이다.

길쌈을 금지해야 여성이 산다

조선은 암탉이 울면 집안이 망한다던 나라였다. 여성에게는 혼인을 무효화하는 권한도 없었고, 오로지 칠거지악이라는 이름 아래 남성의 처분에 달려 있던 나라였다. 남자는 높은 존재이고 여성은 낮다는 남존여비의 유교 사회에서 정약용은 여성을 존중하고 배려하자는 페미니스트였다.

남성이 벼농사로 먹거리를 장만하면, 여성은 길쌈으로 입을 것을 마련했다. 마을의 여성들은 한 집에 모여 길쌈 두레를 하면서 베, 모시, 명주, 무명의 옷감을 함께 짰다. 옛날이야기도 하고, 노래도 부르고, 때로는 고을끼리 시합을 벌이면서 힘을 합쳐 길쌈을 했다. 정약용은 그런 대표적 세시풍속인 길쌈을 없애자고 주장했다. 길쌈이 여성들을 힘들게 하고 과로하게 만든다는 이유에서다. 길쌈 두레는 밤 10시를 넘어서까지 계속됐고, 여성들은 밤잠을 제대로 잘 수 없었다. 치아와 손톱이 상하는 여성들이 허다했다. 마을 여성들이 모여 노래 부르고 흥을 돋우며 작업한 건 그만큼 길쌈이 힘들고 고됐다는 얘기다. 정약용은 여성들을 과로하게 만드는 길쌈을 더 이상 하지 말자고 했다.

정약용의 여성 배려는 여기서 그치지 않는다. 관청의 일처리에서도 여성을 배려하고 우대하라는 특별 지시를 했다. 부녀자에

정약용 코드

게 구호 쌀을 나눠줄 때는 직접 전달하지 말고 제삼자를 통해서 전달하도록 했다. 여성들이 수치심을 느끼지 않도록 하라는 주문이다. 불가피하게 부녀자가 직접 쌀을 받으러 올 경우에는 따로 한쪽 구석에 앉아서 죽을 먹을 수 있도록 하고 쌀을 받아 가도록 했다. 특히 여성들의 볼기를 치는 형벌을 금지하자고 강조했다. 부녀자에게는 큰 죄가 아니면 형벌을 주지 않는 것이 마땅하다면서 "몽둥이로 때리는 것은 괜찮지만 볼기를 치는 것은 매우 수치스러운 일"이라고 지적한다.

수령들이 부녀자의 볼기를 칠 때 물을 부어 옷이 살에 달라붙게 하거나, 볼기를 드러나게 하는 해괴하고 놀라운 짓을 벌인다고 지적했다. 요즘 같으면 성희롱으로 난리가 나고 고소당할 일이다. 살인죄 같은 중죄를 저질렀더라도 임신 여부를 확인하고 나서 매질을 하라고 주문한다. 만약 고문이 필요하다면 임신 여부를 체크하고, 임신했을 경우에는 산후 백 일을 기다리라고 했다.

평민의 아내가 죄를 지으면 아내 대신 남편을 다스리도록 했다. 아전의 아내가 잘못을 저질렀을 경우 관청으로 데려오지 말고 제3의 장소로 사람을 따로 보내 조사하도록 했다. 남편의 동료들과 마주치지 않도록 하라는 세심한 배려다. 선비의 아내가 유배를 오면 관청에 들어올 때 얼굴을 가리고 들어오도록 했다. 고을의 남성들이 오가면서 유배 온 선비의 아내 모습을 엿보지 않도록 각별히 조치하라고 강조했다. 정약용은 유배 올 때는 처녀였던 여성이 머리가 백발이 될 때까지 유배에서 풀려나지 못한 사례, 능멸하고 학대하는 주변의 언어폭력으로 정조를 모욕당해 스스로 목숨을 끊은 여성들의 사례들을 모아 '홍사(紅史)'라는 책을 쓰려고 마음먹었지만 실제 저술로 이어지지는 못했다.

임진왜란과 병자호란을 거치면서 조선은 부녀자에게 수절을 강요했다. 조선의 부녀자들은 스스로의 판단에 의해서가 아니라 사회로부터 열녀를 강요받았다. 조선 초기에는 남편이 죽고 나서 수절하는 여성을 열녀라고 치켜세웠고, 전쟁을 거치면서 죽은 남편을 뒤따라 죽거나 외간 남자로부터 정조를 지키기 위해 스스로 목숨을 끊은 여성들을 열녀라고 받들었다. 정약용은 저술 『열부론』에서 아버지가 죽었다고 따라 죽는 아들을 효자라 할 수 없고, 임금이 죽었다고 신하가 따라 죽는 것도 충신이라 할 수 없듯이, 남편이 죽었다고 아내에게 목숨을 끊으라고 강요하는 것은 사리에 맞지 않다고 지적했다. 남편이 제 명대로 죽었는데도 왜 아내가 따라 죽어야 하느냐는 반문이다. 유교 사회의 잘못된 열녀 이데올로기를 강하게 비판하는 것이다.

『병학통』을 부여잡고 운 군사전략가

1800년 11월 6일, 자신을 그토록 총애했던 정조의 장례식이 끝난 뒤 정약용은 『병학통(兵學通)』을 꺼내 들고 울었다. 정약용이 부여잡고 울었던 『병학통』은 정조의 하사품이다. 많고 많은 하사품 가운데 유독 『병학통』을 붙잡고 운 까닭은 『병학통』은 정조와 정약용의 관계를 상징하기 때문이다. 『병학통』은 명나라 장수 척계광이 왜군을 방어하면서 진을 치고 군사훈련 시키던 방법을 정조가 직접 정리한 책이다. 군사훈련 서적인 『병학통』을 붙잡고 운 까닭은 13년 전의 일로 거슬러 올라간다.

대과에 합격하기 전 성균관 유생의 신분인 정약용은 26살 때인 1787년 8월 23일, 유생을 대상으로 실시한 시험에서 1등을 했다. 임금으로부터 하사받은 독한 계당주(계피와 당귀를 넣어 빚은 소주)를 마시고 집으로 돌아갔다. 정조가 승지(비서관) 홍인호를 정약용의 집으로 보내 전해 준 책이 『병학통』이다. 정약용의 사촌 처남이기도 했던 홍인호가 전한 임금의 말은 "자네가 장재(將才)를 아우르고 있음을 아신 까닭에 특별히 이 책을 하사하신다고 하셨네"라는 것이다. '장재'는 곧 장군의 기질이다.

육군사관학교 학생에게나 할 수 있는 덕담이다. 행정고시 준비생에게 장군이 될 소질이 있다면서 『병학통』을 하사하는 것은 이례적이다. 홍인호는 훗날 김동철 같은 역적이 일어나면 정약용이 나가 싸워달라는 정조의 당부도 전했다. 불과 두 달 전 발생했던 역적모의 사건이다. 강원도 원주 사람 김동철이 지금의 대마도인 무석국(無石國)을 근거지로 삼아 거사를 도모하려다 적발된 일이다. 정조는 나중에 역적 사건이 일어나면 역적을 토벌하고 자신을 지켜줄 호위무사 또는 경호실장 역할을 정약용에게 기대했던 듯하다. 장군의 기질은 물론이거니와 충성심이 뛰어났다고 봤던 거다.

정조의 장례가 끝난 뒤 『병학통』을 부여잡은 것은 정조를 지켜주지 못한 정약용의 자책이다. 그는 "아! 나는 실로 재목감이 아니다. 설령 그럴 뜻이 있어 나라를 위해 목숨을 바치고자 한들, 이제 와서 어찌 그리할 수 있으랴"면서 정조를 떠나보낸 슬픔에 울었다. 장군의 기질도 없거니와 설령 있다고 하더라도 정조가 세상을 떠난 마당에 이제는 쓸모없게 됐다는 아쉬움이다. 자신이 벼슬을 버리고 고향으로 내려오지 않고 정조 곁에 있었더라면 행여 정조의 죽임을 막아주지 않았을까 하는 자책이다.

자신은 장군의 기질이 없다고 했지만 실제 그는 뛰어난 군사 전략가, 군사전문가였다. 당시 군인의 필독서 『비어고(備禦考)』의 실제 저자가 정약용이다. 『비어고』는 동양의 전쟁을 모은 책이고, 방어에 대해 서술한 책이다. 군대의 행군 방법, 위험지역 통과 방법, 야전에서 식량 수급, 경계와 신호 방법 등을 기록한 병법서다. 조선과 중국-일본 동북아 3국의 전쟁사와 실제 전쟁에서 수행할 병력 운용, 군수 보급 방법 등을 수록하고 있는 '조선판 국방백서'로 불린다.

군인도 아닌 정약용이 국방백서를 저술한 것이다. 정약용은 『경세유표』에서 "『비어고』는 내가 쓴 책"이라고 분명히 밝히고 있다. 그럼에도 『비어고』 저자는 이중협으로 돼 있는 곳이 많다. 이유는 『비어고』에는 저자가 이중협으로 돼 있고, 나중에 『경세유표』에서 자신이 저자라고 밝히고 있기 때문이다. 정약용은 『비어고』를 쓰면서 이중협의 이름을 차용한 것으로 전문가들은 추정한다. 이중협은 정약용의 강진 유배 시절 3년가량 왕래가 있던 무관이다. 정약용은 군사 서적 『비어고』를 저술하면서 자신을 저자로 내세우기는 부담스러웠을 게다. '유배 죄인 정약용'이 국방, 안보와 관련한 민감한 내용을 다루는 책을 저술한다는 건 논란의 소지가 많다. 그래서 정약용은 당시 알고 지내던 '무관 이중협'의 이름을 빌렸다가 나중에 『경세유표』에서 자신이 저자라는 사실을 밝힌 것이라는 해석이다.

정약용은 군인이라면 누구나 읽어야 하는 책으로 『비어고』를 꼽는다. 무과시험에서 『비어고』의 한 대목을 뽑아 조목조목 대답하게 해야 한다고 강조했다. 군인이면 달달 외다시피 해야 한다는 얘기다. 『비어고』 내용 가운데 '일본고'는 일본에 관한 기록들을 모아놓고 있다. 임진왜란이 일어나기까지 일본의 실정과 전쟁 발발의 원인 등을 분석하고 있다. 정약용은 책에서 일본에 대한 대비책을 세워 항상 경계심을 갖고 일본을 관찰하라고 신신당부했다. 그는 일본의 실력과 야욕을 정확하게 꿰뚫고 있었던 것이다. 후손들이 정약용의 당부를 흘려듣지 않았더라면 조선은 한일 합방을 거쳐 일제강점기라는 암흑기를 맞지 않았을지 모른다.

군사 서적『민보의』도 정약용의 저술이다.『민보의』는 요즘으로 치면 '민방위대 방위론'이라고 할 수 있다.『민보의』를 저술한 동기는 홍경래의 난 때문이다. 1811년 평안북도에서 지역 차별과 부패에 맞서 일어난 홍경래의 난은, 평양에서 치르는 1차 과거인 향시를 통과했지만 평안도 출신이라는 이유로 대과에 합격하지 못하자 일으킨 난이다. 지역 차별에 불만을 품고 봉기해 평안도 지역의 상인, 무사, 농민들과 함께 청천강 이북 지역을 장악하는 등 꽤 세력을 넓혔다. 정약용은 홍경래의 난 때문에『악경』의 연구서인『악서고존』을 마무리하지 못했다.

홍경래의 난 발생 3개월이 지나도 관군 진압이 지지부진하자 정약용은『악서고존』을 쓰던 붓을 내려놓고『민보의』저술에 나섰다. 관군은 믿지 못하겠으니 백성들이 나서 셀프 방위체제를 구축하자는 거다. 백성들이 요충지마다 산성을 쌓고 유격전의 거점으로 삼아 스스로 방위에 나서자고 했다. 침입하는 적들은 식량 조달이 어렵기 때문에 산성을 중심으로 저항전을 펼치면 적을 물리칠 수 있다는 것이다. 전쟁이 일어나면 백성들은 식량과 재산을 챙겨 거주지 주변 요충지의 산성에 집결한 후, 산성에서 민방위대를 구축하자고 했다. 오죽 답답했으면 유배생활 중인 재야의 선비가 책 쓰는 일도 팽개치고 나라의 방위체계를 고치자고 나섰을까 싶다.

절대 서울을 떠나지 말라

정약용의 친가와 외가, 처가 모두 명문가 집안이다. 요즘으로는 금수저로 불릴 만하다. 친가인 나주 정씨는 조선 명문가의 하나로 꼽힌다. 8대에 걸쳐 옥당(玉堂) 벼슬을 했다는 기록이 붙어 다닌다. 옥당의 정식 명칭은 홍문관이지만 '옥당'이란 현판을 달고 있어서 그런 별칭으로 불렸다. 홍문관은 왕실 서적 관리와 국왕 자문을 담당하면서 사헌부, 사간원과 함께 '3사(司)'로 꼽힌 권력기관이다. 판서나 정승으로 나가려면 반드시 거쳐야 하는 곳이다. 한 사람도 근무하기 어렵다는 대표적 권력기관에 할아버지와 손자까지 내리 8대가 근무했다는 기록은 조선에서 역대급이다.

　외가인 해남 윤씨 가문도 손꼽히는 명문가다. 5대 외조부 윤선도는 공직자 감찰과 인사 등의 업무를 맡은 사헌부 지평을 지냈고, 병자호란 때 왕이 항복하자 보길도로 내려가 지은 시조 「어부사시사」, 「오우가」 등으로 유명하다. 윤선도의 손자이자 정약용의 외증조부 윤두서는 조선의 대표적인 선비 화가다. 정약용의 장인인 홍화보는 무신 출신으로 왕의 비서관을 지냈고, 육군을 지휘하는 관찰사인 병마절도사를 두 차례 지냈다. 본가와 외가,

처가 모두 높은 벼슬을 했던 조선의 보기 드문 명문가였다.

정약용의 서울 생활은 15살 때 아내 홍예완과 결혼하면서부터 시작됐다. 정약용은 학문의 신세계 서울을 유독 좋아했다. 결혼과 함께 서울 명동에서 살면서 비로소 학문에 눈을 떴고, 세상이 넓다는 사실도 깨달았다. 학문적 스승 성호 이익의 학문을 접한 곳이 서울이었고, 당시 쟁쟁한 인물들도 서울에서 만났다. 정약용은 "서울에는 이가환이 문학으로써 일세에 이름을 떨치고 있었고, 자형인 이승훈도 또한 몸을 가다듬고 학문에 힘쓰고 있었는데, 모두가 성호 이익 선생의 학문을 이어받아 펼쳐 나가고 있었다"고 말했다.

이익의 종손인 이가환은 이승훈의 외삼촌이었고, 이익의 학풍을 계승하는 핵심 인물이었다. 이가환이 중심인 성호학파 선배들을 따라 이익의 저술을 읽으면서 비로소 새로운 학문의 바다에 뛰어들었다. 정약용은 여섯 살 위인 자형 이승훈과 어울렸고, 이복 큰형 약현의 처남인 이벽은 여덟 살 많지만 친구로 지냈다. 정약용은 권철신·이덕무·박제가 등 당시의 실학자들과도 교류했다.

유배지 강진에서 고향 남양주에 살던 학연과 학유 두 아들에게 보낸 편지에서 눈길을 끄는 대목이 '서울 찬가'다. 절대로 서울을 떠나지 말고 서울 근교에서 살라고 당부한다. 남양주 같은 시골에 묻혀 살면 학문적 발전을 기대하기 어렵다고 했다. 그는

"만약 벼슬길에서 떨어져 나가게 되면 속히 서울에 깃들어 살 방법을 찾아 문화 안목의 수준이 떨어지지 않게 하라"고 당부했다. 벼슬을 내려놓으면 굳이 서울에 살아야 이유가 없을 텐데도 절대로 서울을 떠나지 말라고 당부한다. 정약용의 호 가운데 하나가 시골서 살겠노라는 아버지 정재원의 염원을 담은 '귀농'인 것과는 거리가 멀다.

많은 사람이 모여 살아 번잡한 도시보다는 한적하고 풍광이 아름다운 곳을 찾아 서재에서 책 읽기를 즐기던 여느 선비들의 모습과도 분명 달랐다. 정약용은 "하루아침의 분노를 못 이겨 시골로 이사 가버리면 무식하고 천한 백성으로 살게 될 것"이라며 서울에서 살라고 당부한다. 어쩌면 서울은 정약용에게 임금 곁을 의미했을지 모른다. 유배가 끝나면 두 아들을 데리고 서울서 생활하겠노라고 했다. 하지만 유배에서 풀려나고도 끝내 서울로 돌아가지 못하고 고향 남양주에서 18년 동안 은둔과 칩거의 시간을 보내야 했다.

정약용의 두 얼굴

정약용은 주로 두 개의 모습을 갖고 있다. 안경을 쓴 모습과 안경 쓰지 않고 있는 얼굴이다. 안경 쓰지 않은 모습에서는 수염이 많고 인자하면서도 근엄한 표정을 짓고 있다. 둥근 안경을 쓴 모습은 상대적으로 더 인자하고 친근하게 느껴진다. 정약용의 모습이 두 가지인 까닭은 실제 얼굴 모습이 남아 있지 않기 때문이다. 영정은 상상 속에서 그려졌다.

역사 속 인물의 영정은 대부분 상상 속에서 '창작'된 것이다. 창작되다 보니 영정 모습은 화가에 따라 제각각이다. 국민들이 혼란을 겪지 않도록 나라가 통일한 게 '표준영정'이다. 문화체육관광부가 만든 1호 표준영정이 이순신이고, 2호 세종대왕, 3호 정약용이다. 정약용의 표준영정은 꽤 빠른 순서로 제작된 셈이다. 안경을 쓰지 않은 모습이 바로 1974년에 제작된 표준영정이다.

정약용은 전남 강진에서 유배생활하면서 건강이 악화됐고, 시력이 나빠져 41살부터 안경을 썼다. 표준영정이 실제 모습과 다르다는 논란이 제기된 것은 안경 때문이다. 전남 강진군이 정부의 표준영정과 별도로 2009년 자체적으로 제작한 영정에서 정약용은 둥근 안경을 쓰고 있다. 두 영정 가운데 어느 것이 더 실제 모습에 가까운지는 알 수 없다. 다만 정약용 실제 모습을 본 사람은 정약용이 그의 외증조부 윤두서의 얼굴, 머리털, 수염까지 빼닮았다고 한다. 정약용도 "나의 정기와 성분은 대부분 외가에서 물려받았다"고 했다. 윤두서의 자화상은 불을 켠 듯 형형한 느낌의 눈동자, 강인한 인상을 주는 두툼한 입술, 한 올 한 올 생생하게 그려진 수염을 특징으로 한다. 윤두서의 자화상과 정약용의 두 영정 모습을 비교하면 거리가 있어 보인다.

두 개의 영정 외에도 정약용의 모습은 두 가지가 더 있다. '정약용 선생 초상'이라고 한자로 쓰여 있는 초상화에는 광대뼈가 많이 튀어나와 있고 눈빛이 날카롭다. '실사구시 창시 목민경세 대성'이라는 글귀가 한자로 쓰여 있다. 정약용을 소재로 한 우표도 남북한에서 각각 발행돼 있다. 1986년 발행된 남한 우표는 표준영정을 사용했고, 북한 우표의 정약용 모습은 완전히 다른 얼굴이다. '학자 정다산'이라고 소개하고 있으며 발행 연도가 언제인지는 알 수 없다.

2
조심과 경계를 다짐한 까닭

과감한 성격이 초래한 운명

"운명이다!"

정약용이 「자찬묘지명」에 남긴 표현이다. 잘나가던 고위공직
자에서 유배자 신분으로 급전직하한 게 정해진 운명이라고 했다.
인생의 불행과 행복에 정해진 운명이 없다고 말할 수 있겠는가라
는 반문은 강한 긍정이다. 그의 60살 인생에서 행복과 불행이 모
두 정해져 있더라는 얘기다. 「자찬묘지명」을 쓸 때는 유배에서 돌
아온 지 4년이 지나 환갑을 맞은 해다. 남의 말을 듣고도 성냄이
없이 마음의 평정을 유지할 수 있다는 이순(耳順)의 나이다. 정약
용이 삶의 불행을 운명으로 받아들인 건 환갑의 나이가 주는 원
숙함 때문만은 아니다.

유배 죄인 신세가 된 건 외형상 1801년 신유사옥 때문이다.

정조가 세상을 떠난 뒤 급변한 정치질서의 변화가 천주교를 빌미로 한 정치적 박해를 초래했고, 그 결과 정약용은 유배를 떠나야 했다. 한마디로 천주교 때문에 유배 죄인이 됐다는 것이다. 하지만 정약용 자신은 천주교를 탓하지 않고 유배의 원인을 자신의 과감함에서 찾는다. 과감함 때문에 운명적으로 유배생활을 하게 됐다는 얘기다.

「자찬묘지명」에서 자신의 사람됨이 착한 일을 즐겨 하고, 옛 것을 좋아했고, 행동으로 실천하는 데 과감했다고 돌아봤다. 착한 일을 즐겨 하고 옛것을 좋아하는 성품은 전혀 잘못된 게 아니다. 하지만 "과감함 때문에 화란(禍亂)을 당했으니 운명이다!"고 했다. 화란은 '불행 화(禍), 난리 란(亂)'으로 재앙과 난리다. 불행은 자신은 유배 죄인이 됐고, 가문의 후손들이 벼슬길에 오를 수 없는 폐족 신세가 된 걸 말한다. 자신의 과감한 언행으로 자신의 삶은 물론이고 온 가족이 풍비박산이 났다는 얘기다. 모든 잘못된 원인을 과감함에서 찾는다.

과감함으로 인해 평생 동안 지은 죄가 너무 많아 허물과 후회가 가슴속에 가득 쌓여 있다고 했다. 그렇다고 과감한 행동으로 지은 죄가 무엇인지는 밝히지 않는다. 다만 과감함으로 허물과 후회가 가득하다고 했다. 늘 점잖고 신중할 것 같은 이미지의 정약용이 도대체 무엇을 얼마나 과감하게 행동했기에 환갑을 맞은 해에 과감함 때문에 죄와 허물, 후회로 가득 찬 기록을 남겼을까 궁금해진다.

과감한 행동의 내용을 알아보려면 21년 전으로 거슬러 가야 한다. 형조참의(법무부 차관보)를 마지막 벼슬로 스스로 고향 남양주로 낙향해서 1800년 「여유당기」라는 글을 남겼다. 공직을 그만두면서 쓴 회고록 정도에 해당된다. 여기서 자신의 과감한 행동을 구체적으로 설명하고 있다. 요즘 유행하는 MBTI(마이어-브릭스 성격유형 지표)식 자기성격 진단과 함께 처절한 반성을 담고 있다. 39세의 나이에 공직생활을 서둘러 정리하고 낙향할 수밖에 없었던 이유를 "내 잘못은 내가 잘 안다. 용감하나 꾀가 없고, 선(善)을 좋아하나 가릴 줄 모른다"고 했다. 자신의 장점은 용감하고 선을 좋아했다는 것이다. 단점은 꾀가 없고 가릴 줄을 몰랐다는 것이다. 착해서 악의는 없었지만, 융통성 없는 돌직구 성격이라는 얘기다.

돌직구 성격의 정약용은 남에게 편지를 써서 예법에 대한 논의를 했다. 남을 책망하는 상소를 올려 조정 신하들의 옳고 그름을 따지는 일을 즐겼다. 상소문을 올리더라도 상대방의 잘못을 에둘러 표현하기보다는 직설적으로 비판했다. 남을 비판하는 사람은 언젠가 자신도 그 비판으로 인해 비판을 당한다는 법이다. 비판하면 적이 생기는 것을 피할 수 없다. 「자찬묘지명」과 「여유당기」에서 정약용은 과감하게 남을 비판하고 적을 만든 걸 후회했다. 남의 옳고 그름을 판단하지 말고 서로 다름을 인정하라고 선인들이 말한 지혜의 참뜻을 정약용은 유배지에서 절감했을 것이다. 아울러 진귀한 보물과 옛 기물을 많이 모았으며, 관직에 있으면서 국고를 횡령하여 이익을 도둑질하는 것을 하지 말아야 했다는 「여유당기」의 글에서 결벽증마저 느껴진다. 정약용은 후손들에게 과감하게 살지 말고 적을 만들지 말라는 교훈을 남겨주고 있는 거다.

남을 비판하는 상소문을 올리면서도 속으로는 찜찜했던 모양이다. 정에 맡겨 곧장 행하면서 의심하지 않고 두려워하지 않았다고 했다. 일을 그만둘 수 있는데도 진실로 마음이 기뻐 움직이면 그만두지 않았다. 하고 싶지 않아 마음에 께름칙하여 불쾌한 것이 있는데도 그만두지 못했다고 했다. 남을 비판하면서도 마음 한편에서 자중하라는 목소리가 있었지만 과감한 행동을 멈추지 못했다.

과감한 행동은 어릴 적 습관이 아니다. 유독 관직생활을 하던 30대에만 그랬다. 정약용은 30대의 자신의 모습을 한마디로 '불구(不懼)'라고 평가했다. '아니 불(不), 두려워할 구(懼)', 두려움이 없었다는 얘기다. 인간 정약용을 누구보다 잘 아는 이는 네 살 위의 둘째 형인 약전이다. 정약용의 장단점을 꿰뚫고 있는 약전의 평가는 "흠이 없으나 오직 하나, 아량이 좁은 게 흠"이라는 것이다. 티끌만큼도 남의 잘못을 용서하지 않는데 국량이 생길 수야 있겠느냐고 했다. 국량은 남을 이해하고 감싸주는 넓은 아량이다. 정약용의 유일한 단점은 포용력과 아량이 없다는 얘기다. 남의 잘못이 아무리 자그마해도 정약용은 가차 없이 비판하고 공격했다는 얘기다. 남의 사정을 헤아려주는 배려심은 없었다. 상대방 언행의 시시비비를 가려서 잘못된 데 대해서는 상소문을 통해 통렬하게 비판을 해야 속이 후련했다. 과감한 행동을 하는 데 전혀 두려움을 갖지 않았다.

조선시대 관직 사회에는 면신례라는 짓궂은 관행이 있었다. 일종의 신고식이다. 단종 때 과거 합격자 40명 가운데 9명이 외교 문서를 담당하는 승문원에 배치돼 선배들에게 술을 접대하는 신고식을 가졌다. 평소 건강이 좋지 않던 신입 관리가 술을 과하게 마시다 숨지는 일도 발생했다. 과거시험에 수석 합격한 율곡 이이는 옷을 찢고 진흙 속을 도는 신고식을 치러야 했다고 그의 『석담일기』에 남겼다.

하지만 정약용은 달랐다. 선배들이 예외 없이 치렀던 통과의례인 신고식을 단호히 거부했다. 그러고는 형조판서(법무부 장관) 권엄에게 편지를 썼다. "절름발이 걸음으로 게를 줍는 시늉을 하고 수리부엉이 울음을 흉내 내는 일은 시키는 대로 해보려고 애

정약용 코드

를 썼지만 말이 목구멍에서 나오지 않고 발걸음이 떨어지지 않는 걸 어떻게 하느냐"고 항의했다. 과거시험에 합격해서 관직생활을 시작하는 젊은 관리라면 누구나 치렀던 신고식을 거부한 것은 물론이고 법무장관에게 고자질까지 했다. 선배들로부터 미운털이 단단히 박혔을 테고, 관직사회에는 소문이 쫙 퍼졌을 것이다.

정약용은 옳지 않다고 생각되면 결코 물러설 줄 몰랐다. 한 번 논쟁이 붙으면 상대가 승복할 때까지 끝내지 않았다. 자신의 생각을 절대 굽히지 않았고, 상대방이 굴복할 때까지 물러서지 않았다. 자신이 옳다는 과도한 자기 확신은 독선으로 이어졌다. 쾌도난마로 판단을 내리면 다른 논의를 용납할 줄 몰랐다. 남들을 포용하지 않고 융통성 없이 과감하게 비판하는 성격 때문에 적이 생겼다. 심각한 문제는 친구들마저 적으로 돌아섰다는 점이다. 정약용은 "벗을 고르는 일이 바르지 못해서 화살 끝을 갈고 칼날을 벼리며 서로 시기하는 사람들이 모두 내가 옛날에 친하게 사귀던 사람들이었다"고 했다.

1801년 신유사옥으로 정약용 집안은 말이 좋아 폐족이지 쑥대밭이 돼버렸다. 셋째 형 약종을 비롯해 천주교 신자가 유독 많았던 친척과 지인들이 무더기로 사형을 당했다. 유배를 떠나 목숨을 보전한 정약용과 약전이 그나마 나은 편이다. 이런 와중에 처가 집안은 무사했다. 사촌 처남 홍인호는 정약용이 유배를 떠난 이듬해인 1802년 장관급인 서울시장(한성판윤) 자리에 올랐다. 장인 홍화보가 정조와 각별한 사이였는데도 처가는 새로운 권력 질서에서 살아남았다. 정약용의 아들은 외가의 당숙인 서울시장 홍인호에게 아버지가 유배에서 풀려나도록 힘써 달라고 부탁하려고 했다.

정약용은 이를 단칼에 거부한다. 신유사옥 이후 자신에게 편지 한 장 없는 사람에게 무슨 부탁을 하겠느냐고 했다. 정약용은 "유배지에서 죽고 나면 이곳에 묻고 나라에서 죄명을 씻어준 다음에 이장해 달라"고 아들에게 당부했다. '유배 죄인' 신분으로는 죽어서도 고향 땅에 돌아가지 않겠다는 거다. 과감하고 융통성 없는 돌직구이면서도 꼬장꼬장한 선비 정약용의 모습이다.

「자찬묘지명」을 남긴 진짜 이유

「자찬묘지명」은 많고 많은 정약용의 저술 가운데 가장 눈길을 끄는 저술의 하나다. 정약용은 지인의 묘지명을 꽤 많이 써줬다. 막내 작은아버지 정재진, 이복 맏형 약현과 심지어 어린 조카 학초 등 17명의 묘지명을 남겼다. 모두 자신보다 먼저 세상을 떠난 사람들이다. 살아 있는 사람이 죽은 자를 위해 쓰는 글이 묘지명이다. 당연히 고인의 간략한 인생 소개와 함께 인물평이 들어가고, 죽은 이의 삶을 청송하는 글이다. 고인을 비난할 가능성은 거의

정약용 코드

없다.

　남이 써주는 묘지명과 달리 살아 있는 사람이 죽고 나서의
자신을 위해 미리 써두는 글이 자찬묘지명이다. '셀프 묘지명'인
셈이다. 사후의 자신을 위해 글을 남기는 자찬묘지명은 흔치 않
다. 중국에서는 도연명과 백낙천 정도가 있고, 고려의 김훤, 조선
의 이황, 박세당, 서유구 정도가 꼽힌다. 이황은 "태어나 크게 어
리석었고, 자라서는 병치레가 많았다. 중간에 배운 것이 얼마나
되었나, 늘그막엔 왜 외람되이 작록(관작과 봉록)을 받았나? 배움
은 추구할수록 아득해지고 벼슬은 사양할수록 얽어 들었다"고
자찬묘지명에 적었다. 겸허한 자세로 자신의 인생을 함축적으로
정리했지만 참회록이나 유언 수준은 아니다. 병약했고 벼슬을 사
양했는데도 늙어서 벼슬길에서 내려오지 못했다고 오래 벼슬을
한 배경을 설명하는 정도다.

　서양에도 자찬묘지명 비슷한 자찬묘비명이 있다. 묘비명은
지하에 남기는 묘지명과 달리 지상에 남기는 글이다. 영국 극작
가 버나드 쇼가 "우물쭈물하다가 내 이럴 줄 알았지(I knew if I
stayed around long enough, something like this would happen)"라는
유명한 글을 남긴 것은 그의 자찬묘비명에서다. 정약용의 「자찬
묘지명」은 두 가지 버전이 있다. 문집에 넣을 집중본과 무덤에 넣
을 광중본이다. 집중본이 일생을 상세히 다뤘다면, 광중본은 짧
은 분량의 요약본, 다이제스트라고 보면 된다.

환갑 나이에 「자찬묘지명」을 쓴 이유는 인생을 리셋하기 위해서라고 설명한다. 그는 "내 나이 예순이다. 나의 인생, 한 갑자 60년은 모두 죄에 대한 뉘우침으로 지낸 세월이었다"고 돌이켰다. 그러고는 이제 지난날을 거두려고 하고, 거두어 정리하고 생을 다시 시작하려고 한다고 밝혔다. 환갑 이전의 삶이 죄인과 후회의 시간이었다면 이제부터는 새로운 삶을 살겠다는 거다. 진정으로 빈틈없이 촘촘하게 자신의 몸을 닦고 실천하며, 저 하늘이 나에게 던지는 지상명령, 나의 본분이 무엇인지 돌아보면서 여생을 마치겠노라고 했다. 환갑 나이면 인생을 리셋하고 새로운 출발을 다짐하기에 좋은 기회다.

「자찬묘지명」을 남긴 진짜 이유는 인생 리셋 외에도 자신의 묘지명 기록을 남에게 맡기지 않겠다는 의도 때문으로 받아들여진다. 그는 죄인의 글이긴 하지만 평생의 언행을 기록함으로써 무덤의 묘지문으로 삼아서 남기고 싶다고 했다. 자신의 묘지문은 직접 쓰겠노라는 강한 의지가 전해진다. 자신은 남의 묘지명을 적잖이 써줬지만 자신의 삶에 대한 기록만큼은 남의 손에 맡기고 싶지 않다는 거다. 행여 자신의 인생 정리를 남에게 맡기면 자신의 삶이 왜곡될지 모른다고 생각하지는 않았을까.

그의 삶에서 왜곡을 걱정했다면 오직 천주교뿐이다. 천주교는 정약용 인생의 아킬레스건이다. 천주교 신자였다가 배교선언을 했다. 「자찬묘지명」에서 정약용은 천주교와 관련해서 아주 간략한 기록을 남긴다. 1784년 두미협에서 서울로 올라오는 배 위에서 이벽으로부터 천주교에 대해 듣던 일, 1794년 주문모 신부 사건으로 금정찰방으로 좌천된 일, 쏟아지는 정치 공세에 「변방사동부승지소」를 정조에게 올리고 곡산 도호부사로 임명된 일 정도를 적고 있다. 천주교와 관련한 내용은 매우 짧게, 제한적으로, 아주 조심스럽게 적고 있는 거다. 「변방사동부승지소」에서 천주교를 믿게 된 경위와 배교를 하게 된 배경을 아주 장황하게 설명한 데 비하면 너무나 짧다.

정약용 사후에 누군가 정약용이 강진에서 유배생활 할 때 천주교 신자였다는 기록을 남겼다면 정약용은 무척 싫어했을 것이다. 유배에서 풀려나고도 여전히 천주교 신자였다거나, 사실은 정약용이 신부로 활동했다고 기록했다면 정약용은 펄쩍 뛰었을 것이다. 정약용이 부인하고 싶은 이런 주장들은 모두 학자들에 의해 제기되고 있는 학설들이다. 일부에서는 자신을 포함해 천주교 문제로 죽은 이가환·권철신·이기양·정약전·오석충 등 6명이 천주교 신자가 아니라는 점을 알리려고 「자찬묘지명」을 남겼다는 해석을 내놓는 이도 있다. 논란을 차단하는 효과를 기대했다면 정약용의 「자찬묘지명」은 일단 성공한 셈이다.

사암과 여유는 있고, 다산은 없다

정약용의 별칭은 20여 개나 된다. 널리 알려진 '다산' 말고도 기억하기 어려울 정도로 많다. 아버지 정재원이 지어준 어릴 때 이름은 고향으로 돌아간다는 '귀농'이었고, 천연두로 생긴 눈썹 흉터로 붙여진 별명이 '삼미'다. 집안 어른들이 지어주는 자는 '미용', '송보'였고, 성인이 되고서 스스로 지은 호는 20여 개다. 무슨 별칭이 이렇게 많을까 싶다.

서울 명동에 살 때 친구들과 함께 가을날 밤에 술 마시던 남산의 정자인 죽란정사를 떠올리면서 지은 호가 '죽란산인'이다. 강진 유배 때는 다산초당 입구에 대나무가 많아 '대껍질 노인'이라는 뜻의 '탁옹', '탁피족인'이라고 불렀다. 남양주 집의 서쪽 산이 철마산이어서 '철마산인', '철마산초', '철마초부' 등 '철마'가 들어간 호를 많이 지었다. 남양주 집이 위치한 곳이 한강변이어서 한강이라는 뜻의 '열수(洌水)'를 사용했는가 하면, '자하도인'과 '여유병옹'도 있다.

유배지 강진에서 머물던 거처는 처음에는 사의재였다가 8년 뒤 정착한 곳이 다산초당이다. 다산초당은 전남 강진 만덕산의 다른 이름 '다산(茶山)'에서 나왔다. 정약용이 차밭이라는 뜻의 다산으로 불리기 시작한 것은 강진 유배 14년째인 1814년부터다. 노론인 이재의라는 인물이 그해 강진의 사찰 만덕사에서 정약용을 만난 뒤, 주변에 정약용을 '정다산'이라고 불렀다고 한다. '정다산'은 자신이 지은 호가 아니라 남들이 불러준 별칭이다. 지금은 정약용이 다산이고, 다산이 곧 정약용을 지칭한다.

「자찬묘지명」에는 "이 무덤은 열수 정약용의 묘이고 호는 사암이며, 당호는 여유당이다"고 기록한다. 환갑을 맞아 기록에 남긴 자신의 호가 열수, 사암, 여유당 세 개다. 그러나 '다산'은 없다. 남들은 다산이라고 불렀지만 정작 자신은 사암이란 호를 가장 좋아했다. 사암(俟菴)은 '기다릴 사(俟), 풀이름 암(菴)'으로, '기다린다'는 뜻이다. 무엇을 기다리는지는 확실치 않다. 머지않은 미래에 임금이 자신을 불러줘서 명예회복을 할 수 있을지 모른다는 기대감을 담고 있지 않았을까.

눈길을 끄는 호는 여유당이다. 여유당의 '여유(與猶)'는 노자의 『도덕경』에 나오는 표현이다. 원래 여(與)는 머뭇거림이 많은 동물의 이름이고, 유(猶)는 두려움이 많은 동물의 이름이다. '겨울에 시내를 건너는 것처럼 조심하고(與·여), 사방 이웃을 두려워하듯 경계하라(猶·유)'는 뜻으로 풀이된다. '여유'는 조심하고 또 두려워하겠다는 말이고, '여유당'은 조심하고 두려워하는 집이라는 의미다. 정약용의 저술을 통틀어 '여유당전서'라고 부른다. 그의 호 '여유병옹'은 병적으로 겁 많고 두려움 많은 노인이란 뜻이다. '여유'를 빼고는 정약용의 삶을 말할 수 없다.

사암이 미래를 향한 자신의 기대를 담았다면, 여유는 조심하며 살자고 자신에게 보내는 자기다짐이자 자기암시다. 「자찬묘지명」과 「여유당기」에서 밝힌 자신의 과감함, 융통성 없는 돌직구 성격에 대한 반성이다. 앞으로는 그렇게 살지 않고, 조심하고 두려워하겠노라는 다짐이다. 여유당을 당호로 지은 시점에 대해서는 두 가지 의견이 있다. 1800년 공직을 버리고 고향으로 돌아와 39살에 지었다는 의견이 있다. 반면 4년 전인 1796년 병조참판을 지내던 윤필병을 위해 써준 「무호암기」에서 자신의 호가 여유당이라고 이미 밝히고 있는 점을 들어 31살 때 지었다는 주장이 있다.

정약용이 「여유당기」에서 조심하고 경계하는 마음으로 살 것을 다짐하면서 "이런 마음을 먹은 지 6~7년이 되었다"고 밝히고 있는 점을 감안하면, 31살 때 지었다는 주장이 훨씬 설득력을 갖는다. 정약용은 관직생활을 한 초기에 이미 조심하고 두려워하자는 다짐을 생활신조로 삼았던 거다. 그런 다짐에도 불구하고 과감함이 앞섰다. 30대의 관직생활은 조심하는 '여유'보다 두려움이 없는 '불구(不懼)'로 요약된다.

정약용의 MBTI식 성격 자가진단은 또 다른 저술 「수오재기(守吾齋記)」에서도 나타난다. 신유사옥으로 포항 장기로 유배 가서 지은 글이다. '지킬 수(守), 나 오(吾), 재계할 재(齋), 기록할 기(記)'로 '나를 지키는 집(서재)에 대한 기록'이라는 뜻이다. 「수오재기」에서 정약용은 "나를 함부로 간수했다가 나를 잃은 자"라면서 분별없고 조심성 없던 관직생활을 후회한다. 함부로 처신하다가 유배까지 오게 됐고, 이제는 유배에서 벗어날 희망은 보이지 않는 데서 나온 깊은 회한이다.

「수오재기」에서 "어려서 과거 이름을 좋아할 만하다고 보아가서 빠져든 것이 10년. 조정의 행렬로 가서 사모를 쓰고 비단 도포를 입고서 큰길 위를 미친 듯이 달렸다. 12년. 한강을 건너고 조령을 넘어 친척과 이별하고 분묘를 버린 채 바닷가의 대숲 가운데로 와서야 멈추었다"고 썼다. 사모는 벼슬아치들의 모자다. 사모를 쓰고 비단 도포를 입었다는 얘기는 높은 벼슬을 했다는 것이고, 벼슬을 하면서 "미친 듯이 달렸다"는 것은 과감한 언행으로 두려움 없이 생활했던 공직생활을 말한다.

22살의 나이에 과거 1차 시험에 합격한 뒤 18년, 28살에 대과에 합격해 관직을 맡은 지 12년 동안 공직에서 무한 질주를 했다. 바닷가 유배지 대나무 숲에 서서 되돌아보니 모든 게 후회막급이다. 일찌감치 조심하고 두려워하자는 다짐을 했건만 제대로 이행하지 않았다. 조심하고 두려워했더라면 여기까지 오지는 않았을 거다. "함부로 간수했다가 나를 잃은 자"라는 표현에는 인생을 잘못 살았다는 자성이 가득하다. 정약용은 「여유당기」(1800년), 「수오재기」(1801년), 「자찬묘지명」(1822년)에서 과감했던 그의 30대 관직생활을 뼛속 깊이 후회하고 있는 것이다.

'시험 부정' 음해로 감옥에 갇히다

잘나가던 고위공직자의 관직생활은 정조의 총애로 가득하다. 얼마나 총애를 받았는가 하면 정조로부터 상으로 하사받은 책, 말, 호랑이 가죽, 여러 진귀하고 기이한 물건 등이 기록할 수 없을 정도로 많았다고 했다. 『당송팔자백선』, 『대전통편』, 『국조보감』 등의 왕실 도서관인 규장각의 신간 서적들을 받았다. 다른 관리들은 책 한 권 받기도 어려울 텐데, 정약용은 귀한 책을 받다 나중에는 술로 대신 받기도 했다. 정조는 "이제는 줄 책이 없다"면서 술을 하사했다.

하사품은 총애에 비례한다. 궁중 내부에 소장된 진귀한 책도 읽을 수 있는 특권을 누렸다. 비밀스런 임금 주재 회의에 참석하는 특권도 누렸다. 회의에 배석하는 정도가 아니라, 하고 싶은 말을 언제나 개진할 수 있었다. 정약용의 건의라면 정조는 언제든 바로 수용했다. 정조는 정약용을 다그치거나 꾸짖는 일도 없었다. 밤마다 맛있는 음식을 내려보냈다. 정약용은 "특별한 예우였다"고 적고 있다.

정조로부터 받은 각별한 총애는 갑작스레 생겨난 게 아니다. 정조가 오랜 세월 지켜보고 테스트한 검증의 결과다. 1차 과거시험인 생원시험에 합격해 성균관 학생 2년차인 1784년, 학생들은

정약용 코드

정조가 직접 주관하는 시험을 치렀다. '만물 생성의 근원으로 이를 중시하는 퇴계 이황의 이기론과 만물 구성의 요소로 기를 중시하는 율곡 이이의 이기론의 차이점을 설명하라'는 문제가 나왔다. 정약용은 이이의 이기론이 설득력을 갖는다는 요지의 답안을 작성했다.

남인인 정약용이 같은 남인 계열인 이황의 이론을 지지하지 않고, 노론인 이이의 이론을 지지한 것이다. 정치적 노선을 벗어난 정약용에게 비판이 쏟아졌다. 정조는 정약용이 1등이라고 평가했다. 견해가 명확할 뿐 아니라 공정한 마음도 귀하게 여길 만하다는 게 정조의 판단이다. 정약용의 공정성에 높은 점수를 준거다. 남인이라는 이유로 당파에 치우쳐 무조건 이황을 지지하지 않고 이론의 옳고 그름을 따져서 노론의 이이를 지지한 데 높은 평가를 한 것이다. 어쩌면 탕평책을 편 정조로서는 당연한 평가였다.

정약용의 관직생활에서 이날은 매우 의미 있는 날이다. 23살의 정약용은 성균관 학생 신분이었지만 이날 정조에게 확실하게 각인되고 인정을 받은 날이다. 시험을 마친 뒤 비서실장(도승지) 김상집은 정약용이 반드시 이름을 크게 떨칠 것이라고 했다. 비서실장의 입에서 나온 말이지만 실제로는 정조의 발언이라고 봐야 한다. 정약용은 정조의 기대에 어긋나지 않았다. 성균관 학생 가운데 늘 1등을 차지했다. 정조는 정약용의 올곧은 성품을 잘 알고 있었기에 반란이 일어나면 자신을 구해 줄 경호실장감으로 생각했던 것이다.

성적만 좋다고 총애하지 않는다. 정조는 벼가 익을 때까지 기다릴 줄 아는 군주였다. 정약용이 1등을 도맡았지만 2차 과거시험에 합격시켜 주지 않았다. 공정성에 높은 평가를 받은 지 2년 뒤의 대과시험 합격자 명단에도 없었다. "지은 글이 장원에 가깝다. 하지만 아직 때가 이르지 않았다"고 했다. 실력은 있지만 합격에 속도 조절을 한다는 얘기다. 정조는 "여러 번 수위를 차지하니 꽃은 찬란히 피어나지만 열매를 맺지 못할까 염려된다"고 했다. 어린 나이에 과거에 합격시키면 재상이 되지 못할 수 있다는 원려가 깔려 있는 듯하다. 좌절을 통해 단련시키고 성숙시켜 재상감으로 키우겠다는 정조의 배려다.

정약용이 대과에 합격하던 28살은 조선의 과거시험 합격 평균 연령 32살에 비해서도 이른 나이다. 정조는 정약용에게 좌절과 인내의 시간을 준 대신 '장원(수석)' 타이틀을 쥐어준다. 우의정 채제공이 정조에게 올린 성적표에는 정약용은 2등이었다. 정조는 정약용이 1등이라고 순위를 바꿨다. 그러고는 "정약용은 백년 만에 나오는 재상"이라고 평가했다. 좌절의 시간을 겪은 정약용에게 본격적으로 날개를 달아주겠다는 얘기다.

정약용은 정조의 총애를 받기까지 치밀하고 은밀한 품성 테스트를 거쳐야 했다. 1789년 초계문신으로 임명된 첫해에 정약용은 초계문신 대상 시험에서 1등을 무려 다섯 차례나 차지했다. 1등에 버금가는 성적은 여덟 번이었다. 초계문신에 대해서는 뒤에 상세히 설명하겠다. 정약용이 숙직을 하면서 『논어』를 읽고 있는데 규장각 직원이 와서 종이 한 장을 전했다. 임금이 전해 주라던 종이에는 다음 날 초계문신 대상 시험 출제 범위가 적혀 있었다. 『논어』 책 한 권을 다 읽을 필요 없이 메모에 적힌 범위만 공부하면 된다는 배려였다. 사극에 많이 나오는 멘트인 "성은이 망극하여이다"라고 하면서 받아들이면 그만이다.

정약용은 그렇게 하지 않았다. 시험 범위가 적힌 메모를 받아들고도 『논어』 한 권을 모두 읽었다. 정약용다운 일이다. 이튿날 정조가 출제한 시험문제는 메모에 적힌 대로였다. 하지만 정약용에게는 별도의 시험문제가 출제됐다. 메모 바깥의 범위였다. 규장각 직원이 전해 준 메모를 철석같이 믿었더라면 망신을 당했을 뻔했다. 정조는 정약용의 답안을 보고 "과연 한 권을 다 읽었구나"라고 했다. 정약용이 얍삽한지 뚝심이 있는지, 기회에 따라 가볍게 처신을 하는지, 임금의 배려에 의존하고 이용하려 드는지를 테스트한 셈이다. 정약용은 정조의 이런 품성 테스트를 무난히 통과했다.

관직생활을 하면서 딱 한 번 감옥생활을 한 적이 있다. 진사 시험 감독관을 맡았을 때다. 합격자 발표 결과 진사 시험 합격자 가운데 남인이 무려 50명이었다. 남인 소속인 정약용이 남인 응시자들을 무더기로 합격시켰다는 악성 루머가 퍼졌다. 정조의 귀에도 이런 소문이 들어갔다. 화가 난 정조는 정약용을 다시는 시험 감독관으로 쓰지 말고, 정약용이 추천하는 인사는 관직에 기용하지 말라고 이조(요즘의 인사혁신처)에 지시했다. 그러고는 정약용을 감옥에 가둬버렸다.

정약용의 공정함을 믿었던 정조의 실망과 분노가 이만저만 아니었던 모양이다. 정조는 진상 파악에 나섰다. 정약용은 1반의 시험 감독관이었고, 무더기 남인 소속 진사 합격자는 정약용이 감독을 맡지 않은 2반에서 나왔다. 음해였다는 것을 확인한 정조는 즉각 정약용을 감옥에서 풀어줬고, 다시 시험 감독관에 기용했다. 감옥생활이 비록 짧기는 했지만 관직사회는 늘 음해와 무고가 따라다닌다는 점을 깨우치게 한 일이다.

정조는 정약용을 규장각 제학으로 쓰려는 마음을 감추지 않았다. 1797년 정약용이 시험 감독관을 맡고 있을 때 정조는 정약용에게 붉은 붓을 내려보냈다. 정조는 "끝내는 붉은 붓을 잡게 될 것이니 오늘은 시험 삼아 먼저 붓을 잡아보라"고 권했다. 조선시대에 '붉은 붓'은 규장각 제학이 된다는 의미다. 대제학은 규장각을 맡은 장관급 종2품 자리다. 하지만 정조는 이날의 말을 실천하지 못한다. 정약용은 살아서는 제학에 오르지 못하고 죽어서 제학에 오른다. 세상을 떠난 지 74년이 지난 1910년 대한제국은 정약용에게 정헌대부 규장각 제학 자리에 증직(贈職)한다. 증직은 국가에 공로가 있는 사람에게 죽은 뒤에 품계 또는 관직을 주는 것이다.

짧지만 강력한 해미 유배의 교훈

산이 높으면 골이 깊은 법이다. 정조의 총애가 클수록 정약용에 쏟아진 시기와 질투의 눈길은 매서웠다. 잘나가는 젊은 엘리트 관리 정약용에게 노론의 공세가 집중됐다. 노론은 남인 가운데 잘나가던 정약용, 이가환, 이승훈 세 사람을 '3흉(兇)'으로 정해 놓고 집중적인 정치공세를 폈다. '3흉'은 세 명의 원수라는 뜻이고, 빌미는 천주교였다. 천주교를 내세운 노론의 공세는 정조가 적극적으로 막아줬다. 적어도 정조가 생존해 있는 동안에는 그랬다.

정약용 유배는 전남 강진(18년)과 포항 장기(8개월) 정도만 알려져 있지만, 10일짜리 '미니 유배'도 있다. 관직을 시작한 지 얼마 되지 않은 29살 때인 1790년 남인의 리더 채제공이 예문관 검열 자리에 6명을 추천한 것이 사사로운 감정에 따른 것이라는 노론의 공세가 제기됐다. 남인인 채제공이 정약용 등 같은 남인을 추천했다는 것이다. 논란의 대상이 된 정약용은 추천에도 불구하고 시험 응시를 거부했다. 정조는 시험에 응시하도록 강제로 조치하고, 합격한 정약용을 예문관 검열에 임명했다.

정약용은 임금의 인사 명령을 거부하고 사직하는 일을 두 번이나 했다. 정조에게 정치적 부담을 주지 않겠다는 거다. 정조는 어명을 어긴 정약용을 충남 해미로 유배 보냈다. 해미 유배는 10일 만에 짧게 끝났다. 어차피 유배라기보다는 관직을 맡으라는 압박에 가까웠기 때문이다. 정약용으로서는 기분 나쁘지 않은 유배였을 것이다. 감옥생활에 이어 정약용이 맞은 두 번째 시련 아닌 시련이다. 18년 유배생활에 비할 바가 아니다.

하지만 시험 부정의 음해로 인한 투옥, 10일간의 해미 유배의 교훈을 마음에 새겼어야 했다. 음해와 무고가 판치는 정치판의 속성을 간파하고 대비했어야 마땅했다. 관직생활에 긴장의 끈을 놓지 말았어야 했다. 조심하고 경계하자는 '여유'의 다짐을 철저하게 이행했어야 했다. 하지만 바닷가 대나무 숲에 멈춰 설 때까지 미친 듯이 달렸다. 관직에 있는 12년 동안, 과감한 행동으로 자신을 잃을 때까지 마구마구 달렸던 거다.

5년 뒤 더욱 복잡하고 끈질긴 정치공세가 기다리고 있었다. 서울에 숨어 지내면서 선교활동을 하던 최초의 중국인 신부 주문모는 배교자 한영익의 밀고로 체포령이 내려져 쫓기고 있었다. 주문모를 도와 선교하던 최인길·지황·윤유일은 1795년 5월 체포

정약용 코드

돼 죽임을 당했고, 그들의 시체는 한강에 버려졌다. 윤유일은 천주교 신자가 제사를 지내도 되느냐는 문의를 하러 베이징까지 달려가서 '천주교인의 제사 불가'라는 답변을 받아 온 핵심 인물이다. 세 사람의 죽음은 조용히 처리됐지만 53일이 지난 뒤에 대사헌 권유의 진상규명 촉구 상소에 의해 세상에 알려진다.

변사 사건의 진상규명을 촉구하는 여론이 들끓는 와중에 박장설이라는 인물이 정약용의 형 약전의 과거시험 답안 내용을 문제 삼는 상소문을 올린다. 약전이 과거시험 답안에 오행을 사행으로 논했고, 당시 시험 감독관인 이가환은 이를 알면서도 1등으로 채점했다는 것이다. 사행으로 논했다는 말은 천주학 이론에 근거해 답을 썼다는 얘기다. '3흉' 가운데 두 사람인 정약용과 이가환이 천주교 신자라는 점을 문제 삼는 상소문이다.

하지만 상소문 가운데 '기려지신(羈旅之臣)'이라는 문구가 정조의 심기를 건드렸다. '굴레 기(羈), 나그네 여(旅)'의 기려는 '다른 나라 사람으로 벼슬하는 신하'라는 의미다. 정조는 어찌 나라의 벼슬아치 입에서 '기려'라는 표현이 나올 수 있느냐면서 귀양의 빌미로 삼았다. 박장설을 두만강으로 귀양을 보냈다가, 동래로 옮기게 했다. 다시 제주로 보내고, 압록강까지 옮겨 전국을 떠돌게 했다. 최악의 유배형이다. 정조가 분명하고 단호하게 정약용과 이가환 편을 든 것이다.

정조는 박장설을 전국으로 유배 보내는 선에서 논란을 끝내고 싶었다. 하지만 서교(천주교)의 뿌리인 이가환을 벌주지 않을 수 없다는 상소문이 끊이지 않았다. 정조도 더 이상 버티기 어려워 한 걸음 물러섰다. 공조판서(산업부 장관) 이가환은 충주 목사로, 우부승지(법무비서관) 정약용은 금정찰방으로 좌천되었다. 찰방은 요즘으로 치면 역장에 해당되는, 6급의 낮은 관직이다. 대통령실 1급 비서관 자리에서 금정(충남 청양)의 역장으로 쫓겨 간 것이다. 감옥과 미니 유배에 이어 정약용에 닥친 세 번째 시련이다.

좌천의 공식적인 이유는 글씨체다. 정조는 정약용의 글씨체가 삐딱해 마음에 들지 않는다고 했다. 글씨체가 마음에 들지 않아 좌천한 유례없는 징계처분이다. 글씨체로 보면 오히려 정조의 어린 시절 한글체가 삐뚤빼뚤했고, 정약용이 남긴 글씨는 '승두문자'로 불릴 정도로 또박또박하다. 승두문자는 파리 대가리만 한 작은 글자라는 뜻이다. 파리 머리같이 작게 쓰는데도 획 하나 흐트러지지 않았다. 글씨체를 이유로 삼은 것은 정약용과 천주교를 연결시키지 않겠다는 것이다.

정약용의 금정 좌천 생활은 다섯 달 만에 끝났다. 1795년 12월 20일에 다시 용양위 부사직이라는 경호실 자리로 복귀했다. 좌천의 이유가 글씨체였기에 복귀의 명분도 글씨체였다. 정조는 이제는 필체가 훌륭하게 변했다고 칭찬하면서 중화척을 선물로 하사했다. 농사철 시작을 기념하는 음력 2월 1일이 중화절이다.

이날을 기념해서 백성들을 공평하게 다스려 하늘의 뜻에 어긋남이 없도록 하라는 뜻을 담고 있는 자가 중화척이다. 정조는 "자를 중화절에 나누어주는 것은 신하들에 대한 국왕의 신임을 상징하는 것이니, 신하들은 능력을 다하여 나를 잘 보좌해 달라"고 했다. 중화척은 정조가 주는 재신임이자 정약용의 명예회복을 의미했다.

어명 이행을 두 번이나 거부하다

관직사회 신고식을 거부하고 법무부 장관에게 고자질할 정도의 고지식함과 꼬장꼬장함은 좋게 보면 지조 있는 선비의 모습이다. 그러나 삐딱하게 바라보면 임금의 총애를 업고 하늘 높은 줄 모르고 날뛰는 오만함으로 비칠 수 있다. 잘나가는 관리의 거침없는 언행은 역린을 건드리기 쉽다. 역린은 용의 몸에 붙어 있는 81개 비늘의 하나인 거꾸로 된 비늘이다. 건드리면 용을 날뛰게 하기 때문에 절대 건드려선 안 될 급소에 해당된다. 깐깐하고 지조 있는 선비 정약용은 역린의 언저리를 맴돌았다.

1793년 정조가 채제공에게 남인 가운데 사헌부와 사간원의 관리로 추천할 만한 사람 명단을 올리라고 지시했다. 대표적인 사정기관인 두 기관의 관리를 소수파인 남인 가운데서 추천하라는 거다. 채제공은 같은 남인인 이가환·이익운·정약용에게 임금의 지시를 전했다. 채제공과 이가환·이익운은 모두 권심언 한 명을 천거했다. 하지만 정약용은 배짱 좋게 무려 28명의 이름을 적어 제출했다.

머리를 깎으라 했다고 빡빡 깎으면 반항으로 비치는 법이다. 사람을 추천하라 했다고 무더기로 써내면 무성의 아니면 항명으로 받아들여지기 쉽다. 정약용의 설명에 따르면 "28명 가운데 시급하지 않은 사람은 없으며, 누구를 먼저 추천(임명)하고 나중에 할지는 오직 임금 판단에 달려 있다"는 것이다. 실제로 며칠 뒤 28명 가운데 8명이 후보로 천거됐고, 몇 년 내에 28명 모두 천거됐다. 정약용의 거침없는 행동에 정조는 무한신뢰를 보낸 것이다.

곡산 도호부사 시절에 왕명을 거부하고 윗사람과 정면충돌하는 일이 두 차례 발생했다. 첫 번째는 대동미 출납을 담당하는 중앙 관청인 선혜청과 맞붙은 사건이다. 도호부사는 도지사인 관찰사(감사)의 지휘를 받는 자리로, 목사와 군수의 중간쯤 되는 지방 수령이다. 곡산 도호부사를 맡은 지 2년째 되던 1798년 선혜청 간부 정민시가 곡산 도호부의 쌀 7,000섬을 팔아 돈을 마련하라는 지침을 보냈다. 당연히 임금의 결재를 거친 지시다.

무오년, 그해는 풍년이 들었고 수요공급법칙에 따라 쌀값이 폭락했다. 쌀 15말(한 가마니 반)의 나라 고시가격이 420전인데 시중 가격은 200전으로, 절반 밑으로 떨어졌다. 풍년에 쌀이 넘쳐나는데 관청의 비축미를 풀어서 현금을 마련하라는 지시를 따르면 실제 거둬들이는 돈은 절반도 안 된다. 수요공급의 원칙에도 맞지 않는 전형적인 탁상행정이다. 정약용은 비축미를 풀지 않는 게 좋겠다고 보고하고, 쌀 창고를 봉인해 버렸다. 임금 지시를 거부한 셈이다.

정약용이 어명을 거부했다는 보고서가 정조에게 올라갔지만, 정조는 풍년에는 비축미를 풀지 않는 게 맞다면서 정약용의 손을 들어줬다. 체면을 구긴 정민시는 가만있지 않았다. 그는 "나라가 나라다운 까닭은 기강이 있기 때문"이라며 지시를 불이행한 정약용 파면을 주장했다. 정조는 정약용의 말이 맞는데 왜 벌을 주느냐고 두둔했다. 비축미 방출을 둘러싼 정민시와 정약용의 싸움은 당시 관직사회의 엄청난 관심거리였을 것이다. 정약용의 주장이 합리적이지만, 왕명 거부와 지시 불이행이라는 관점에서 보면 정약용은 처벌을 면하기 어려웠다. 하지만 정조가 정약용 손을 들어주면서 정약용에 대한 총애가 새삼 주목받았고, 역시 '실세 정약용'이라는 말이 나왔을 법하다.

두 번째 지시 불이행도 곡산 도호부사 시절에 벌어졌다. 이번에는 황해도 감사(관찰사)와 충돌했다. 황해도 감사는 은 채굴 광산의 광부 200명을 차출해서 재령군으로 보내 장용영의 둑 설치를 지원하라는 공문을 보냈다. 장용영은 정조가 새로 만든 친위 군대 조직이다. 정약용은 황해 감사의 지시 이행을 거부했다. 이유는 나라 예산을 사용하면 될 일에 왜 백성을 동원해서 못살게 하느냐는 것이다. 황해 감사는 정약용을 엄중하게 꾸짖으면서 지시에 따르라고 압박했다. 정약용은 임금이 만든 장용영의 일에 백성을 강제 동원해서 백성들로부터 원망이 있다면 결국 비난이 임금에게 돌아갈 수 있다면서 버텼다.

임금에게 누가 되기 때문에 감사의 지시를 따를 수 없다고 하니 감사는 더 이상 뭐라고 하겠는가. 결국 감사가 두 손을 들고 말았다. 옳다고 생각하는 일에는 상대방이 누구라도 한 치의 양보도 하지 않는 꼬장꼬장하고 깐깐하고 융통성 없는 정약용의 모습이다. 부드러우면 휘어지지만 곧으면 꺾어지기 쉬운 법이다. 「수오재기」와 「여유당기」, 「자찬묘지명」에서 후회를 쏟아내게 만든 과감한 행동들이다. 정약용의 처신은 아슬아슬했다.

정조마저 언짢게 한 독선

"뜻밖에도 글하는 선비가 범죄사건을 잘 다룬다."

정약용에 대한 정조의 평가다. 1799년 4월에 병조참지(국방부 차관보)로 임명됐다가 한 달 만에 형조참의(법무부 차관보)로 자리가 바뀌었다. 정조는 가을쯤 부르려 했는데 범죄사건을 논의하려

정약용 코드

고 일찍 불렀다고 설명했다. 정조가 정약용에게 맡긴 범죄사건은 '황해도에서 일어난 의심스러운 살인사건'이다. 정약용의 수사 보고서를 읽고서 정조는 흡족함을 표시했다.

정조는 살인사건의 정범 함봉련이 7년째 옥살이를 하고 있는 사건의 재조사를 정약용에게 맡겼다. 정약용의 수사 결과는 함봉련이 억울하게 옥살이하고 있다는 것이었고, 정조는 수사 결과를 보고받고 그날로 무죄 석방조치를 했다. 장군의 기질이 있는 줄 알았던 정약용은 정조에게 '명탐정 코난'이었고 '셜록 홈즈'였다. 골치 아픈 살인사건 수사를 맡겨 봤더니 명쾌하게 처리했다. '뜻밖에도'라는 표현은 그래서 나온 것이다. 정약용의 수사 결과 보고를 듣고는 당일로 석방조치를 내릴 정도로 신임은 각별했다.

조선에서 살인사건은 국가적인 관심사였다. 살인사건 같은 중대 범죄의 최종 판결은 임금 몫이다. 살인사건의 최종심을 맡아 대법원 역할을 하는 임금은 판단에 신중에 신중을 기울였다. 정조가 정약용을 투입한 것도 이런 이유에서다. 범죄 수사와 판단에 탁월한 능력을 발휘한 정약용은 때로는 자신의 주장을 지나치게 내세웠다.

정조는 정약용의 주장을 언제나 받아주면서도 언짢은 반응을 보일 때도 없지 않았다. 호조 소속 하위직 관리인 아전 이창린이 임금 명령을 허위로 조작해 공금을 횡령하는 일이 발생했다. 공문서 위조에 공금횡령이니 꽤 큰 범죄였다. 정조는 사건의 심각성을 감안해 다른 관리들에게도 죄를 물어 사건을 확대하려고 했다. 하지만 정약용은 극구 반대했고, 결국 자신의 뜻을 관철시키고 말았다.

"경의 뜻으로 옥사(범죄사건)를 결단하려고 하는가"라는 정조의 말은 기분이 몹시 상했다는 얘기다. 정약용은 자신의 의견이 맞다고 생각하면 임금의 뜻마저도 무시해 버릴 정도로 거침이 없었다. 이쯤 되면 소신이 아니라 독선이다. 역린의 경계선쯤에 서 있는 것이다. 다른 신하들 같았으면 진즉에 불경죄로 처벌받았을 것이다. 하지만 정조의 신임과 총애는 한결같았다.

높아진 위기감, 배교를 선언하다

28살에 공직을 시작해 34살 때 1급 고위공직자가 된 정약용에게 비난이 집중되기 시작했다. 비난이 모이고 쌓여 위기로 치닫고 있었다. 정약용의 위기가 임계점에 달했음을 보여주는 사건이 「변방사동부승지소(辨謗辭同副承旨疏)」다. 정약용이 36살이던 1797년 동부승지(산업비서관)로 임명되자 천주교 신자 전력이 논란의 중심으로 떠올랐다.

논란이 거세지자 정약용은 동부승지를 맡지 않겠다는 글을 올렸다. 자신에게 쏟아지는 비방에 대해 해명(辨謗·변방)하고, 동부승지를 사임(辭同副承旨·사동부승지)하겠다며, 임금에게 올린 글(疏·소)이 바로 「변방사동부승지소」다. 정약용은 길고 긴 상소문에서 서학 책을 보았고, 실제로는 마음으로 좋아했고 사모했으며, 사람들에게 자랑하기도 했다고 시인했다. 하지만 서적 탐독은 천주교라는 견문을 넓히려는 호기심 차원이었다고 해명했다.

「변방사동부승지소」의 핵심은 배교 선언이다. 그는 "당초에 서학에 물든 것은 아이들의 장난과 같았는데, 지식이 조금 자라자 문득 원수로 여겼고, 분명하게 알게 된 뒤로는 더욱 엄하게 이를 배척했다"고 했다. 시간이 지나면서 천주교를 믿지 않는 정도를 넘어, 원수로 여겨 멀리했다는 것이다. 심장을 갈라 보여도 실로 아무 남은 것이 없고, 구곡간장을 뒤져본들 남은 찌꺼기가 없다는 표현을 하면서 진정성을 강조했다. 결론은 천주교 때문에 비난을 받고 있는 마당에 동부승지 벼슬을 그만두는 길밖에 없다는 것이다.

정조는 「변방사동부승지소」를 받아 읽고 언제나처럼 정약용을 옹호했다. 정조는 "종이에 가득 자신에 대해 열거한 내용은 그 말을 듣고 감동하기에 충분하다"면서 사직서를 반려했다. 배교를 선언한 정약용은 이제 허물이 없는 사람이라고 선을 그었다. 그럼에도 논란이 사그라들지 않자 마지못해 사직서를 수리하면서 대신에 보낸 자리가 황해도 곡산의 도호부사다. 정조는 자신의 곁을 떠나 곡산으로 부임하는 정약용에게 "곡산은 한가한 마을이니 그곳에 가면 '그 일'을 하라"고 특별 임무를 부여한다. 특별 임무는 곧 변함없는 총애를 뜻한다.

정조가 언급한 '그 일'은 바로 『사기영선』을 편찬하고 주석을 다는 일이다. 『사기영선』은 정조가 사마천의 『사기』와 반고의 『한서』에서 중요 부분을 모은 책이다. 『사기영선』 발췌 업무를 다른 신하에게 시켰지만 마음에 들지 않자 정조는 지방 근무를 떠나는 정약용에게 맡긴 것이다. 정약용은 틈나는 대로 『사기영선』 발췌 업무를 해서 정조에게 전달했고, 정조는 "뜻이 꼭 맞다"고 흡족함을 표시했다. 정조에게 믿을 만한 신하는 정약용밖에 없었다. 그러니 총애는 더욱 굳어져 갔다.

심야 독대에 잠 못 이루는 정적들

독대는 권력이다. 권력의 크기는 권력자와의 거리에 비례한다고들 한다. 거리가 가까우면 권력이 강하고, 거리가 멀면 권력이 약해진다. 권력의 측도인 거리보다 더 강력한 게 바로 독대다. 독대는 신하가 임금과 단둘이 만나기 때문에 무슨 말이 오갔는지 임금과 신하 둘밖에 알지 못한다. 추측과 짐작만 가능할 따름이다. 베일에 가려 있으니 독대의 권력은 가늠할 수 없다. 실제보다 훨씬 커 보이기 마련이다.

조선시대에 독대를 가장 많이 한 임금은 세종이다. 세종은 매일 오전 9시에 윤대(輪對) 시간을 가졌다. 윤대란 윤당면대(輪當面對)의 준말로 신하들이 번갈아 가면서 임금을 만나 얼굴을 맞대고 정치에 관한 의견을 아뢰던 일이다. 예문관 대제학 변계량의 건의에 따라 시작된 윤대 시간에 세종은 고위 관리가 아니라 하위직 실무 관리들을 주로 만났다. 고위 관리들은 되도록 문제점을 감추고 임금이 듣기 좋은 말만 전하기 마련이다. 하위직 실무 관리들은 현장의 실상을 정치적 고려나 판단 없이 생생하게 전해 준다. 세종이 관료조직의 내부에서 벌어지고 있는 일을 속속들이 알아내고 장영실 같은 관노의 숨겨진 재능을 찾아내 발탁할 수 있었던 것은 바로 윤대 때문이었다. 세종은 관료사회의 특성을 정확히 파악하고 있었던 거다. 독대의 긍정적인 측면이다. 하지만 독대는 부정적인 측면이 많다. 은밀한 거래가 오가기도 하고 신하에게는 시기와 질투, 음해가 집중되게 마련이다.

정약용은 정조에게 불려가 심야 독대를 자주 가졌다. 정약용은 "총애가 날로 깊어져 밤중이 되어야 대화가 끝나니 좋아하지 않는 자들이 시기했다"고 말했다. 정조와 심야 독대가 잦아질수록 정약용에 대한 시기와 질투는 더욱 매섭고 날카로워졌다. 은밀하던 시기와 질투는 공공연하게 퍼져 나갔다. 드디어 밤길 조심하라는 경고 메시지가 직접 전해졌다. 정약용의 친구 홍시부는 "나의 시중들던 사람 가운데 옥당 서리가 된 사람의 말이 '정공의 야대(夜對)가 끝나지 않으면 옥당에서 서리를 보내어 엿보느라 걱정하여 잠을 자지 못할 정도'라고 한다"고 전했다.

정공은 정약용이고, '정공의 야대'는 정약용의 심야 독대를 말한다. 홍시부는 심야 독대는 옥당(홍문관) 관리들의 신경을 곤두세우게 하고 있으니 삼가라고 대놓고 경고한 것이다. 옥당의 정적들은 정약용이 정조와 독대에서 무슨 대화를 주고받는지 파악하려고 밤잠을 설치면서 안테나를 세우고 있었던 거다. 옥당의 시기와 질투는 빙산의 일각이다. 모든 벼슬아치들이 정약용의 독대와 총애를 시기했을 거다. 공공의 적이라는 얘기다. 친구의 충고와 경고는 부글거리던 위기가 폭발 직전의 임계점에 이르렀다는 방증이다.

1800년 봄, 위기감을 온몸으로 체감한 정약용은 공직을 떨쳐버리고 고향으로 내려갔다. 정조는 남양주 정약용 집으로 비서를 보내 "내 어찌 너를 버리겠느냐"면서 궁궐로 들어와 책을 교정하는 일을 맡으라고 했다. 6월 12일에는 문서 기록과 관리를 맡던 하급 비서를 다시 보내 『한서선』 10부를 전했다. 비서는 지시를 내릴 때 정조의 낯빛을 자세히 살펴봤더니, 몹시 안타까워하는 표정이었고 말씀도 온화하고 부드러웠는데, 다른 때와 달랐다

정약용 코드

고 했다. 곁에서 늘 모시던 비서의 눈에 정조가 다르게 보인 것은 변고의 조짐이었을까.

정조의 건강은 급격히 나빠져 16일 뒤인 6월 28일 갑작스레 세상을 떠난다. 정인보는 "정약용은 정조가 있었기에 정약용일 수 있었고, 정조는 정약용이 있었기에 정조일 수 있었다"고 했다. 정조 없는 정약용은 풍전등화의 신세였다. 정약용에게 총애의 시절이 가고 좌절과 고난의 시간이 다가오고 있었다. 피바람의 먹구름이 짙게 몰려오고 있었다.

발목을 세 번 잡은 서용보 탄핵

정약용에게는 유독 해코지를 심하게 했던 사람들이 많았다. 자신을 못살게 굴고 적대적이었던 인물 5명의 실명을 「자찬묘지명」에 그대로 기록으로 남겼다. 서용보, 이기경, 홍낙안(홍희운), 목만중, 강준흠이다. 유독 이기경과 홍낙안에게는 '악인'이라는 표현을 남겼다. 홍낙안은 나중에 홍희운으로 개명한 동일 인물이다. 이기경과 홍낙안이 얼마나 자신을 못살게 굴었고 마음에 분노와 원한이 사무쳤으면 '악인'이라는 표현을 썼을까 싶다.

관직에 있을 때 이들과 맺어진 악연은 끝이 없었다. 그들은 틈만 나면 정약용을 공격하고 무고했으며, 유배지로 몰아넣었다. 포항 장기로 유배가 있던 정약용을 한양으로 불러올려 다시 조사를 받게 했고, 유배에서 풀려날 만하면 번번이 훼방을 놓아 석방을 가로막았다. 유배에서 풀려나고도 정약용의 관직 복귀와 명예회복을 저지했다. 백 명의 친구보다 한 명의 적이 더 무서운 법이다. 악연의 5명은 정약용의 인생을 완전히 바꿔버렸다. 5명의 악연 외에도 해코지하는 사람이 줄을 섰다.

첫째는 서용보와의 악연이다. 정약용이 1794년 경기 북부 암행어사로 나갔을 때 서용보와 마주했다. 관찰사(감사) 서용보의 집안사람이 향교가 있는 땅을 빼앗아 서용보 집안의 묘지로 쓰도록 바치려고 작정했다. 땅이 불길하다면서 고을 유생들에게 겁을 줘서 향교를 허물고 다른 곳으로 옮기도록 했다. 향교가 있던 땅은 서용보의 소유로 바뀌었다. 서용보가 경기도 파주 관청이 비축하고 있는 곡식을 빌려주고 백성들에게 비싸게 돌려받는 쌀장사를 했다는 사실이 정약용에게 적발됐다. 깐깐한 암행어사 정약용이 이런 비리를 그냥 둘 리 없었다. 서용보를 탄핵했다.

서용보는 탄핵에 앙심을 품고 정약용의 인생에 발목을 세 번 잡는다. 정조가 세상을 떠나고 순조가 취임한 이듬해 1801년 1월 정순왕후는 서교(천주교)를 믿는 사람은 코를 베어 멸종시키겠다는 비상조치를 발표한다. 서슬 퍼런 정국 아래서 모두가 숨죽이고 있을 때 정약용의 셋째 형 약종이 먼저 움직였다. 비상조치 발표 한 달 뒤 약종은 불안감을 이기지 못해 소지하고 있던 천주교

정약용 코드

서적과 성물을 책 고리짝에 넣어 안전한 곳으로 옮기려다 포졸의 불심검문에 걸렸다. 이른바 '책롱 사건'이다.

신유사옥은 이렇게 시작됐다. 책 상자의 편지 더미 속에서 '삼구(三仇)의 설'이란 자료가 나왔다. '석 삼(三), 원수 구(仇)', 삼구의 설은 인간의 영혼에 있는 세 가지 원수인 육신, 세속, 마귀를 일컫는다. 삼구의 설은 이미 안정복의 저서에서도 거론된 바 있기 때문에 문제될 게 없었다. 하지만 정약용의 정적들은 자료가 정약용 집안의 문서라고 몰아갔다.

배교를 공식 선언한 「변방사동부승지소」는 정약용이 더 이상 천주교 신자가 아니라는 명백한 증거였다. 수사기록으로 정약용은 무죄였다. 약종에게 압수한 문서 가운데 "자네 아우(약용)가 알지 못하도록 하게나"라는 편지 내용은 정약용이 천주교와 관련 없다는 증거다. 약종의 글에서 "형과 아우와 더불어 천주님을 믿을 수 없음은 나의 죄악이 아닐 수 없다"고 쓴 대목도 동생 약용과 형 약전이 신자가 아니라는 방증이다.

장관들인 대신들 모두 정약용을 석방하자는 의견이었고, 무죄 석방은 시간문제였다. 하지만 서용보가 석방 불가를 외쳤다. 서용보는 순조가 즉위하면서 우의정 자리에 오른 새 정치질서의 실력자였다. 서용보의 반대로 정약용은 수사 결과와는 전혀 엉뚱하게 포항 장기로 유배를 떠나야 했다. 서용보의 첫 번째 보복이다.

유배 2년 만에 풀려날 절호의 기회를 맞았다. 순조를 대리청정하고 있던 정순왕후가 정약용과 채홍원(채제공의 수양아들)을 석방하라는 지시를 내렸다. 대리청정을 하던 정순왕후의 지시는 요즘의 대통령 특별사면쯤에 해당된다. 하지만 서용보가 나서 가로막으면서 무산됐다. 두 번째 발목잡기다.

세 번째 보복은 유배에서 풀려난 이후에 벌어졌다. 유배에서 돌아온 이듬해 겨울, 조정에서는 정약용에게 토지경영 관련 업무를 맡기기로 했다. 관직 복귀였지만 정약용에게는 그 이상의 의미가 있었다. 후손들이 폐족에서 벗어나 벼슬길이 열릴 수 있는 기회였다. 정약용이 오매불망 기다렸을 명예회복이자 가문의 복권이다. 하지만 그때 국무총리인 영의정은 서용보였다. 서용보의 반대로 관직 복귀는 무산됐다. 인간관계가 얼마나 무서운지를 절감했을 텐데 정약용의 글에서 서용보에 대해 서운한 감정을 찾기 어렵다. 자신을 진짜 괴롭힌 악인들은 노론의 서용보가 아니라 남인의 친구들이자 지인들이었기 때문이다. 늘 적은 내부에 있는 법이다.

적은 늘 내부에 있다

정약용이 자신을 못살게 군 악연으로 지목한 5명 가운데 4명이 정약용과 같은 남인이고, '악인' 2명도 남인이다. 이들의 공통점은 남인이면서 천주교 공격에 앞장선 공서파(서교를 공격하는 무리)라는 점이다. 벗을 고르는 일이 바르지 못했다는 정약용이 친구를 잘못 사귄 대가는 엄청났다. '악인'으로 지목한 이기경과 홍낙안 두 사람 가운데 특히 이기경은 한때 정약용의 베프(절친)였다. 이기경은 정약용을 해코지하는 중심에 서 있었다. 베프의 배신과 보복은 상상을 초월했다.

1756년생인 이기경은 정약용보다 6살 많았지만, 친구로 지냈다. 둘은 과거시험 공부도 함께 했고, 천주교 서적도 함께 읽던 사이다. 1등을 번갈아 했고, 성적은 앞서거니 뒤서거니 했다. 이기경의 변심은 1788년부터였다고 정약용은 기록하고 있다. 하지만 변심한 계기가 무엇이었는지에 대한 설명은 없다. 아마도 공개하기는 어려운 사정이 있거나, 공개가 적절치 않은 내용일 수도 있겠다. 변심한 이후 두 사람의 관계가 악화된 결정적 계기는 3년 뒤의 진산사건이다. 윤지충과 권상연이 1791년 5월 모친상 때 신주를 불태우고 제사를 거부한 진산사건은 초기에는 크게 문제가 되지 않았다. 채제공은 윤지충과 권상연을 처형하는 선에서 사건을 마무리 지으려 했다.

그 무렵, 이기경은 노론으로부터 비난을 받고 있었다. 이기경이 자신에게 쏟아지는 비난을 피하려고 끄집어낸 일이 4년 전의 반회사건이다. 자신이 공격받는 초점을 흐리려고 다른 이슈에 불을 지핀 것이다. 반회사건(추조적발사건)은 1787년 이승훈·이벽 등이 반촌(명륜동)의 김범우 집에서 비밀 신앙집회를 갖다가 도박 단속을 하던 포졸들에 적발돼 추조(형조의 다른 이름으로 지금의 법무부)로 끌려갔던 사건이다. 이기경은 상중인데도 상소를 올려 자신과 함께 당시에 반회에 함께 참석했던 정약전·약종·약용 삼형제의 실명을 거론하면서 천주교 신자 처벌을 요구했다. 자신이 살려고 물귀신 작전을 편 거다.

이기경의 상소에도 불구하고 정작 유배를 떠난 사람은 정약용 삼형제가 아니라 이기경이었다. 상소문 문장이 거칠다는 지적 때문이다. 이기경은 이때 친구인 정약용에게 단단히 앙심을 품었던 모양이다. 정약용은 이기경이 유배생활을 하는 동안 이기경의 집에 찾아가 그의 식구들을 위로했고, 이기경 모친의 두 번째 기일에는 천 전이라는 많은 돈을 부조했다. 4년 뒤인 1795년 대사면에 이기경이 포함되지 않자 정약용은 남인의 선배 이익운과 함께 정조를 찾아가 사면을 건의했다. 정약용의 노력 덕분에 이기경은 석방됐으나 고마워하기는커녕 오히려 정약용을 죽이겠노라고 별렀다.

1801년 신유사옥으로 세상이 뒤집어지자 이기경은 검찰에 준하는 권력을 쥐었다. 새로운 권력질서에서 사헌부 요직인 장령 자리를 꿰찬 이기경은 자신이 남인이면서 2년 전 세상을 떠난 남인의 리더 채제공의 관작 추탈을 주도했다. 채제공이 진산사건을 윤지충 등 처벌로 마무리 지은 데 대한 앙갚음이다. 황사영 백서 사건이 벌어지자 포항으로 유배를 가 있던 정약용과 약전 등을 불러 재조사를 해야 한다고 목소리를 높여 관철한 이가 바로 이기경이다. 남인 소속이면서 남인의 리더와 친구 죽이기에 발 벗고 나선 것이다.

이기경과 함께 '악인'으로 꼽힌 안동 출신의 홍낙안(홍희운)은 정약용보다 10살 많다. 홍낙안과 친인척 관계에 있는 같은 항렬의 홍낙민·홍낙임 등이 천주교 신자로 체포되자 가문에서는 '낙(樂)' 자 항렬을 '희(羲)' 자로 바꿨다. 홍낙안이 홍희운으로 이름이 바뀐 것은 그래서다. 이기경과 홍희운은 정약용 죽이기의 공동전선을 폈다. 홍희운은 진산사건 상소문을 사헌부에 올려 사건화를 주도했고, 이기경은 윤지충 처벌로 마무리되려 하자 상소를 제기하는 역할 분담을 했다. 천주교 공격의 선봉에 선 홍희운은 천주교도 적발의 공로를 인정받아 1801년 동부승지(산업비서관) 자리에 오른다. 이기경과 홍희운은 온갖 계책을 세워 스스로 수사하는 자리에 들어갔고, 신문과 기소를 해서 정약용을 기필코 죽이려 들었다.

남인의 원로 목만중은 정약용의 아버지 정재원과 친구 사이였고, 채제공과도 각별한 사이였다. 그럼에도 정약용 공격에 앞장섰다. 목만중이 친구의 아들 정약용을 괴롭힌 이유는 이기경과 사돈 관계였기 때문이다. 그래서 이기경이 죽이겠노라고 벼르던 정약용 해코지에 함께 나선 것이다. 정약용을 공격했다가 전국을 떠도는 유배생활을 한 박장설의 상소문도 사실은 목만중의 사주를 받아 작성된 것이다. 목만중 집안의 정약용 해코지는 이기경과 사돈 관계만으로 설명하기 어려울 정도로 집요하고 끈질겼다.

이기경-목만중과 함께 강준흠도 사돈 관계로 얽혀 있다. 목만중의 손자 목태석의 누이는 강준흠의 며느리로 두 집안이 사돈 관계였다. 그리고 강준흠의 아들은 이기경의 딸과 결혼해 강준흠과 이기경은 사돈 관계였다. 이기경-강준흠-목만중은 서로 사돈관계였다. 강준흠의 큰아버지는 정약용의 외가 누이와 결혼해 정약용과도 사돈 관계였지만, 강준흠은 정약용의 누이인 큰어머니와 사촌 동생을 쫓아낸 인물이었다. 그래서 강준흠은 정약용과는 사이가 좋을 리 없었고, 자연스레 목만중·이기경과 한무리를 지었다. 정약용은 친구 잘못 사귄 걸 두고두고 후회했다. 조심하고 두려워하며 살자는 '여유(與猶)에는 자신의 과감한 처신과 함께 친구 사귀는 일도 포함된 것이다. 친구를 잘못 사귄 대가는 엄청났고 끝이 없었다.

악인과의 인연, 끝나야 끝나는 법

정약용이 유배에서 풀려날 기회가 몇 번 찾아왔는데도 모두 '악인' 또는 악연인 지인들의 방해공작으로 번번이 무산됐다. 1803년 유배에서 풀어주라는 정순왕후의 지시가 서용보의 반대로 무산된 데 이어 귀양 10년째인 1810년, 두 번째 석방 기회가 찾아왔다. 정약용의 큰아들 학연이 신문고를 올려 나라에 원통함을 호소한 덕분이다. 형조판서(법무부 장관) 김계락이 정약용을 귀양보다 한 등급 낮은 단계로 선처하는 결재를 받아냈으나 이기경 등의 반대로 실행되지 못했다.

1814년에는 사헌부 장령 조장한이 정계(停啓) 조치, 즉 정약용을 죄인 명부에서 삭제하는 조치를 내렸다. 죄인 리스트에서 삭제되었으니 즉각 석방되어야 마땅했다. 하지만 의금부가 후속 행정조치를 취하지 않았다. 의금부가 유배 종료 문서를 보내려 하자 강준흠이 상소를 올려 석방 문서 발송이 중단된 것이다. 비유하자면 법무부가 석방 결정을 했는데도 경찰청이 석방 문서 발송이라는 후속 조치를 취하지 않아 석방이 되지 않은 희한한 일이 생긴 거다.

결국 정약용은 그로부터 4년 뒤에야 유배에서 풀려날 수 있었다. 1818년 여름 병조참판(국방부 차관) 이태순이 상소문을 올려 "죄인 명부에서 삭제되었는데도 의금부에서 석방 공문을 보내지 않은 것은 나라를 만든 이래 아직까지 없던 일"이라고 질타했다. 우의정 남공철도 나서서 법무부의 석방 조치에도 불구하고 후속 조치를 하지 않는 경찰을 꾸짖었다. 판의금(경찰청장) 김희순이 법무부의 석방 결정 4년 만에 석방 문서를 보내고서야 정약용은 고향 남양주로 돌아올 수 있었다. 1818년 9월 보름날이었다.

하지만 끝나야 끝나는 법이다. 정약용이 1818년 유배에서 풀려나자 평화가 찾아오는 듯했지만, 목만중의 손자 목태석이 정약용을 다시 귀양 보내자는 상소를 올렸다. 정약용의 분노는 폭발했다. 그는 "네가 지금 어찌해서 이처럼 독설을 하느냐"고 크게 꾸짖었다. 18년의 오랜 유배생활을 마치고 돌아오자마자 다시 유배를 보내자는 비인간적인 행태와 터무니없는 음해에 정약용은 분노한 것이다.

고향으로 돌아온 지 5년째인 1823년 정약용이 승지(비서관) 후보로 낙점이 됐다가 취소된 일도 있었다. 또 4년 뒤인 1827년 순조가 대리청정할 때 효명세자(익종)가 정약용을 기용하려 하자 윤극배라는 인물은 느닷없이 동뢰구언(冬雷求言)이란 상소를 올려 무고했다. 동뢰구언이란 '겨울에 천둥 번개가 친 일이 정약용이 나라를 저주했기 때문'이라는 얼토당토않은 얘기다. 윤극배는 몇 년 뒤에도 정약용을 무고했다. "유독 홀로 비방을 많이 받았다"는 정약용의 말은 결코 과장이 아니었다. 악인 말고도 정약용을 무고하고 모함하는 이들이 끊이지 않았다. '정치는 더러운 일'이라고 했던가. 권모술수가 판치는 정치의 본질을 정약용은 누구보다 절감했을 것이다.

정치적 동지인 남인이 집요하게 못살게 굴었던 데 비해 정작 정약용을 도와준 사람은 오히려 정치적 대척점에 서 있는 노론이었다. 심환지는 정조보다 22살 많은 노론 벽파의 리더다. 정약용이 금정찰방 좌천을 마치고 돌아왔을 때도 금정에서 서교를 믿는 무리를 바른길로 인도하고 천주교를 금지시켜 공을 많이 세웠으니 다시 중용해 달라고 정조에게 간곡하게 건의한 이가 심환지다.

노론의 정일환도 신유사옥 때 정약용 구하기에 적극 나선 인물이다. 황해도 관찰사(감사)를 마치고 돌아온 정일환은 곡산 도호부사 시절 선정을 베푼 공로가 큰 정약용을 사형시키면 백성들의 비방과 원망을 막을 수 없게 된다면서 사형 반대를 강하게 주장했다. 나와 가깝다고 생각되는 부모형제, 친구들이 나에게 마음의 상처를 주는 경향이 있다. 나를 도와주는 사람은 친한 사람이 아니라 어쩌다 알게 된 사람인 경우가 많다. '약한 유대의 강함'이다. 정약용의 인생에서 다시 한번 확인할 수 있는 삶의 법칙이다.

3
존경의 비결, 당당하고 떳떳함

정조의 승부수 초계문신

이준익 감독의 영화 「사도」에서 영조(송강호)가 사도세자(유아인)에게 하는 말 가운데 "왕이라고 늘 칼자루 쥐고, 신하가 칼끝 잡는 게 아니다"는 대목이 있다. 영조는 임금도 공부 안 하면 칼끝 잡는다고 했다. 칼자루는 갑이고, 칼끝은 을이다. 임금이 늘 신하들에게 슈퍼갑의 지위에 있는 것 같지만 을이 될 수도 있다. 임금과 신하의 갑을 관계가 뒤바뀌는 곳이 바로 경연 자리다.

경연은 중국 유학자들이 황제에게 오경을 강의하던 제도다. 조선도 경연제도를 도입해 신하들이 임금에게 유학의 경서와 역사를 강의하고 토론하도록 했다. 말이 토론이지, 실제로는 신하들이 일방적으로 임금을 가르치고 교육시키는 과정이다. 경연은 하늘의 명을 받은 초월적 존재이자, 존재 자체가 상징인 임금이 피

정약용 코드

교육자 신분이 되는 시간이다. 신하들은 어제 가르쳐준 것을 임금이 제대로 이해하고 암송하고 있는지 질문을 통해 확인했다. 물음에 대답을 하지 못하면 어젯밤에 공부하지 않고 뭐 했느냐는 신하들의 추궁이 뒤따랐다. 임금도 절절맬 수밖에 없었다.

경연은 초기에는 학술제도 성격이었다가 성종 이후에는 국정 운영 전반을 신하들과 함께 토론하는 정치적인 역할로까지 확대됐다. 재임 기간을 감안해서 따져봐야겠지만, 경연 횟수가 많은 임금이 곧 훌륭한 업적을 남긴 임금으로 평가받는 경향이다. 대표적인 임금이 세종(1,898회), 성종(9,006회), 영조(3,458회) 등이다. 세조와 연산군은 상대적으로 경연을 등한시했다는 평가를 받는다.

정조는 전통 있고 중요한 경연제도를 1781년 돌연 폐지한다. 즉위 5년째를 맞아 어느 정도 통치에 자신감이 붙었을 무렵이다. 경연을 폐지하는 대신에 도입한 제도가 초계문신(抄啓文臣)이다. 초계는 '뽑을 초(抄), 가르칠 계(啓)'로 과거에 합격한 당하관의 하급 관리 가운데 인재를 뽑아 임금에게 보고하는 것이다. 당하관은 임금이 주재하는 회의에 참석하지 못하는 하급 관리, 당상관은 임금 주재 회의에 참석하는 고위 관리다. 당상관은 요즘으로 치면 1~3급의 고위공직자에 해당한다.

초계문신 제도는 임금이 과거시험에 합격한 젊은 신하들을 모아 교육시키는 거다. 교육과 평가에서 갑과 을이 뒤바뀐 것이

고, 경연제도와 정반대다. 신하들이 임금과의 관계를 주도했던 데
서, 이제는 임금이 갑의 위치에 서서 칼자루를 쥐는 것이다. 정조
로서는 임금과 신하의 관계를 반전시킬 수 있는 승부수를 띄운
거다. 조선에서 임금이 이렇게 확실한 갑의 위치에 선 경우는 거
의 없었다. 정조는 신하들에게 학문적인 갑의 위치에 있을 만한
충분한 실력을 갖추고 있었다.

학문적 우월함은 그의 호 '홍재'를 딴 문집『홍재전서』에서도
잘 드러난다. 184권 100책의『홍재전서』는 우리나라 역대 왕이
만든 문집 가운데 가장 많은 분량이다. 한 나라의 임금으로서 이
만한 질과 양의 문집을 남긴 왕은 없다는 평가를 받는다.『홍재
전서』가운데 신하들과 유교 경전을 가지고 토론한 '경사강의'는
정조의 학문 역량이 신하들을 압도했다는 방증이라고들 한다. 정
조는 초계문신 제도로 신하들에게 군주이자 스승인 군사(君師)
로 확실하게 자리매김했다.

초계문신은 아무나 될 수 없다. 엄선됐고 소수 정예로 운영
됐다. 과거 합격자 가운데 37세를 넘지 않아야 했고, 40세를 넘으
면 자격이 사라졌다. 젊은 엘리트만 대상으로 했다는 것이다. 초
계문신 제도는 정조가 세상을 떠난 1800년까지 20년 동안 유지
됐고, 10차례에 걸쳐 모두 138명이 선발됐다. 2년에 한 번꼴로 선
발됐고, 한 번에 평균 14명가량 선발된 셈이다. 정약용을 비롯해

정약전, 이가환, 김조순(순조의 장인), 『임원경제지』의 저자 서유구 등 당시 조선을 주름잡던 인물들이 모두 초계문신 출신이라고 보면 된다. 이들은 정조가 애써 발굴하고 키운 정조 키드이자 친위세력이었다. 정약용은 과거시험에 합격한 뒤 첫 관직인 희릉직장(묘지 관리소장)으로 나갔다가 초계문신으로 선발됐다.

정약용과 정조는 특수관계였다

정약용은 정조에게 발탁되고 총애를 받기 훨씬 이전부터 정조와 각별한 인연이 있었다. '청년 정약용'은 1783년 22살에 1차인 생원시험에 합격했고, 그날 정조와 '운명적 만남'이 이뤄졌다. 정약용을 비롯한 생원시험 합격자들이 창덕궁의 임금 집무실인 선정전에 들어가 인사를 하는 날, 정조는 특별히 정약용에게 얼굴을 들라 하고, 나이가 몇 살이냐고 물었다. 생원시험 합격자 100명 가운데 3등(동점자를 감안하면 7번째)의 성적을 거둔 정약용을 꼭 집어 나이를 물은 것은 매우 각별한 관심의 표시였다.

각별한 관심은 정조와 정약용의 아버지 정재원, 장인 홍화보와의 관계에서 나왔다. 정약용의 아버지 정재원은 정조의 할아버지 영조의 눈에 들어 중앙 관직을 얻을 기회가 있었지만 1762년 사도세자의 죽음을 보고 낙향한다. 사도세자가 죽은 지 한 달 뒤에 태어난 정약용의 어릴 때 이름은 그래서 '귀농(歸農)'이다. 시골로 돌아가 살겠노라는 자신의 의지를 아들 이름에 담은 것이다. 정조는 정재원을 재상감이라고 높이 평가했고, 과거시험에 합격하기만 하면 중용하겠노라고 말했다. 정재원은 높은 벼슬 대신 지방의 고을 수령 자리를 희망했고, 화순현감, 예천군수, 진주목사 등을 지냈다.

정조와 정약용의 장인 홍화보와 관계는 더욱 각별하다. 홍화보는 영조 시절 선전관이었다. 선전관은 임금이 행차할 때 소리를 질러 임금 행차를 알리는 측근 무관 자리다. 사도세자는 뒤주에 갇혀 있다가 살려달라고 애원해도 소용이 없자 머리를 찧어 스스로 목숨을 끊으려 했다. 머리에서 피가 나자 어의 방태의가 달려가 치료를 해주고 우황청심환도 먹였다. 이 소식을 들은 영조는 "당장 방태의의 머리를 잘라 오라"고 분노했다. 명령을 받은 이가 선전관 홍화보다. 홍화보는 방태의를 찾아가 머리카락 한 올을 베어서 영조에게 바쳤다.

영조는 머리카락 한 올을 받아들고 자신이 능멸당했다는 생각에 당장 홍화보를 유배 보내라고 불같이 화를 냈다. 홍화보는 영조에게 "선비에게 상투는 목숨과 같고 머리카락 하나도 상투와 같으니, 머리카락 한 올을 자른 것은 결국 머리를 자른 것과 같은 이치"라고 해명했다. 왕과 세자의 팽팽한 긴장과 갈등 속에서 모두들 숨죽이고 있던 상황에서 감히 상상하기 어려운 용기를 보여준 인물이 바로 홍화보다. 사도세자가 뒤주를 발로 차서 판자 하나가 열렸을 때 마실 것을 갖다 주었던 사람도 홍화보였다.

당시에 10살의 어린 나이였지만 정조는 이런 홍화보를 또렷히 기억했다. 홍화보를 창덕궁 정원으로 불러 둘이서 산책했다. 창덕궁 정원은 고위공직자들도 함부로 드나들기 어려운 금지된 장소다. 정조는 홍화보와 함께 궁궐 정원을 산책하면서 활쏘기를 했다. 정조는 명사수였지만, 홍화보는 무관인데도 10발을 쏘고도 한 발도 맞추지 못했다. 정조는 그의 활 실력을 꾸짖기는커녕 홍화보의 활에 문제가 있다면서 자신이 쏘던 활을 주었다. 홍화보는 정조로부터 하사받은 활을 사위 정약용에게 주면서 소중히 간직하라고 했다. 정조가 그런 홍화보의 사위이자 정재원의 아들을 모를 리 없다.

정약용은 정조-정재원-홍화보의 이런 관계 속에서 22살의 나이에 임금을 직접 대면한 것이다. 그 자리에서 임금이 얼굴을 들라고 해서 얼굴을 들었고, 나이를 묻는 관심을 보였으니 정약용은 설렘에 밤잠을 이루지 못했을 것이다. '풍운의 만남(風雲之會)', 정약용은 정조 임금과의 첫 만남을 이렇게 표현했다. 바람과 구름이 만나 백성에게 이로운 비를 내리는 것 같다는 얘기다. 한마디로 찰떡궁합이라는 말이다. 구름과 용이 만나고, 바람과 범이 만나듯 밝은 임금과 어진 재상이 만났다는 얘기로, 두보의 시에 나오는 표현이다.

정약용도 장인 홍화보처럼 궁궐 정원에 초대 대상이었다. 1795년 봄 정조는 정약용 등 신하들을 창덕궁 단풍정 아래로 불러 말을 타고 궁궐 담을 한 바퀴 돌았다. 작은 연못에서 연회를 베풀고 활쏘기와 낚시를 함께 했다. 당시의 분위기를 "임금과 신하들의 모습이 집안사람이나 부자(父子)같이 가까웠다"고 정약용은 전했다. 음식을 내려 주고 온화한 얼굴빛으로 친한 이를 대해 주는 것이 마치 집안 어른이나 부자 사이와 같았다는 것이다. 정조의 얼굴에서 엄하고 딱딱한 표정은 찾을 수 없었고, 신하들도 하고 싶은 말을 터놓고 했다.

화성 축성에 기여한 관리들도 별도로 궁궐로 초대됐다. 채제공을 비롯해 정약용·이가환·이익운·홍인호·서준보·김근순 등 「화성정리통고」를 편찬하던 멤버 10여 명과 규장각 관리 6~7명이 참석했다. 정조는 이들과 함께 말을 타고 궁궐의 담장을 따라 돌았고, 꽃구경을 하면서 임금이 시를 지으면 신하들은 화답하는 시를 지었다. 정약용이 바닥이 고르지 않은 땅바닥에 대고 시를 쓰자 정조는 자신이 사용하는 책상을 사용하라고 했다. 감히 행동에 옮기지 못하던 정약용은 정조의 거듭된 강요에 따라 결국 임금 책상에서 글을 쓰고야 말았다. 정약용은 "주상께 받은 대우가 이와 같았다"고 했다.

정조는 초계문신들을 데리고 아무나 드나들 수 없는 궁궐의 정원을 다니면서 개혁 군주와 엘리트 신하의 정치적 유대를 다지고 정서적 공감대도 키웠다. 초계문신들은 정조를 집안 어른이나 아버지처럼 여겼을 정도였으니, 초계문신들은 정조의 최대 지지 세력이자 정치적 기반일 수밖에 없었다.

정약용의 '미션 임파서블'

부나방처럼 권력자 부근으로 모여들고, 권력자 주변에서는 더 가까이 다가서려고 다툼이 치열하기 마련이다. 주변에 만족하지 않고 권력자의 오른편과 왼편에 가까이 서려는 치열한 파워 게임이 벌어지는 게 정치 현실이다. 총애를 받으려는 경쟁이다. 정조와 심야 독대를 수시로 가졌고, 하사품을 독차지하다시피 하면서 총애를 받은 인물이 바로 정약용이다. 그런 정약용은 임금의 총애를 받지 말라고 신신당부한다. 총애를 받던 정약용이 총애를 받지 말라는 데는 상당한 이유가 있다. 정조와의 잦은 심야 독대와 총애는 정적들의 견제와 시기를 불러왔고, 강진 유배생활로 내몰린 원인의 하나가 총애였기 때문이다.

총애의 결론은 늘 비극이다. 총애는 받을 때는 달콤하지만 끝맛은 언제나 쓰다. 『채근담』과 노자의 가르침에 잘 나와 있다. 『채근담』은 "총애 속에서 재앙이 싹트나니 뜻이 이루어졌을 때 머리를 돌려 살펴보라"고 주문했다. 총애는 축복이 아니라 재앙이라는 얘기다. 노자의 『도덕경』에 '수총약경(受寵若驚)'이라는 말이 있다. '받을 수(受), 총애 총(寵), 같을 약(若), 놀랄 경(驚)'이다. "총애를 받는다고 느끼면 깜짝 놀라야 한다"는 것이다. 노자는 총애를 받아도 경계하고 모욕을 받아도 경계하라고 강조하면서, 총애와 모욕을 동일시했다. 백거이는 시 「태행로」에서 "임금의 좌우 측근 / 아침에 총애 받다 / 저녁에 사약 받네"라고 묘사한다.

총애의 끝이 좋지 않은 이유는 주변에서 총애를 결코 그냥 놔두지 않기 때문이다. 시기와 질투는 음해와 무고로 이어지게 마련이다. 주변의 견제에도 불구하고 윗사람의 총애가 지속된다 해도 그것은 언젠가 끝난다. 총애는 산들바람과 같다. 바람의 방향이 바뀌면 순식간에 사라지고 만다. 사람 눈에 씌워진 콩깍지 지속 기간은 길어야 2년가량이다. 왕의 눈에 씐 총애의 콩깍지는 오래지 않아 저절로 벗겨진다. 콩깍지가 벗겨지는 날, 그날은 사약 받는 날이다.

『한비자』에서 나오는 "먹다 남은 복숭아를 준 죄"인 여도지죄가 전형적인 총애의 말로다. 중국 위나라 때 꽃미남 미자하는 왕으로부터 엄청난 총애를 받았다. 미자하는 어머니가 위독하다는 소식을 듣고 허락도 없이 왕의 수레를 타고 나갔다. 뒤늦게 그 사실을 알게 된 왕은 자신의 전용차를 멋대로 타고 나간 미자하를 꾸짖기는커녕 그의 효심을 칭찬했다. 콩깍지가 단단히 씐 거다.

정약용 코드

미자하는 대담하게도 왕궁의 정원에 있던 복숭아를 따먹었다. 총애에 이성을 잃은 그는 먹다 남은 복숭아를 왕에게 먹으라고 건넸다. 예쁘면 한없이 예쁘고 미우면 무슨 짓을 해도 미운 법이다. 왕은 맛있는 복숭아를 혼자서 다 먹지 않고 자신에게 남겨준 미자하의 심성이 착하다고 칭찬했다.

세월이 지난 어느 날 왕은 갑자기 미자하 보기가 싫어졌다. 콩깍지가 벗겨지고 미자하의 본모습이 보이기 시작한 것이다. 자신의 전용 수레를 몰래 타고, 자신만이 먹을 수 있는 복숭아를 따서 먹은 것도 괘씸한데 먹다 남은 복숭아를 자신에게 준 일이 새록새록 떠올랐다. 왕이 미자하를 처형한 이유가 먹다 남은 복숭아를 왕에게 준 죄, 즉 '여도지죄'다.

총애를 받지 말라는 정약용은 총애 대신 존경을 받으라고 한다. 권력자의 총애는 받고 싶다고 누구나 쉽게 받을 수 있는 게 아니다. 수많은 사람들이 총애를 받으려고 있는 재주, 없는 재능을 쥐어짜지만 대부분 총애의 근처도 못 간다. 그만큼 총애 받기는 어렵다. 총애 받기도 어려운데 임금으로부터 존경을 받으라는 건 '미션 임파서블' 아닌가.

아껴 써야 오래간다

총애 받던 2인자의 대조적인 말로가 홍국영과 채제공 사례다. 영조가 정조를 위해 예비해 준 인물이 홍국영과 채제공, 두 사람이다. 영조는 정조에게 홍국영만 의지하라고 했고, "너에게 충신"이라며 정조에게 유산으로 물려줬던 인물이 채제공이다. 사도세자의 부인인 혜경궁 홍씨와 같은 집안이고 손자뻘인 홍국영을 영조는 "내 손자"라며 스스럼없이 대했다. 영조의 말대로라면 홍국영은 정조의 형뻘이 되는 셈이다. 정조는 취임하면서 "그대가 있어 오늘의 내가 있을 수 있다"면서 군대를 이끌고 대궐을 침범하지 않는 한 어떤 죄도 묻지 않겠다고 무한 신뢰를 보낸 이가 홍국영이다.

홍국영은 25살의 이른 나이에 과거시험에 합격한 뒤 세자 신분이던 정조의 교육 담당을 맡았다. 영조의 변덕과 노론의 공격으로부터 세자를 지켜내는 일도 그의 역할이었고, 조정의 소식과 민심 전달도 업무의 하나였다. 82세의 고령인 영조가 대리청정 3개월 만에 세상을 떠나자, 정조는 취임 사흘 만에 승정원 동부승지(산업비서관) 홍국영을 도승지(비서실장)로 전격 발탁한다. 1급 비서관에서 장관급으로 수직 상승한 거다. 그뿐 아니라 금위대장, 숙위대장과 약원부 제조까지 겸했다. 대통령 비서실장이 수도방위사령관, 경호실장, 의무실장을 겸임하는 막강 파워는 전례가 없던 일이다.

홍국영의 시대가 열린 것이다. 그는 견제 받지 않는 무소불위의 권력이었다. 견제 받지 않는 권력은 금방 교만해지고 부패하기 마련이다. 자신의 사무실에서 버선도 신지 않은 맨발로 재상을 맞이할 정도로 기고만장했다. 대통령실 비서실장이 양말 벗고 슬리퍼를 신은 채 장관들을 대한 거나 마찬가지다. 왕을 모시는 의녀와 궁녀를 자신의 사무실로 불러 "어지럽고 더러운 짓을 자행했다"고 『정조실록』은 기록으로 남겼다. '더러운 짓'의 구체적 내용은 기록으로 남기지 않고 있으니 상상에 맡기는 수밖에 없다.

홍국영은 자신의 누이를 정조의 후궁으로 밀어 넣었으나 누이 원빈이 1년 만에 숨졌다. 그는 누이의 죽음에 중전인 효의왕후가 의심된다면서 중전의 궁녀를 고문했고, 중전이 누이를 독살하려 했다면서 증거를 조작하는 일까지 저질렀다. 임금의 총애를 바탕으로 무소불위의 막강 권력에 취해서 임금과 동격이라고 착각할 지경에 이른 것이다. 정조는 임금과 맞먹으려 든 홍국영을 파면하고 쫓아버렸다. 정조는 홍국영에게 권병, 즉 권력의 손잡이를 임시로 맡겼는데 스스로 조심하고 두려워하며 삼가지 않았다고 말했다. 잠시 권력을 맡겼더니 멋대로 행사했다는 얘기다. 맡겨둔 권력을 마치 주인처럼 행사했다가 쫓겨난 거다. 비참한 총애의 말로의 대표적 사례다.

홍국영과 마찰을 빚어 벼슬을 버리고 낙향했다가 홍국영의 실각으로 예조판서(문화부 장관)로 복귀한 이가 채제공이다. 채제공은 홍국영과 배턴 터치를 하면서 정조를 보좌한 셈이다. 채제공은 1758년 영조의 비서실장인 도승지에 임명된다. 영조가 사도세자를 폐위하려 할 때 눈물을 흘리면서 영조를 말린 이가 바로 채제공이다. 영조는 정조에게 채제공에 대해 "나에게는 순신(純臣)이고 너에게는 충신"이라는 말을 남긴 것은 이런 이유에서다. '순신'은 마음이 곧고 신실한 신하라는 뜻이다.

채제공은 홍국영과 달리 자신을 낮췄고, 나중에 영의정 자리에 오르면서 정조에게 당론을 없애고, 탐관오리를 징벌하고, 권력기강을 바로잡을 것 등 6가지 내용의 탕평책을 건의한 인물이다. 권력 앞에는 누구나 고개 숙이고 겸손해야 한다. 권력은 아껴 써야 오래가는 법이다. 조심스럽게 다루지 않고 마구 휘두르면 칼끝에 자신이 찔리고 만다. 홍국영과 채제공의 총애 말로가 보여주는 교훈이다.

예스맨과 노맨의 차이

총애 대신 존경을 받으라는 정약용은 존경과 착각하는 사례들을 나열한다. 잘나가는 고위공직자들이 대부분 착각하는 사례에 해당된다. 윗사람이 잘 대해 준다고 자신을 좋아한다고 받아들이면 오해다. 아침저녁으로 임금을 가까이 모시는 측근이라고 해서 임금이 자신을 좋아하는 줄 알면 착각이다. 시나 글을 잘하는 신하, 글씨를 민첩하게 쓰고 학문적 소양이 높은 신하라고 임금이 존경하지 않는다. 윗사람 얼굴빛을 살펴 비위를 잘 맞추거나 윗사람 앞에서 툭하면 벼슬을 그만두겠노라고 말하는 이는 더더욱 존경하지 않는다. 권력자에게 이리저리 붙는 사람은 거리가 완전히 멀다.

행여 윗사람이 자신에게 은밀하게 일을 부탁한다고 존경으로 착각해서는 안 된다. 마음속으로 믿고 의지하는 듯한 서신을 주고받고, 궁궐의 금지된 정원에 초대받는다고 존경으로 오해하지 말아야 한다. 임금으로부터 하사품을 받고, 임금과 공부하는 자리인 경연에서 임금이 자신에게 온화하게 말을 건넨다고 존경은 아니다. 수시로 불러 업무를 상의한다고 존경한다고 받아들여서는 안 된다. 요즘으로 치면 권력자와 주말마다 골프를 함께 치고, 매일 저녁 술자리를 함께하고, 수시로 카톡이나 이모티콘을 주고받는 사이라도 존경으로 받아들이면 착각이고 오해다.

과연 어떤 사람이 존경을 받는가. 불가능할 것 같은 존경의 비결은 의외로 간단하다. 정약용은 임금의 존경과 신뢰를 받는 비결은 "할 말을 하는 데 있다"고 강조한다. 신하가 비록 미관말직에 있더라도 신중하고 부지런하게 정성을 다해 임금에게 할 말을 해야 한다. 비서는 직급의 높낮이에 무관하게 똑같은 비서다. 직급 낮은 비서도 임금에게 언제든 건의와 직언을 할 수 있어야 한다. 낮은 직급을 이유로 비서실장에게 보고를 거쳐 의견을 개진하는 관료주의에 젖어 있으면 조직은 활력과 생기를 잃게 된다. 위기 시에 대응할 타이밍을 놓치기 쉽다. 정약용은 윗사람의 잘못이 있으면 비록 낮은 자리에 있더라도 바로잡아 줘야 한다고 강조한다. 임금 주변의 못된 신하가 있으면 물러나게 해야 한다. 임금에게 할 말을 하는 신하, 임금의 잘못을 지적해 주는 신하를 임금이 존경하고 신임한다는 것이다.

그러고 보면 정약용은 임금 앞이라고 결코 주눅 들지 않았다. 입안의 혀처럼 놀면서 임금 눈에 들려고 하지 않았다. 정조가 "일처리를 네 마음대로 하려 하느냐"고 불쾌감을 드러낼 정도로 당당하게 할 말을 했다. 옳다고 생각하면 두 차례나 어명과 지시 이행을 거부했다. 그게 정약용의 단점이면서 장점이다. 언제나 할 말을 하는 정약용은 정조로부터 존중을 받았다. 정조에게는 태양증이 있다. 태양증은 다혈질이고, 흥분을 잘하고, 조급한 성격이다. 분노를 참거나 조절하지 못하고 그대로 직설하고 마는 성격이다. 비밀편지를 숱하게 주고받은 노론의 영수 심환지와 서용보 등 주변 측근들에게 주로 태양증이 폭발됐다. 하지만 정약용은 한 번도 정조로부터 꾸지람을 들은 적이 없다. 그 정도면 상당한 존경과 존중을 받은 셈이다.

아니다 싶으면 "노(NO)!"라고 말할 수 있어야 한다. 아닌 것을 아니라고 말할 수 있는 방법은 두 가지다. 첫째는 당당하고 떳떳

정약용 코드

해야 한다. 당당하고 떳떳하면 "노!"라고 말할 수 있다. 당당하게 할 말을 하는 비결은 진정성이다. 진정성 있게 말하면 윗사람도 자신의 의견이 다르더라도 결국은 받아들이게 된다. 진정성은 사심이 없다는 얘기다. 할 말을 한답시고 윗사람의 기분을 상하게 해서는 곤란하다. 윗사람의 기분을 상하지 않게 하면서도 할 말을 다해야 지혜로운 아랫사람이다. 그건 엄청난 능력이다.

아첨 잘하는 자는 충성스럽지 못하고, 비판 좋아하는 자는 배반하지 않는 법이다. 아첨하는 사람은 반드시 경계해야 한다. 성공하려면 반드시 쓴소리를 하는 사람을 주변에 둬야 한다. 쓴소리를 해주는 신하 5명만 있으면 나라가 망하지 않는다는 말이 있다. 하루에 세 번 경공에게 쓴소리를 했던 'Mr. 쓴소리'가 중국의 안영이다.

'영혼 없는 공직자'라는 말이 있다. 공무원의 일관성과 지조 없는 정책 결정이 논란이 되자 한 공무원은 "공직자는 바람보다 빨리 눕는 영혼 없는 사람"이라는 말을 했다. 그보다 더 눈치 빠른 공직자는 바람이 불기도 전에 드러눕는다. 미국의 행정학자 랄프 험멜이 1917년 일찌감치 했던 '영혼 없는 공무원'이란 표현은 소신 없는 공직자를 일컫는 경멸적인 표현이다. 공직사회에는 윗사람의 권위에 눌려 미리 알아서 기는 공직자들이 있다. 윗사람은 그런 사람을 결코 존경하고 존중하지 않는다. 알아서 기면서 스스로를 낮추는 것은 겸손과 완전히 다르다. 알아서 기면 업신여김을 당하기 쉽다.

두 번째는 자리에 집착하지 않아야 한다. 당당하고 떳떳하게 말하려면 자리에 연연해서는 안 된다. 자리에 연연하면 '예스맨'이 될 수밖에 없다. 언제든 그만둘 수 있다는 각오를 갖고 있어야 직언을 할 수 있다. 하루를 해도 장관이고, 일 년을 해도 장관이다. 언제든 자리를 떠날 수 있다는 각오로 당당하고 떳떳하게 처신하면 대통령의 존중과 존경을 받는다. 부하 공무원도 그런 당당한 장관을 존경한다. 정약용은 "수령이 부들부들 떨면서 자리를 잃을까 걱정하고 두려워하는 말씨와 표정이 드러나면 관찰사는 그런 수령을 업신여기게 된다"고 말한다. 관찰사뿐 아니라 아랫사람도 윗사람이 잘릴까봐 두려움에 떨고 있음을 다 알고 있다. 말만 하지 않을 뿐이다.

자리에 연연하지 않는다는 것은 양복 안주머니에 늘 사표를 갖고 다니라는 얘기다. 정약용은 '버릴 기(棄)' 한 글자를 벽에 써 붙이고 아침저녁으로 보라고 했다. 수령 자리를 언제든 던질 수 있다는 각오를 매일 가슴에 새기라는 얘기다. 자리를 던질 각오로 일하면 관찰사에게, 임금에게 당당하고 떳떳하게 말할 수 있다. 예스맨이 넘쳐나는 조직과 나라는 망하기 쉽다. "노!"라고 말하는 공직자들이 많으면 그 공직사회와 나라는 성공할 것이다.

목숨 걸고 부른 「솔피 노래」

포항 장기에서 유배생활을 했던 기간은 1801년 2월 27일부터 10월 황사영 백서사건이 터질 때까지 8개월가량이다. 정약용은 비교적 짧은 장기 유배생활에서 『이아술』, 『기해방례변』, 『소학보전』, 『촌병혹치』 등 많은 저술을 남겼고, 시를 그다지 좋아하지 않는 정약용이 지은 시 한 편이 있다. 바로 「솔피 노래」다. 「솔피 노래」는 한자로는 「해랑행(海狼行)」이다. 해랑(海狼)은 '바다 해(海), 이리 랑(狼)'이다. 뜻 그대로 하면 '바다의 늑대', '바다의 깡패'라고 할 수 있는데, 범고래를 말한다.

고래는 성격이 온순하고, 덩치가 크면서도 플랑크톤과 작은 새우 등을 먹이로 삼는다고 알려져 있다. 바다의 늑대로 불리는 범고래는 '킬러 고래(killer whale)'다. 돌고래, 향고래, 대왕고래 등의 동족을 잡아먹을 정도로 포악하다. 상어도 잡아먹기 때문에 상어보다 더 포악하고 생태계 최상위에 있는 포식자다. 상어가 고래를 잡아먹는 게 아니라, 상어를 잡아먹는 고래가 바로 범고래다. 때로는 사람을 공격하는 일도 있다. 사자나 하이에나처럼 무리를 지어 사냥하는 특성을 갖고 있다. 무리 지어 다니기 때문에 덩치 큰 대왕고래도 공격해 잡아먹을 수 있는 거다.

포악하고 무시무시한 범고래는 조선에서 '솔피(率皮)'라고 불렸다. 범고래의 존재가 확인된 것은 오래지 않는다. 범고래가 돌고래의 한 종으로 처음 분류된 것은 1758년 스웨덴의 린네에 의해서다. 정약용이 「솔피 노래」를 짓기 불과 42년 전이다. 본격적인 학술연구도 1970~1980년 들어 이뤄졌는데 정약용이 어떻게 범고래, 솔피의 존재를 알았을지 궁금하다. 고래잡이가 이뤄지는 포항 장기에서 유배생활을 하는 짧은 기간에 솔피에 대한 얘기를 들었을 수 있다. 솔피의 존재를 전설처럼 전해 들었을 수는 있지만, 시에서 묘사하는 솔피의 행태는 무척 구체적이다. 마치 포항 앞바다에서 솔피 모습을 직접 관찰하고 쓴 것 같다.

솔피 노래(海狼行)

솔피란 놈 이리 몸통에 수달 가죽
가는 곳마다 열 마리 백 마리 무리지어 다니는데
물속 날쌔기가 나는 듯 빠르기에
갑자기 덮쳐 오면 고기들 알지 못해.

큰 고래 한입에 천석 고기 삼키니
한 번 지나가면 고기 자취 하나 없어
솔피 먹이 없어지자 큰 고래 원망하여
큰 고래 죽이려고 온갖 꾀를 짜내었네.

정약용 코드

한 떼는 고래 머리 들이대고
한 떼는 고래 뒤를 에워싸고
한 떼는 고래 왼편 노리고
한 떼는 고래 오른편 공격하고
한 떼는 물에 잠겨 고래 배를 올려치고
한 떼는 뛰어올라 고래 등을 올라탔네.

상하 사방 일제히 고함지르며
살가죽 찢고 깨물고 얼마나 잔혹한가.

고래 우뢰처럼 울부짖으며 물을 내뿜어
바다 물결 들끓고 푸른 하늘 무지개 일더니
무지개 사라지고 파도 차츰 가라앉아
아아! 슬프도다 고래 죽고 말았구나.

혼자서는 무리의 힘 당해낼 수 없어라
약삭빠른 조무래기 드디어 큰 재앙 해치웠네.

너희들 피투성이 싸움 어찌 여기까지 이르렀나
본뜻은 기껏해야 먹이싸움 아니더냐.

큰 바다 끝없이 넓기만 하여

지느러미 날리고 꼬리 흔들며

서로 좋게 살 수 있으련만

너희들은 어찌 그리 못하느냐.

뜬금없이 포항 장기에서 범고래의 잔혹함을 묘사한 시 「솔피 노래」를 지은 이유는 바로 정조의 죽음 때문이다. 정조가 49세의 젊은 나이에 갑자기 세상을 떠난 이유를 놓고 온갖 설과 주장이 난무했고, 의혹은 지금까지도 명확히 규명되지 않고 진행형이다. 독살설에서부터 단순한 의료사고였다는 주장, 스트레스와 흡연, 과음이 원인이라는 등….

정약용은 정조가 죽임 당했음을 확신하고 있다. 정조를 큰 고래, 노론 일당을 범고래에 은유하면서 대왕고래인 정조가 범고래(솔피)인 노론에게 무참히 죽임을 당했다는 얘기를 하고 있는 거다. 조정의 다수를 차지하고 있는 노론이 범고래처럼 무리 지어 다니면서 사방팔방에서 덤벼들어 큰 고래인 정조를 잔혹하게 물어뜯어 죽여버리고 말았다는 얘기다.

당시 역사를 복기해 보자. 정조가 갑자기 세상을 떠나자 주치의인 어의에게 당장 의심의 눈길이 쏠렸다. 사정기관인 삼사(三司)가 가장 먼저 의혹을 제기했다. 대사간 유한녕이 1801년 7월

어의 심인을 흉적으로 지칭하며 의혹을 공론화했다. 심인은 영의정 심환지의 친척이었고, 정순왕후와 심환지의 비호를 받던 인물이다. 어의 심인에 대한 의혹과 비난이 들끓자 정순왕후는 심인을 전격 사형시켜 버렸다.

사형 이유는 인심의 분노를 막기 어려워서 물정이 점점 격렬해지니 따르지 않을 수가 없다는 것이다. 민심이 들끓으니 민심따라 처형했다는 설명이다. 의혹이 제기된 지 불과 20일 만에 벌어진 일이다. 의혹의 당사자를 조사하는 절차도 없이, 의혹을 규명하려는 최소한의 노력도 없이 일사천리로 사형시킴으로써 정조 암살설의 진실은 영원히 파묻혀 버렸다. 21세기의 현재 시점에서도 설과 의혹만 있는 까닭이 여기에 있다.

「솔피 노래」를 지은 시기는 300여 명의 천주교 신자들이 대규모로 사형당하고 유배를 떠났던 서슬 퍼런 권력교체기다. 없는 사실도 지어내고, 자그마한 빌미도 부풀려서 상대방을 공격하고 처벌하던 살얼음판의 시간이다. 독살설을 알면서도 모두들 쉬쉬하던 때에 어지간한 용기를 내지 않으면 입 밖에 꺼내기 어려웠을 것이다. 「솔피 노래」는 정약용이 목숨 걸고 지은 시다.

포항 장기에서의 의혹 제기가 은유적이었고 조심스러웠다면, 강진에서는 더욱 노골적이고 직접적이다. 1809년 강진에서 「고금도 장씨녀에 대한 기사」를 썼다. 장씨 일가 남성들이 관청 습격을 주도했다가 사형을 당했고, 장씨의 유족들 가운데 부녀자들이 완도의 고금도로 유배를 갔다가 비참한 운명에 맞은 일에 대해 쓴 글이다. 유배 간 장씨 딸이 군졸에게 성희롱을 당하자 수치심과 분한 마음에 바다에 투신해 숨졌다. 소식을 듣고 어머니도 바다에 뛰어들어 숨졌다. 관청이 관리감독 해야 할 유배자 모녀가 군졸의 성희롱으로 숨진 일은 작지 않은 사건이다. 강진 현감 이건식은 파면당할 위기에 처했지만 성희롱 군졸들이 마련해 준 뇌물을 관찰사에게 전달해 파면을 피했다.

정약용은 이 얘기를 듣고 「고금도 장씨녀에 대한 기사」라는 글을 썼는데 이 글에서 "시상(時相)이 역의(逆醫) 심인을 천거해 독약을 올리게 시켰다"는 기록을 남겼다. 시상은 누가 봐도 순조 즉위와 함께 영의정을 지냈던 심환지다. 심환지가 친척인 심인을 임금 주치의인 어의에 심어놓고, 심인이 정조에게 독약을 처방해서 정조가 죽임 당했다는 얘기다. 「솔피 노래」는 누가 봐도 쉽게 알 수 없는 은유법을 사용했지만, 장씨녀 기사에서는 아예 대놓고 관련자의 실명을 거론했다.

아무리 심인(1801년), 심환지(1802년), 정순왕후(1805년)가 죽고 없는 시점이라 해도 노론이 시퍼렇게 권력을 쥐고 흔들던 세상이었다. '솔피'들이 거리낄 것 없이 무리 지어 조선을 장악하고 주무르던 시절에 노론의 영수 심환지를 직접 거론했다는 것은 엄청난 파장을 불러일으킬 사안이다. 정약용은 모두가 침묵할 때 할 말을 했고, 기록으로 남겼다. 할 말을 할 줄 아는 정약용이야말로 진짜 용기 있는 선비다. 정약용이 존경받는 이유는 남들이 침묵할 때 할 말을 하는 용기에서 찾을 수 있다.

4
다산(茶山)의 '다산(多産)' 비결

한자가 생긴 이래 최다 저술의 선비

"드디어 내가 학문에 몰두할 여가를 얻었구나!"

1801년 초겨울 전남 강진 유배지에 도착해서 한 말이다. 여느 사람 같으면 잘나가던 고위공직자에서 낯선 땅으로 쫓겨 가서 외로이 살아야 하는 처지의 나락에 떨어지면 분노하고 좌절했을 것이다. 임금 곁을 그리워하고 자신을 이렇게 내몬 정적에 대한 원망과 저주를 퍼부었을 거다. 가족을 그리워하고 울면서 술로 밤낮을 지새웠을 것이다. 실제 유배지에서 한탄과 후회, 원망으로 날을 지새우다 세상을 떠난 벼슬아치들도 있다.

정약용은 그렇지 않다. 유배생활의 슬픔과 외로움을 극복했다. 오히려 유배를 기회로 삼고 학문에 정진했다. 어린 시절에 학문에 뜻을 두었지만 18년 동안 과거시험 준비와 관직생활을 하느라 못다 한 공부에 이제 전념할 수 있다고 반겼다. 이런 발상의 전환은 정약용이기에 가능했다. 그는 두문불출하고 책을 읽었다. 책을 읽으면서 좌절과 절망의 시간을 희망과 결실의 시간으로 반전시켰다. "한자가 생긴 이래 가장 많은 저술을 남긴 대학자"라고 위당 정인보는 정약용을 평가했다. 18년 유배 기간 동안 남긴 저술이 무려 503권이다. 한 해 평균 28권, 한 달 평균 2.3권꼴로 저술을 마치 자동판매기처럼 쏟아냈다. 한 달에 책 두 권 읽는 일도 쉽지 않다. 그런데 연구하고 창작해낸 저술이 한 달 평균 두 권이 넘는다.

정약용의 20여 개 호 가운데 대표적인 게 유배지 주변에 차밭이 많다는 뜻의 다산(茶山)이지만, 저술의 방대함으로 보면 정약용은 '다산(多産)'으로 불려야 마땅할 것 같다. '한자가 생긴 이래 가장 많은 저술'은 거저 생긴 게 아니다. 건강과 맞바꾼 초인적 인내심, 해남-강진의 도서관, 18명의 제자, 그리고 메모광이면서 독특한 독서법과 메모법이라는 네 가지가 있었기에 가능했다.

정약용의 저술 과정은 과골삼천(踝骨三穿)에 비유된다. '복사뼈(踝)과 , 뼈 골(骨), 석 삼(三), 구멍 천(穿)'으로 복숭아 뼈에 구멍이 세 번 났다는 얘기다. 실제 복숭아뼈에 구멍이 나지는 않았지만 503권의 저술은 책상머리에 앉아 상상하기 어려운 인내심을 발휘했기에 가능했다는 얘기다. 건강, 젊음과 맞바꾼 대가다. 유배 이듬해인 1802년에 아들에게 보내는 편지를 보면 건강 상태는 많이 나빠져 있다. 봄부터 붓과 벼루를 옆에 두고 밤낮으로 쉬지 않고 저술에 몰두했다. 그래서 왼쪽 팔이 마비되고, 시력이 무척 나빠졌고, 이때부터 안경을 써야 했다.

건강을 다지는 운동할 짬도 내지 못했다. 멀지 않은 흑산도에서 유배생활 하는 둘째 형 약전에게 보낸 편지에서 새벽 일찍 일어나 밤이 깊어야 잠자리에 들고, 도인법이 유익하다는 것은 알고 있지만 도인법을 시행할 겨를이 없다고 했다. 도인법은 선인이 되기 위해 시행하는 장생양생법이나, 정약용이 언급한 도인법은 퇴계 이황의 활인심방으로 추정된다. 활인심방은 당시의 선비들이 건강을 지키기 위해 수행했던 건강 체조법이다. 정약용은 방한 칸을 깨끗하게 청소해 놓고 아침부터 부지런히 도인법으로 운동을 하겠노라고 다짐했건만, 실행에 옮긴 것 같지 않다.

시간이 갈수록 그의 건강은 악화됐다. 유배생활 9년째인 1810년 49살에 중풍을 앓았다. 형 약전에게 보낸 편지에서 "이제는 마음공부에 힘쓰고 싶은데 풍병은 이미 뿌리가 깊어졌다"고 하소연했다. 입가에는 항상 침이 흐르고, 왼쪽 다리는 늘 마비증세를 느꼈다. 머리에는 겨울날 한강 얼음 위에서 잉어 낚는 늙은이처럼 언제나 솜털 모자를 쓰고 있어야 했다. 솜털 모자는 날이 추워지면 혈관이 수축되면서 혈전이 생기는 것을 막기 위한 조치다. 그는 혀가 굳어져 말이 어긋나 스스로 살 수 있는 날이 길지 않을 것 같다고 했다. 이 정도면 저술활동은커녕 정상적인 활동이 어려울 텐데도 그의 저술활동은 계속됐다.

특히 『시경강의보』 저술은 멈출 수 없었다. 정조가 생존해 있을 때 『시경강의보』 저술을 약속했기 때문이다. 죽기 살기로 저술에 매달린 바람에 몇 달 사이에 이빨 세 개가 빠졌다. 왼쪽 팔이 마비되고, 안경을 써야 했고, 중풍을 앓았고, 이빨이 세 개나 빠지는 등의 어려움을 겪고 극복하면서 책을 썼다. 건강이 나빠졌음에도 강인하고 초인간적인 인내심을 발휘한 게 다산(多産)의 첫 번째 비결이다.

한반도의 최남단에 위치한 전남 강진은 지금도 서울서 가려면 한참 가야 하는 오지다. 요즘은 전국 어디서나 인터넷 검색이 가능한 유비쿼터스 세상이라 강진에서도 인터넷이 가능하지만, 조선시대 강진은 책은커녕 종이 한 장 구하기 쉽지 않을 곳이다. 유배지 강진은 가기도 어려웠고, 한번 가면 나오기도 어려운 곳이다. 천주교 교세가 강한 전라도에 정약용을 유배 보낸 이유는 '유배 죄인 정약용'의 모습을 보고 천주교 교세가 줄어들 것이라는 권력자들의 기대 때문이다. 징벌 효과와 함께 선전 효과를 동시에 노린 것이다. 정약용의 다산(多産)은 강진이었기에 가능했다. 앞선 유배지 포항이었으면 불가능했을 것이다. 좌절의 땅 강진은 정약용에게 오히려 '기회의 땅'이었다.

강진에서 불과 21킬로미터 떨어진 곳이 해남이다. 정약용의 외가인 해남 윤씨 종택이 있는 곳이다. 정약용의 외증조부 윤두서와, 윤두서의 증조부 윤선도가 살던 집 녹우당이 있다. 녹우당에는 별도의 도서관이 마련돼 있다. 도서관 이름이 '만권당'이다. 만권이나 되는 많은 책이 있다는 뜻이다. 정약용은 만권당 책을 자유 열람할 수 있었다. 만권당에는 중국에서 들어온 귀한 서적들, 「동국여지도」와 「일본여도」 등이 소장돼 있었다. 정약용은 만권당에서 본 일본 지도는 만금을 주고 살 수 없는 것이라면서 지도의 정밀함에 탄복했다. 윤선도의 글과 윤두서의 그림들이 즐비했고, 윤두서가 직접 그린 별자리 그림도 소장돼 있었다. 윤두서가 보던 기하, 천문 등의 서적은 정약용 실학사상의 밑바탕이 됐다. 정약용이 경학뿐 아니라 외교, 군사 등 다양한 방면에 대한 저술활동을 할 수 있었던 것도 이런 자료들이 있었기에 가능했다.

다산초당에는 해남 외가에서 빌려온 서적, 강진의 지인 윤단이 소장한 천 권의 서적, 고향 남양주에서 가져온 서적들이 즐비했다. 유배지 강진과 해남은 최남단 오지가 아니라, 한양 못지않은 거대한 도서관이었다. 다산(多産)의 두 번째 비결이다.

유배 초기에는 방 한 칸 구하기 어려워 강진 읍내 주막집 방을 빌려 생활을 했다. '맑은 생각, 엄숙한 용모, 과묵한 말씨, 신중한 행동, 이 네 가지를 마땅히 해야 할 방'이라는 뜻으로 거처 이름을 '사의재(四宜齋)'라고 지었다. 흐트러지기 쉬운 유배생활에서 남이 보지 않더라도 스스로 몸가짐을 단정히 하겠다는 다짐이다. 숙소가 시끌벅적한 주막집의 방 한 칸이었기에 특히 그런 다짐이 필요했을 듯하다.

유배 초기에는 관청에 찍힐까봐 사의재에는 '유배 죄인 정약용'을 찾아오는 사람이 없었다. 모두들 '유배 죄인'과 거리를 뒀고, 정약용은 고독과 외로운 싸움을 했다. 고을의 부모들이 아이들의 손을 잡고 정약용을 찾아와 공부를 가르쳐 달라고 요청하기 시작했다. 한 명, 두 명 받아주던 제자들은 나중에 18명으로 늘어났다. 공부를 배우던 제자들은 시간이 지나면서 저술 활동의 보조 역할을 할 정도로 성장했다. 요즘으로 치면 교수를 도와주는 조교 역할이다. 정약용은 책마다 자신을 도운 제자들의 이름을 함께 기록해 공동 저자임을 분명히 했다. 예를 들면 『주역사전』 을축본은 첫째 아들 학연, 병인본은 제자 이청(이학래), 정묘본은 둘째 아들 학유가 공동 저자라는 식이다. 18명 제자들의 도움이 없었으면 정약용의 방대한 저술은 어려웠을 것이다. 18명의 제자가 다산(多産)의 세 번째 비결이다.

정보의 홍수 시대 생존법, 메모

다산(多産)의 네 번째 비결이자 핵심은 독서법과 메모법이다. 정
약용 독서법은 책을 읽으면서 완벽하게 이해를 해서 내 것으로
만드는 거다. 눈으로 훑어 내리는 독서법은 아무 소용이 없다. 대
충 읽으면 하루에 백 번, 천 번 읽더라도 읽지 않은 거나 마찬가
지다. 하루 백 권을 읽어도 책에는 손때만 묻힐 뿐이고 내 것은
되지 않는다. 완벽한 이해를 해야 비로소 내 것이 된다. 정약용은
뜻을 모르는 부분이 있으면 파고들어 이해를 하라고 주문한다.
깊이 연구해서 근본 뿌리까지 파헤쳐야 한다. 정약용은 이해에
그쳐서는 안 되고 완벽하게 뜻을 파헤치는 걸 '격(格)'이라고 표현
한다. 사물의 원리와 근본까지 파고들어 알아내는 격물치지를 하
라는 얘기다.

　정약용은 완벽한 이해를 바탕으로 질서(疾書)와 초서(抄書)라
는 메모법을 강조한다. 질서와 초서는 둘 다 메모를 의미한다. 하
지만 둘 사이에는 상당한 차이가 있다. 초서는 '베낄 초(抄), 글 서
(書)'로 베껴 쓰는 메모다. 초록을 한다는 발췌, 요약의 의미다. 책
을 읽고 주요 내용을 정리하는 거다. 질서는 '빠를 질(疾), 글 서
(書)'로 빨리 쓰는 것이지만 의문이나 느낀 점, 깨달은 점을 메모
하는 거다. 초서는 글의 내용을 객관적으로 요약하는 것이고, 질
서는 자신의 주관적인 생각과 느낌을 메모하는 것이다. 초서 메

정약용 코드

모는 누구나 같거나 비슷한 내용으로 정리될 수 있지만, 질서 메모는 사람마다 다를 수밖에 없고, 달라야 한다.

사실 질서와 초서는 정약용이 살던 무렵 시대적 요구였다. 정보의 홍수 시대에 요구되는 새로운 메모법이자 공부법이었다. 18세기는 실학의 시대이자, 르네상스와 문예부흥의 시대다. 사서오경(정약용은 사서육경을 공부)을 읽던 조선에 중국을 경유해 서구의 서적과 지식이 무더기로 쏟아져 들어왔다. 천주교 서적은 물론이고 서양의 지리, 천문, 역사, 과학, 기술 등에 관한 서적들이 한꺼번에 밀려왔다. 정보의 홍수 시대를 맞아 선비들은 정신을 차리기 어려웠을 것이다. 요즘으로 치면 서재에 책 몇 권 꽂아놓고 책을 넘기면서 공부하던 시대에서 어느 날 인터넷에서 자료를 검색하고 지식을 무한 확장하는 정보화 시대로 전환된 셈이다.

정보화 시대에 책에만 의존해서는 정보를 따라잡을 수 없듯, 18세기 정보의 홍수 시대에 '하늘 천 따 지' 또는 '공자 왈 맹자 왈' 하는 식으로 소리 내서 책을 읽던 방식은 통하지 않는다. 책 읽기의 근본적인 변화가 요구됐다. 정보의 홍수 시대에는 정보를 선별해서 받아들이는 게 중요하다. 넘쳐나는 정보 가운데 나에게 필요한 정보를 찾아내는 정보의 큐레이션이 있어야 한다. 책을 읽고 나면 끝이 아니라 내용을 요약하는 초서, 책을 읽다가 떠오르는 생각을 메모로 정리하는 질서를 해두지 않으면 넘쳐나는 지식과 서적을 감당할 수 없었다.

　정약용은 질서를 적극 활용했다. 메모를 얼마나 열심히 했는지는 그가 읽던 『독례통고』에서 고스란히 나타난다. 청나라 학자 서건학이 예법과 관련해 지은 『독례통고』의 책장을 넘길 때마다 정약용이 남긴 메모가 빼곡하다. 『독례통고』를 읽다 느낀 점과 떠오른 단상을 남긴 질서 메모다. 책을 읽으면서 느낀 점이나 아이디어는 '정약용의 생각'이라는 뜻으로 '용안(鏞案)'이라고 적었다. 메모에는 적은 날짜와 장소, 심지어 당시의 몸 상태까지 적었다. 병중(病中)에 썼다는 메모도 있다. 메모라면 이 정도가 돼야한다. 몇 년이 지나서도 메모를 보면 마치 CCTV 기록처럼 당시의 상황을 생생하게 떠올릴 수 있다. 이런 메모들을 남겼으니 메모만 정리하면 책 한 권이 뚝딱 나올 수 있었다. 정약용의 503권의 저술은 그렇게 해서 나온 거다.

　질서는 '묘계질서(妙契疾書)'에서 나온 표현이다. '기묘할 묘(妙), 인연 계(契), 빠를 질(疾), 글 서(書)'다. 묘계질서는 풀어 쓰면 '번쩍 떠오르는 깨달음을 빠르게 메모한다'는 뜻이다. 번쩍 떠오른 깨달음이 묘계이고, 빨리 메모하는 게 질서다. 묘계질서를 줄여서 질서라고 한다. 질서는 원래 송나라 장재의 학습법이다. 장재는 생각이 떠오르면 잊지 않으려고 집 곳곳에 붓과 벼루를 놓아두었다. 요즘 같으면 손 닿는 곳에 메모장이나 포스트잇을 두고 있다가 번쩍 떠오른 느낌을 메모하는 방식이다. 밤중에 자다 가도 생각이 떠오르면 벌떡 일어나 메모했다. 어느 날 잠을 자다 가 문득 좋은 생각이 떠올라 기록한 책이 바로 『정몽(正夢)』이다. 밤에 자다가 메모해서 책을 뚝딱 펴냈다니 상상하기 어려운 저 술이다.

놀라운 것은 책의 내용이다. 장재는 『정몽』에서 땅이 하늘을 따라 왼쪽으로 돈다고 기록했다. 지동설을 주장한 코페르니쿠스 는 16세기 인물이고 장재는 11세기 사람이다. 장재는 코페르니쿠 스보다 500년가량 앞서 지동설을 꿈에서 꾼 셈이다. 잠자다 벌떡 일어나서 떠오른 생각을 메모한 결과가 지동설이라니, 귀신의 계 시라고 해야 하나? 정약용은 장재처럼 질서를 적극 활용했고, 귀 신의 도움을 받아 책을 썼다.

네 가지 다산(多産) 비결 외에 걸작의 비결이 바로 '귀신의 도 움'이다. 정약용은 자신의 대표 저술 『주역사전』과 『상례사전』은 인간의 힘으로 지은 책이 아니라 귀신의 도움을 받아 썼다고 설 명한다. 귀신과 소통했고, 정성을 다하니 귀신이 숨겨진 사실을 알려줬다고 했다. 스스로 골똘히 연구하고, 그래도 모르면 귀신 이 몇 마디 일러줬다는 것이다. 『악서고존』을 자신의 저서 가운데 인간 능력을 벗어난 책이라고 한 것도 마찬가지다.

정약용이 진짜 귀신과 소통했을 리는 없다. 귀신의 도움이란 사색의 힘을 의미하는 것으로 여겨진다. 깊이 생각해서 깨달음을 얻었다는 얘기다. 인간의 지식으로는 쓸 수 없지만 깊고 오랜 사색 끝에 가능했다. 사색 끝에 깨달음을 얻고 떠오른 생각을 '귀신의 도움'이라고 표현한 거다. 잠을 자다가 번쩍 생각이 떠올랐다는 장재의 얘기도 자는 동안에 뇌가 활동하다가 생각이 번쩍 떠오른 것이다.

건강을 잃으면서 인내하고, 해남 외가의 책을 읽고, 제자들의 도움을 받아가면서 열심히 저술활동하는 'Work hard'는 다작과 다산(多産)을 가능하게 했다. 하지만 다른 책 수백 권과도 맞바꾸지 않겠다는 인생 역작, 걸작은 깊은 사색과 몰입하는 'Think hard'에서 나온 것이다.

장재와 정약용 같은 인물들이 초서와 질서를 활용한 메모광이지만, 서양에서도 세계적인 천재들은 메모광이다. 레오나르도 다빈치, 토머스 에디슨, 알버트 아인슈타인 등…. 천재들이 메모를 열심히 하는 것인지, 메모가 천재를 만드는 것인지 알 수 없다. 다빈치가 23세부터 죽기 전까지 40여 년 동안 남긴 노트 기록은 8,000여 쪽 분량이다. 노트에는 회화, 음악, 천문학, 해부학, 건축 등에서 떠올린 아이디어와 가치관, 자신의 감정 등이 고스란히 담겨 있다. 메모를 열심히 하면서 감정까지 메모한 걸 보면 정약용과 너무나 닮았음을 다시 한번 확인할 수 있다.

정약용 코드

에디슨은 노란색 노트를 가지고 다니면서 아이디어가 떠오를 때마다 메모했다. "접하는 모든 정보를 기록하라"고 했다. 발명 아이디어뿐 아니라 새롭게 보고 들은 모든 사실도 기록했다. 에디슨은 한 모임에서 누군가 "빛을 내는 걸 만들면 어떠냐?"라고 말한 것을 메모해 뒀다가 나중에 메모를 읽고 백열전구를 만들었다고 한다.

기록한다고 메모라고 할 수 없다. 메모에는 기술과 방법이 있다. 메모를 하고 나서 메모장을 던져 놓으면 무용지물이다. 메모를 주기적으로 다시 꺼내 읽고 활용해야 한다고 사카토 겐지는 저서 『메모의 기술』에서 강조한다. 정약용도 초서와 질서로 정리한 메모를 책으로 엮어냈다. 그래서 503권의 책이 만들어진 거다. 메모를 잘 활용하면 '한자가 생긴 이래 가장 많은 저술가'가 될 수도 있고, 에디슨 같은 발명사업가도 될 수 있다. 메모는 끝이 아니라 시작이다.

200여 년 전 존재했던 '메일 대담'

질서는 그냥 느낀 점을 적는다고 되는 게 아니다. 질서에는 방법이 있다. 질서를 하려면 의심하고 회의해야 한다. 책의 내용이 과연 맞는지에 의문을 가져야 한다. 맹목적인 독서를 해서는 안 되고, 의심해 보고 의문점이 생기면 메모를 해야 한다. 이황은 의문하는 독서법을 활용한 선비다. 그의 학습 비법은 회의와 함께 토론이다. 이황은 책을 읽다가 의문이 생기면 제자들과 자유로운 토론 활동을 즐겼다. 토론은 자신만의 견해만을 고집하지 않고 서로 도움을 주고받을 수 있게 한다.

이황이 성균관 유생 시절부터 학문적으로 서로 도움을 준 김인후와 맺은 관계를 '여택(麗澤)'이라고 한다. '짝 여(麗), 못 택(澤)'으로, 서로 가까이 있는 두 늪이 서로 물을 주고받아 윤택하게 한다는 뜻이다. 여택은 '이택'으로 읽히기도 한다. 의역하면 친구끼리 토론으로 학문의 수준을 높여 서로 간에 시너지 효과를 거둔다는 것이다. 이황의 회의론과 토론 학습방법은 성호 이익을 거쳐 정약용으로 계승된다.

이익의 책 읽기는 의심하기-질서-여택강론의 세 가지다. 이익도 독서를 하면서 반드시 의심하라고 강조한다. 이익은 책을 읽다가 의심 가는 부분은 기록하고 다른 자료를 찾아 분석하고 비교했다. 이렇게 하면 완벽한 이해를 하지 않을 수 없다. 이익처럼 의심하다가 번쩍 떠오른 생각을 메모하는 질서를 적극 활용한 이도 많지 않다. 질서를 적극 활용해 만든 저서가 『시경질서』, 『맹자질서』, 『가례질서』, 『역경질서』 등이다. 책을 읽는 데 그친게 아니라 의심해서 깨우친 것을 기록하면서 자신의 것으로 만

정약용 코드

들었다. 그리고 새로운 저술을 만들어낸 것이다.

이익은 토론 학습방법을 '원격 토론'으로 업그레이드했다. 책을 읽으면서 의심스러운 부분을 깊이 생각해서 풀어 나갔고, 이해되지 않으면 편지로 의문을 해소했다. 함께 모여 토론하는 것이 가장 좋은 방법이지만 대면 토론이 어려우면 차선책으로 편지로 생각과 의견을 서로 주고받았다. 코로나19 이전에는 대면 소통이 기본이고 원격은 불가피할 경우 보조의 소통방식이었다. 줌(zoom) 등을 활용한 원격 회의와 모임이 보편화된 건 코로나 시대에 들어서다. 이익은 조선시대에 이미 원격 소통과 원격 토론 방법을 활용하고 있었다.

이익은 그의 제자 안정복과 원격 토론을 즐겼다. 이익과 안정복은 편지로 글을 주고받으면서 학문적인 완성을 이뤘다. 실제로 얼굴을 마주한 적은 세 번 정도밖에 되지 않는다. 사제지간이라는 표현이 쑥스러울 정도다. 두 사람은 고조선 때 중국과 경계를 이루던 강인 패수(浿水)를 놓고 토론을 벌였다. 패수의 위치를 이익은 예성강이라고 봤고, 안정복은 대동강이라고 주장했다. 패수가 어디인지를 놓고 두 사람이 의견을 주고받은 편지 내용을 정리한 책이 『동사강목』이다. 패수를 놓고 토론하면서 자연스레 고조선부터 고려까지 역사를 정리한 것이다. 『동사강목』은 요즘으로 치면 석학들의 'e메일 대담집'에 해당된다고 하겠다.

정약용이 이익의 원격 토론 방법을 적극 활용한 결과가 '두 아들에게 보내는 편지'다. 강진에서 남양주에 있는 두 아들에게 부단히 보낸 편지 26편이 고스란히 남아 있고, 흑산도 형 약전 등에게도 편지를 썼다. 아들에게 보낸 편지는 보고 싶어서 쓴 안부 편지 성격이 아니다. 이익과 안정복의 편지 토론처럼 정약용도 자녀들과 원격 소통, 원격 교육을 하고자 했다. 정약용은 편지에서 공부하라는 주문과 함께 자신의 경험과 지식, 인생의 교훈을 전했다. 공부하다 의심나면 편지로 물어보라고 두 아들을 다그치기도 했다. 이익이 편지 토론으로 안정복에게 지식을 물려줬듯, 정약용도 원격으로 자신의 지식과 경험을 두 아들에게 전해 주고자 했다.

정약용이 두 아들에게 가장 강조한 메시지는 폐족이라고 절대 좌절하지 말라는 거다. 폐족은 조상이 지은 큰 죄 때문에 자손이 벼슬을 하지 못하는 가문을 말한다. 유배 죄인의 아들이라 과거시험 응시도 할 수 없다는 현실에 좌절해서 절대로 책을 손에서 놓아서는 안 된다고 당부했다. 오히려 폐족일수록 관직에 나가는 출세는 못하더라도 학문적 성공을 하기에는 적기라고 다독인다. 과거시험 공부에 매달리지 않기 때문에 오히려 뛰어난 인재가 나올 수 있다고 했다. 과거시험 대신 학문의 길을 택해 『성호사설』이라는 위대한 저술을 남긴 성호 이익 같은 대학자가될 수 있다고 했다.

독서를 하면 자신의 목숨을 살려주는 것이라는 표현까지 하면서 독서를 강조한다. 둘째 아들 학유가 유교 경전의 하나인 『춘추좌씨전(좌전)』을 공부하는 것을 "꽤 볼만한 경지에 올랐다"고 격려하면서 첫째 아들 학연의 분발을 촉구하는 식이다. 양잠과 양계 등의 구체적인 방법도 편지에서 상세히 알려줬다. 정약용은 유배생활에서 풀리면 두 아들과 3,000~4,000여 권의 책을 서가에 진열해 놓고 과일과 채소, 뽕나무와 삼, 약초와 꽃을 심고 싶다는 소박한 꿈을 아들에게 전한다. 정약용은 두 아들에게 아버지이면서 동시에 원격으로 지식과 경험을 주고받는 스승과 제자이기를 바랐던 거다.

장례 논쟁의 게임 체인저 『상례사전』

열 손가락 깨물어 아프지 않은 손가락이 없지만, 길고 짧은 손가락은 있기 마련이다. 정약용에게는 503권의 많은 저술 가운데도 유독 아끼는 책 두 권이 있다. 만일 사면을 받게 돼서 책 두 권만이라도 후세에 전해진다면 나머지 책들은 모두 없애버려도 괜찮다고 했다. 수백 권의 책과도 바꾸지 않겠다면서 강한 애정을 보인 책은 『상례사전』과 『주역사전』이다.

두 아들에게 보낸 편지에서 이런 말을 했을 시기는 『경세유표』, 『목민심서』, 『흠흠신서』를 저술하기 훨씬 전이다. 『상례사전』

과 『주역사전』은 유배 초기 작품이다. 『상례사전』은 1803년, 『주역사전』은 1808년 완성했으니 다산초당에 들어가기 전의 전반기 저술이다. 『경세유표』, 『목민심서』, 『흠흠신서』 저술을 마치고 나서 편지를 썼다면 후세에 전하고 싶은 책으로 5권을 꼽았을 것 같다.

강진에서 저술활동은 1803년 『상례사전(喪禮四箋)』을 시작으로 본격화된다. 『상례사전』과 『주역사전(周易四箋)』의 저술에 붙은 '전(箋)'이라는 표현은 '주장을 편 글'이라는 의미이다. 사전(四箋)은 '네 가지 고찰'이라는 정도로 해석될 법하다. 사람이 죽었을 때 치르는 장례 절차를 담은 『상례사전』에서 살펴본 '네 가지 고찰'은 의식, 기물, 복식(옷), 장례 기간 등이다. 『상례사전』은 '의식, 기물, 복장, 장례 기간 등 네 가지 장례 절차에 대한 고찰' 정도가 될 것이다.

유교의 나라 조선은 장례 기간을 몇 년으로 하고 어떻게 옷을 입느냐를 놓고 온 나라가 떠들썩했던 나라다. 그만큼 유교 사회, 성리학의 나라에서 장례 문제는 중요했다. 『상례사전』을 펴내기 150여 년 전에 발생해 전국을 뒤흔들어 놓았던 예송논쟁은 상복을 3년 입느냐, 5년 입느냐를 놓고 벌어졌던 대규모 정치적 논쟁이다. 정약용은 『상례사전』은 엉터리 학문이 거센 물결처럼 흐르는 판국에 그걸 흐르지 못하도록 모든 냇물을 막아 수사의 참된 학문으로 돌아가게 하려는 뜻에서 저술한 책이라고 설명했다. 쉽게 풀이하자면 장례를 다룬 여러 책들이 많지만 대부분 엉터리이고, 논란과 혼란을 종식시키려고 만든 책이 『상례사전』이라는 얘기다. 『상례사전』을 펴내면서 앞으로 상복을 몇 년 입느냐를 놓고 온 나라가 들썩거렸던 정치적 논란은 더 이상 없을 거라는 장담이다.

그는 정밀하게 사고하고 꼼꼼히 살펴 『상례사전』의 오묘한 뜻을 알아주는 사람이 있다면, 죽은 뼈에 새살이 나게 하는 일이고 죽을 목숨을 살려주는 일이라고 했다. 『상례사전』의 가치가 매우 크지만 자신의 노고와 저술의 가치를 알아주는 사람은 별로 없을 것이고, 만약 있다면 기적 같다는 얘기다.

사대부의 제사 지내는 방법이 예의를 잃었다고 보고 1808년 펴낸 『제례고정』은 자신의 평생 뜻이 담긴 책이라고 의미를 부여했다. 정약용은 이 책에서 제사상에 소, 양, 돼지 세 짐승의 고기를 모두 쓴 요리가 아주 훌륭한 음식이라고 설명했다. 조선은 양을 거의 기르지 않았던 나라다. 장례 연구는 『상례사전』 저술에 그치지 않는다. 1803년에는 시신을 입관해서 매장할 때까지의 절차를 다룬 『조전고』, 사람이 죽었을 때 상복을 어떻게 입는지를 다룬 『예전상의광』 등으로 끝이 없다. 유배에서 풀려나기 직전인 1817년 『상의요절』을 펴낼 때까지 계속됐다. 유배생활 내내 장례 문제를 고민하고 연구했다는 얘기다.

유교 사회, 성리학의 나라에서 제사가 아무리 중요하다고 해도 유배생활 내내 장례 문제에 천착했다면 다른 이유가 있지 않을까. 장례 문제 연구에 매달린 이유는 천주교 때문일 것으로 짐작된다. 1791년 최초의 천주교도 박해사건인 진산사건, 즉 신해사옥의 발단이 바로 제사였다. 윤지충과 권상연이 모친상 때 제사를 거부했다가 처형당한 최초의 천주교 박해사건이다. '천주교 신자=제사 거부=죄인'이라는 등식이 성립된 당시에 '유배 죄인 정약용'의 『상례사전』 저술은 자신이 제사를 거부하는 선비가 아니라는 외침으로 받아들여진다. 어쩌면 유배에서 풀려날 수 있는 유일한 길이자 증거가 『상례사전』이 될 수도 있다. 『상례사전』에서 시작해 유배에서 풀려나기 직전까지 장례와 관련한 저술활동을 한 것을 고향으로 돌아가고 싶다는 염원으로 해석하는 것은 속물적인 시각일까.

귀신의 도움을 받아 쓴 『주역사전』

정조가 세상을 떠난 뒤 천주교 신자에 대한 대대적인 탄압이 이뤄지던 1801년 신유사옥 때의 일이다. 정약용은 감옥에 갇혀 있을 때 꿈을 꿨다. 홀연히 한 노인이 나타나 혀를 쯧쯧 차면서 나

정약용 코드

무라기를 "옛날 소무는 19년 동안 옥에 갇혀 있었지만 참고 견디 었는데, 자네는 겨우 19일 동안 옥에 갇혀 있으면서 도리어 스스 로 번뇌하는가"라고 했다. 짧은 감옥생활을 참지 못하고 힘들어 하는 걸 꾸지람하는 거다.

중국 한나라 신하인 소무는 흉노족에 사신으로 갔다가 붙 잡혀 지하창고에 갇혔다. 먹을 음식과 마실 물이 없어 눈을 씹 고 들쥐와 풀뿌리로 연명하다 19년 만에 간신히 한나라로 돌아 간 인물이다. 정약용은 노인의 말을 듣고 꿈에서 깨어났고, 그날 로 석방됐다. 정약용은 "석방된 날이 체포된 날로부터 19일째 되 는 날이었다"고 했다. 소무가 감옥에 갇혀 있다가 19년 만에 풀려 났듯, 정약용은 공교롭게도 감옥에서 19일 만에 석방됐다. 우연의 일치일까. 아니면 예지몽을 꾸었던 것일까. 노인이 소무에 비유하 면서 19일째 석방될 것임을 미리 알려준 것이라고 정약용은 받아 들이는 듯하다. 참고 기다리는 노력을 더 하라고 나무라면서 곧 다가올 변화를 암시해 준 셈이다.

정약용의 인생에서 '숫자 19'와의 인연이 깊다. 22살에 초시 에 합격해 39살까지 공직생활 기간(성균관 유생 기간 포함)이 18년 이었고, 40살부터 57살까지 강진 유배 기간이 18년이었다. 강진에 서 학문을 함께 닦고 저술활동을 함께 한 제자들이 18명이었다. 여기까지 보면 '숫자 18'과 정약용의 인연이 있다고 볼 수 있겠지만 오히려 '숫자 19'의 의미가 크다. 그의 인생에 '숫자 18'이 현실과 한계였다면, '숫자 19'는 변화와 희망의 숫자다. 정약용은 감옥에서 소무가 19년 만에 풀려났듯 19일 만에 풀려났고, 18년 공직생활 끝에 19년째 되던 해에 유배생활을 시작했다. 다산초당에서 저술활동을 벌여 503권의 방대한 저술을 마칠 수 있었던 것도 자신과 18명의 제자를 합해 19명이 있었기에 가능한 일이었다. 세상을 떠난 것은 유배에서 풀려난 지 19년째 되던 해였다.

정약용은 관직에 있을 때부터 『주역』에 관심이 많았다. 당대 최고의 천재로 불리던 이가환에게 조선과 중국의 『주역』 해설서에 대해서 물었다. 이가환은 가르쳐 주지도 않으면서, 『주역』에 뜻을 두지 말라고 당부했다. 무릇 역학이란 흐릿한 사람이 하는 건데, 정약용은 명쾌한 사람이니 결코 『주역』 공부를 할 수 없을 것이라고 했다. 하지만 유배생활을 하는 동안 그 어렵다는 『주역』 연구를 해내고 말았다. 그것도 단 2년 만에 『주역』에 통달했다.

『주역』에 통달한 건 유배 초기인 1803년 늦은 봄이다. 『주역』 공부에 빠져든 후 거의 식음을 전폐하고 오로지 『주역』 책을 책상 위에 놓고 밤낮으로 깊이 생각에 몰두한 결과다. 정약용은 눈으로 보는 것, 손으로 잡는 것, 입으로 읊조리는 것, 마음으로 생각하는 것이 모두 『주역』 아닌 것이 없다고 했다. 붓으로 기록하는 것부터 먹고 화장실에 가고, 손가락을 놀리고, 배를 문지르는 것도 마찬가지다. 한마디로 세상 모든 게 이미 정해져 있더라는 얘기다.

『주역』은 흔히들 점치는 것으로 인식하고 있지만, 정약용은 점치는 것과 『주역』을 철저히 구분한다. 『주역』은 정치적 관점에서 대의를 위해 뜻을 풀어내는 것이지, 결코 점치는 게 아니라고 강조했다. 유배에서 풀려나 가족 품으로 돌아가기를 오매불망 바라던 정약용으로서는 점을 쳐서라도 고향에 돌아갈 때를 알고 싶었을 수 있다. 주변에서도 점을 봐달라는 요청을 했을 법하다. 하지만 정약용은 1814년에 형 약전에게 보낸 편지에서 『주역』을 공부한 지 10년이 되었지만 한 번도 점을 쳐본 적이 없다고 했다. 『주역』과 점치는 것은 엄연히 다르고, 만약 기회가 주어지면 임금에게 건의해서 점치는 일을 절대 금하는 데 앞장설 것이라고 했다.

『주역』은 위정자를 겸손케 한다

정약용의 『주역』에는 정조의 영향이 컸다. 정조와 정약용의 공통분모 중 하나가 『주역』이다. 정약용은 『주역사전』을 펴냈지만, 정조의 『주역』 지식이 결코 만만치 않다. 과거시험 합격 후 규장각에서 초계문신으로 있을 때 정조로부터 『주역』 특강을 들을 기회가 있었다. 『대학』부터 시작된 정조의 특강이 『상서(尙書)』의 순서를 마치고 『주역』 특강을 듣기 직전에 정약용은 부친상을 당했다. 그래서 정조의 『주역』 특강을 들을 수 없었다고 무척 아쉬워했다.

정조는 경학 가운데 『주역』을 단연 으뜸으로 꼽았다. 『논어』, 『맹자』, 『중용』, 『대학』 등의 4서가 『주역』에서 파생된 것이라고 봤다. 어느 책보다 『주역』을 특히 열독했다. 정조는 자신이 보던 책을 신하들에게 내려주었는데, 그 가운데 『주역』 해설서인 『계사전』은 너덜너덜해져 있었다. 수없이 읽고 또 읽었다는 얘기다. 『계사전』은 어렵고 난해한 『주역』 내용을 공자가 체계적이고 철학적으로 서술한 책이다. 『계사전』은 고대 중국에서 점치는 걸로 인식돼 온 『주역』에 이론적 근거를 제공했다는 평가를 받는다.

『주역』은 특히 위정자들과 가깝다. 정약용은 『주역』이 경세가, 위정자들에게 필요한 책이라고 설명한다. 정약용이 언급하는 위정자는 정치적 미래가 궁금해 점을 보러 다니곤 하는 요즘 정치인들과는 다르다. 위정자들은 『주역』을 통해 인간의 겸손함을 깨닫는 계기로 삼는다. 위정자들은 자연재해를 맞으면 재해의 의미를 『주역』으로 해석하면서 행여 자신의 잘못된 처신과 언동이 있었는지를 되돌아보고 고치는 계기로 삼는다. 바로 여기에 점과 『주역』의 차이가 있다.

정약용은 공정한 선의에서 어떤 일을 하려는데 그 결과가 좋을지 나쁠지 알 수 없을 때, 하늘의 뜻에 맞는지 헤아려 보기 위해 성인들이 지은 책이 바로 『주역』이라고 설명한다. 『주역』 책을 펼치는 이유는 현재의 상황이 일어난 근본 원인을 파악하기 위해서다. 예를 들면 가뭄과 흉년으로 온 백성이 고통 받을 때 위정자들은 『주역』 책을 펼쳐 해석하고, 가뭄의 원인을 찾아내 자신의 마음 자세를 겸허하게 고쳤다. 그래서 『주역』은 주로 경세가들이나 위정자들에게 필요한 책이지, 개인적 길흉을 알아보는 책이 아니라는 얘기다.

정조는 1795년 10월 17일 천둥 번개가 심하게 치고 민심이 동요하자 『주역』 책을 펼쳤다. 새벽에 천둥 번개를 동반한 비바람이 거세게 몰아치자 모두들 두렵고 떨리는 마음에 어찌할 바를 모르고 있었다. 정조는 재변과 상서로운 일이 다가오는 것은 모두 사람이 불러들이는 것이라고 했다. 자신의 덕이 부족해서 하늘의 마음을 제대로 기쁘게 하지 못했기 때문에 좋지 못한 현상이 일어났다고 진단했다. 천둥 번개를 불러온 원인이 자신의 부덕한 소치라는 것이다. 비가 많이 와서 홍수가 나도, 비가 오지 않아 가뭄으로 백성이 고통 받아도 모든 게 자신의 부덕의 소치라고 받아들이는 조선 임금의 모습이다.

정조는 자연재해는 모두 사람이 불러오는 것이고, 자연재해를 극복하려면 내 탓이라는 마음가짐을 갖고 겸손하게 처신하는 가르침을 『주역』을 통해 받은 것이다. 위정자들이 반드시 『주역』을 알아야 한다는 것은 겸손한 마음가짐을 배우는 데 있다. 정조는 하늘과 사람은 이치가 하나이기 때문에 두드리면 응하는 법인데, 어찌 사람이 자신의 일에 노력을 다해서 하늘의 마음을 감동시키려 힘쓰지 않느냐고 반문한다. 사람이 노력해서 하늘을 감동시키면 정해진 것을 바꿀 수 있다는 얘기다. 지성이면 감천이라는 걸 말하는 것이다.

『주역』을 통해 겸허한 마음가짐을 갖고 하늘을 감동시키려는 인간의 노력은 활쏘기에서도 나타난다. 무인군주 정조는 백발백중의 명사수다. 활을 쏘면 50발 가운데 49발을 명중시켰다. 나머지 한 발은 일부러 과녁을 향해 쏘지 않고 엉뚱한 허공으로 날렸다. 여기에는 『주역』에 통달했던 정조의 깊은 뜻이 숨어 있다. 『주역』에서 점을 칠 때는 보통 시초라는 빳빳한 풀나무 줄기(산가지) 50개를 사용한다. 줄기 50개 가운데 태극을 상징하는 한 개는 빼고, 나머지 줄기 49개만 갖고 『주역』의 점괘를 뽑았다. 한 개는 일부러 사용하지 않았다. 그건 인간의 영역이 아니라 하늘의 영역이라는 얘기다. 허공에 쏘아올린 화살 한 개도 사용하지 않는 산가지 한 개와 같다. 하늘의 영역을 존중하는 인간의 겸손함을 말한다. 정약용의 『주역』은 이런 정조로부터 영향을 받은 거다.

정약용 코드

왜 조선학 연구의 집대성자인가

'Made in China' 제품을 신랄하게 비판한 사람이 정약용이다. 그는 『천자문』 같은 중국 서적을 악서로 평했다. 『천자문』은 1,500년 전 중국 양나라의 주홍사가 무제의 지시로 지은 한자 교육서다. 정약용은 저술 「천문평」에서 『천자문』은 가장 몹쓸 책이고, 이 책으로는 절대로 아동을 가르치지 말라고 당부했다. 『천자문』을 비판한 이유는 간단하다. '하늘 천(天), 따 지(地), 검을 현(玄), 누를 황(黃)…' 식의 나열이 뜬금없다는 것이다. 하늘과 땅으로 시작했으면 다음에는 일월(日月) 성신(星辰) 산천(山川) 등의 자연과 우주가 나와야 맞다. 그런데 천지 다음에 검고 누렇다는 색깔을 나타내는 현황(玄黃)이 나오는 것은 맞지 않다.

『천자문』 비판에 끝내지 않고 2,000자로 된 한자어를 모은 『아학편』을 펴냈다. 어린이용 한자 학습서인 『아학편』에서는 천지부모, 군신부부, 형제남녀 같은 식으로 반대어 연상 교육법을 사용했다. 한자를 공부하는 어린아이들에게 연상법을 통해 훨씬 빠르고 쉽게 한자를 깨우칠 수 있게 했다. 정약용은 모양으로, 이치로, 일로 해서 그 이유를 미루어 널리 통하는 것의 종류를 모두 알고 차이점을 분별한 뒤에야 이치를 깨우친다고 설명했다.

중국 역사보다는 조선 역사를 사랑하라고 강조했다. 중국 역사를 인용하는 당시 풍조를 볼품없는 짓이라고 비판했다. 중국

사람도 우리 역사와 문화를 담은 내용이라야 우리 책을 읽는다. 그래서 책을 쓸 때 우리 역사를 많이 인용하라고 했다. 당시 청나라에는 『발해고』로 유명한 유득공이 남긴 『16국 회고시』가 유행했다. 『16국 회고시』는 단군 시절부터 고려까지 우리 역사를 한시로 다룬 작품이다. 정약용은 "중국 사람들이 『16국 회고시』를 간행했던 이유는 책에서 우리나라 역사 사실을 인용했기 때문"이라고 설명했다. 한국적인 것이 가장 세계적이듯, 중국에서도 조선 것이기에 읽고 책으로 간행할 가치를 느꼈다. 중국 역사를 인용했다면 중국 사람들이 굳이 책으로 펴낼 이유가 없다.

조선 역사에 강한 자부심을 갖고 적극 활용하라던 정약용이 "10년 동안 비축했던 것을 하루아침에 쏟아부었다"는 역작이 『아방강역고』다. 고조선에서 발해에 이르기까지 우리 국토의 역사를 각종 문헌에서 기록을 뽑아 고증해 1811년 완성한 책이다. 고조선과 발해 외에 한사군의 위치와 역사를 고증했고, 마한·진한·변한의 위치를 다루고 있다. 여기서 정약용은 우리나라 선비들이 마한·진한·변한이 어디인지도 모른다면서 한반도 역사에 무지함을 한탄한다. 선비들이 삼국시대의 뿌리도 제대로 모른다는 질책이다. 옥저·예맥·말갈·발해의 순으로 북방 여러 나라의 위치와 역사도 함께 다루고 있다. 정약용은 발해가 우리나라라고 파악하면서, 마한의 54개 소국의 하나인 목지국이 익산이라는 의견도 제시했다. 대한제국 때의 계몽운동가이자 언론인인 장지연은 『아방강역고』에 대해 "단순한 지리지가 아니고 우리나라의 기록되지 않은 역사"라면서 "수천 년 동안 의심스럽고 불분명하게 전해 내려오던 우리나라의 지리와 영토 문제를 크게 바로잡았다"고 평가했다.

'역사가' 정약용은 중국 중심의 문명 의식에서 벗어나 조선학 연구의 중요성을 강조한다. 정약용은 속학(俗學)과 아학(雅學)을 함께 공부해야 한다고 말했다. 아학은 중국 중심 문화이고, 속학은 우리 문화를 의미한다. 우리는 중국 문화만 쫓아서 정작 우리 문화는 전혀 모른다는 지적이다. 음악가인 정약용은 음악에도 아악과 속악이 있는데 아악만 알고 속악을 알지 못하고, 결국에는 속악마저 아악으로 여기게 된다고 지적했다. 독립운동가 안재홍이 정약용을 조선학 연구의 집대성자로 꼽은 건 이런 이유에서다. 정약용이 생존해 있었으면 발해 등 동북아의 역사를 왜곡하고 김치와 한복도 자신들의 것이라는 중국의 동북공정을 크게 꾸짖었을 것 같다.

일본을 높게 평가한 이유

맹목적인 중국 추종과 사대주의에 부정적인 반응을 보이면서도 일본은 상대적으로 높게 평가했다. '조선판 국방백서'인 『비어고』

에서도 일본을 소개했고, 일본 지도를 보고는 정교함에 감탄을 쏟아냈다. 그러면서 일본을 조심하고 경계하는 목소리도 높였다. 정약용은 삼국시대 백제로부터 문화와 예술을 전수받던 일본의 학문 수준이 어느 날 우리를 추월했다면서, 자신의 저술 작품이 오히려 일본의 영향을 받았노라고 뜻밖의 고백을 한다. 일본이 조선의 학문 수준을 뛰어넘은 때는 자신의 바로 직전 세대인 오규 소라이(荻生徂徠)가 활동하던 무렵이라고 정약용은 진단한다. 오규 소라이는 에도막부 시대의 유학자이자 사상가다.

『논어』주석서인『논어고금주』는 정약용이 경학 관련 저술 가운데 가장 심혈을 기울여 완성한 책으로 꼽힌다.『논어고금주』 에서『논어』를 새로 재해석했다. 다른 학자들이 감히 엄두도 내지 못하던 주자의 잘못된 해석을 바로잡은 게『논어고금주』다. 주자의 해석이 잘못된 대표적 예가 '학이시습지 불역열호(學而時 習之 不亦說乎)'다. '배우고 때로 익힌다면 즐겁지 아니한가'라는 뜻이다. 주자는 '습(習)'을 복습이라고 봤지만, 정약용은 실습이라고 해석했다. '학'은 따르는 것이니 '습'은 행하는 것이라는 게 정약용의 설명이다. 조선 선비의 특징이 성리학에서 배워 실천하는 학행일치라는 점을 감안하면, 복습보다는 실습을 통해 행동으로 보여주는 것이 옳다는 게 그의 해석이다. 주자가 잘못됐다고 지적한 학자는 거의 없다. 중국에서도 그렇거니와, 조선 땅에서는 더욱 그렇다.

대단한 저서인『논어고금주』가 사실은 일본의 영향을 받았노라고 당당히 밝히고 있다. 그는 오규 소라이와 그의 제자 다자이 슌다이(太宰春臺)의『논어』해설서를 참고해서『논어고금주』를 저술했다고 털어놓는다. 오규 소라이 이후 일본의 학문 수준이 크게 발전했다고 평가한다. 정약용은 수신사가 일본을 다녀오는 길에 가져온 오규 소라이의 작품을 읽어보고는 "글이 모두 정예(精銳)했다"고 말했다. 아주 우수하다는 말이다. 오규 소라이는 일본어와 중국어는 기본적으로 문법구조가 다른데도 일본어로 번역된 중국 책을 읽고서는 중국 고전을 잘 이해하는 것처럼 착각하고 있다고 문제를 제기한 인물이다. 원서로 읽어야 제대로 의미가 전달된다는 얘기다. 번역서에 의존하는 일본의 잘못된 학문 관행을 지적할 만큼 오규 소라이의 학문적 식견은 뛰어났다고 한다.

일본의 학문 수준이 조선을 추월하게 된 이유로 정약용은 두 가지를 들고 있다. 첫째는 중국과 직거래다. 백제에서 책을 구해 가던 낙후된 나라인 일본이 중국 저장성과 직접 교역하면서 좋은 서적들을 많이 가져갔다. 직교역한 중국의 서적들은 일본의 학문 수준을 급성장시켰다. 두 번째는 과거시험을 통해 관리를 뽑은 우리나라와 달리 일본은 과거시험이 없었다. 그래서 일본 학문 수준이 우리를 능가하게 되었다는 것이다. 과거시험이 있으면 젊은이들이 과거 공부에 매달리기 때문에 학문을 게을리할 수밖에 없다. 정약용은 그래서 과거제를 없애야 한다고 목소리를 높였다. 조선의 선비와 학자 가운데 중국을 비판한 이도 드물지만 정약용처럼 일본을 높이 평가한 경우도 없다.

유종원을 유독 싫어했던 까닭

정약용은 시를 그다지 좋아하지 않았다. 1801년 이전에 공직에 있을 때 지은 시는 모두 상대방이 보내온 글에 대한 답례로 쓴 것이다. 정약용이 시를 짓는 일을 싫어한 것은 당나라 유종원 때문이다. 두 차례나 유배생활을 했던 유종원이 유배지에서 지은 시나 문장은 모두 자신의 처지를 한탄하고 처참한 상황을 담는 서정시다. 서러운 언어로 쓰인 유종원의 글에서 수치스러움을 느꼈다고 정약용은 토로했다. 시는 모두 좌절과 절망을 호소하는 작품이라는 등식이 싫다는 것이다. 『시경』에 실려 있는 300여 편의 시는 모두 실의에 빠져 세상일을 근심할 때 지은 것이다. 시는 대체로 슬픈 감정을 전하기 마련이긴 하지만, 특히나 벼슬자리에 있던 중국 선비들이 유배지에서 지은 시는 처량하고 우울한 언어로 쓰여 있다. 유배 가서 쓴 글을 유배가사, 유배문학이라고 부른다. 정약용은 슬픈 언어로 쓴 유배문학을 싫어했다.

우리나라도 마찬가지다. 유배 가서 쓴 글은 대부분 슬픔과 우울을 노래한다. 당파 싸움이 치열했던 15~16세기에는 벼슬아

정약용 코드

치 4명 가운데 1명꼴로 유배를 갔다. 유배자들은 자신의 슬픈 처지와 울분을 시로 표출했다. 연산군 때 조위가 무오사화에 연루돼 전남 순천으로 유배 가서 지은 「만분가」가 국내 유배가사의 시초로 꼽힌다. 자신의 유배를 얼마나 억울하게 생각했으면 만번이나 분이 치민다는 「만분가(萬憤歌)」라고 제목 지었을까. 임금이 자신을 다시 불러주기를 강렬하게 바라는 조위의 마음이 절절하다.

「사미인곡」과 「속미인곡」은 송강 정철이 유배지 전남 담양에서 저술한 작품이다. 우리말의 아름다움을 살린 가사문학의 대표 작품으로 꼽힌다. 정약용의 외가 5대 증조부인 윤선도는 보길도에서 빼어난 문학 작품들을 남겼다. 자연과 더불어 살아가는 어부의 생활을 노래한 「어부사시사」와 물·돌·소나무·대나무·달을 벗에 비유해서 노래한 「오우가」도 유배 작품이다. 서포 김만중이 유배지 남해에서 홀로 사는 어머니를 위로하기 위해 지은 소설이 『구운몽』이다.

즐겨 쓰지 않았다고는 하지만 정약용이 지은 시 2,500여 편이 남아 있다. 그는 시를 짓고도 여러 번 고치고 수정하는 퇴고 작업을 하지 않았다. 애정을 기울이지 않았으니 그의 마음에 드는 시가 별로 없다. 유배생활에 익숙해지면서 정약용은 산과 바다에 가서도 일부러 호탕한 시를 쓰려고 노력했다. 호탕한 시보다는 단아한 시를 선호하던 조선의 다른 선비들과는 딴판이다. 정약용의 시는 서정시라기보다는 사회의 잘못된 비리를 고발하는 사회참여형에 가깝다.

그중에서도 남근을 잘라버린 아낙네의 슬픔을 노래한 시 「애절양(哀絶陽)」이 대표적인 사회고발형 시다. '슬플 애(哀), 끊을 절(絶), 볕 양(陽)'의 「애절양」은 1803년 강진의 한 아낙네 사연을 듣고 쓴 시다. 듣는 이의 마음을 아프고 분노케 한다. 낳은 지 사흘 된 아이는 군포 납부 대상에 올랐고, 몇 년 전 사망한 시아버지도 군포 납부 대상으로 남아 있었다. 시아버지, 남편, 갓난아이 세 사람에게 할당된 군포를 감당하지 못하자 아전들은 소를 끌고 가버렸다.

재산 목록 1호인 소를 빼앗기자 망연자실한 남편은 칼을 들고 자신의 남근을 잘라버렸다. 아낙네는 피가 떨어지는 남편의 남근을 갖고 관청에 가서 울면서 억울함을 호소했다. 아낙네는 문지기에 가로막혀 관청에 들어가지도 못한 채 힘없이 돌아서야만 했다. 「애절양」은 삼정 문란이라는 시대상과 아전들의 마구잡이식 횡포를 고발하는 작품이다. 정약용의 시에서는 관리들의 횡포에 대한 분노, 아낙네와 백성들의 고통과 아픔에 공감하는 애민정신이 전해진다. 이밖에 용산과 해남 등의 고을에서 아전들이 백성을 수탈하는 횡포를 고발하는 시도 남아 있다.

애지중지 자식 키우면 삼충 생긴다

정약용은 강진 유배 시절 일찌감치 두 아들에게 유산을 남겼다. 실제로 재산을 물려준 건 아니고, '근(勤)'과 '검(儉)' 두 글자를 유산이자 '정신적 부적'으로 남겨줬다. 부지런하고 검소하게 살라는 얘기다. 부지런함과 검소함은 좋은 밭이나 기름진 땅보다 낫고, 일생 동안 써도 절대로 닳지 않을 것이라는 설명도 함께 전했다.

정약용의 검소한 생활 방법은 많이 버는 것보다 적게 쓰는 절약법이다. 씀씀이가 크면 아무리 물려받은 재산이 많아도 금방 바닥이 난다. 정약용의 학문적 스승 이익이 어렸을 때 한 해 쌀 수확량이 고작 12가마니였다. 당시 대가족 사회를 감안하면 한 달에 한 가마니로 도저히 생계유지가 어려웠다. 서너 달이면 곳간은 바닥나서 1년의 절반 이상을 굶고 살았을 거다. 이익은 쌀을 12개월로 쪼개 한 달에 한 가마니로 버텼다. 한 가마니가 바닥나면 죽을 끓여 먹으면서 한 달을 넘겼다. 12가마니로 불가능할 것 같던 1년 버티기는 후딱 지나갔다. 정약용은 "한 집안 식구가 8명이나 되는 가정에서 연초에 계산해 보면 먹고살 일이 까마득하지만 연말이 되면 모두들 상한 사람 없이 잘 살고 있는데, 그 까닭은 알 도리가 없다"고 했다.

욕심 부리지 않는 게 지혜로운 생활법이다. 정약용은 맛있는 고기나 생선은 입안에 들어가면 '더러운 물건'이 된다고 지적한다. 음식은 목숨만 이어가면 되는데 굳이 맛있는 음식 먹으려고 욕심 부리지 말라는 당부다. 옳지 못한 재물은 오래갈 수 없으니 재물을 탐하지 말고 분수에 맞게 살라고 했다. 그는 "포교나 나졸의 못된 재산이 일생 동안 보존되는 것을 보았느냐"라면서, 검소하게 분수에 맞춰서 경비를 절약한다면 집안을 보전할 수 있을 것이라고 했다.

요즘 유행하는 신조어가 접미사 '충'이다. 급식충, 맘충, 뜰딱충, 한남충 등등 접미사 '충' 자를 갖다 붙이면 혐오나 경멸의 대상이 된다. 조선시대에도 '삼충'이 있다. 정약용은 가정교육을 강조하면서 잘못 키운 아이는 '삼충'이 된다고 했다. 재산 많은 사람이 자식에게 유산 물려주는데 성공한 경우는 많지 않다. 재산을 남겨줘도 오래가지 못하는 법이다. 자식을 낳아서 꾸짖지도, 혼내지도 않고 애지중지 키우면 아이는 부모가 빨리 늙어 죽기만 바란다. 부모가 죽고 나면 아이들은 3년상이 끝나기 무섭게 '삼충의 기예'를 갖춘다고 했다. '삼충의 기예'는 사람을 망치는 세 가지 욕심 벌레의 발호를 말한다.

부모가 살아 있을 때는 움츠리고 있던 세 마리 벌레는 부모가 돌아가고 나면 기승을 부린다. 삼충은 인체에 위치한 부위에 따라 이름 붙여진다. 가장 위에 있는 벌레(상시)는 사람의 머릿속에 있으면서 보물을 좋아하고 목 위를 병들게 한다. 즉, 돈 욕심 벌레다. 뱃속에 있는 벌레(중시)는 음식을 좋아하고 오장을 병들게 한다. 음식 또는 술 욕심 벌레다. 맨 아래 쪽에 있는 벌레(하시)는 색을 탐해 하반신을 병들게 하는 색욕 벌레다.

　재물, 음식, 성적 욕심은 제어하지 않으면 안 된다. 부모가 아이를 소중하게만 키우면 욕심을 제어할 수 있는 아이의 자제력은 사라지고 삼충을 키우는 셈이 된다. 부모라는 견제가 사라져 제 마음대로 행동할 수 있는 상황이 되면 세 마리 벌레는 뛰쳐나와 거리낌 없이 활동한다. 삼충을 없애는 길은 부모의 엄한 가정교육뿐이다. 자제력과 통제력을 가르쳐야 한다. 정약용은 입만 열면 공부를 하라고 했을 것 같지만, 인간이 되라는 주문이 먼저였다.

　정약용이 지어준 두 아들의 서재 이름이 삼사재(三斯齋)다. 삼사재에서 말하는 마땅히 닦아야 할 세 가지는 용모, 말, 안색이다. 공부 잘하고 글 잘 쓰는 게 중요하지 않다. 공부에 앞서 용모를 단정히 하고, 말을 공손하게 하고, 얼굴빛을 밝게 하라는 당부다. 정약용은 "진실로 이 세 가지에 힘을 쏟지 않는다면 제아무리 하늘의 이치를 꿰뚫어 보는 재주와 남보다 탁월한 식견을 갖추고 있다 해도 자기 한 몸 지탱하기도 힘들 것"이라고 했다. 함부로 말하고, 제멋대로 행동하면 나중에 세상을 훔치는 도적이 되고, 큰 악을 저지르게 된다고 경고한다.

Ⅱ

혁명가인가,
개혁가인가

1
다리도 도로도 없던 조용한 나라

구더기 무서워 장을 없애버린 조선

한강 최초의 다리는 1900년 세워진 한강철교다. 그 전에는 한강
에 다리가 하나도 없었다고 하면 믿어질까. 한강에는 33개의 다
리가 있지만 조선시대에는 전무했다. 왕이 살고 있던 수도인 한양
(서울)에 다리가 없었다는 것은 전국 어디에도 다리가 없었다는
얘기다. 고려 말 정몽주가 이방원에게 피살됐다는 개성의 선죽교
는 다리라고 하기가 민망하다. 폭 3미터짜리 도랑에 세워진 길이
8미터짜리 석조 다리다. 실물을 보면 벨기에의 '오줌 누는 소년상'
을 보듯 실망한다. 고구려 때 대동강에 다리가 있었다는 기록은
남아 있다.

　한강을 비롯해 조선의 강에 다리가 없었던 까닭은 오랑캐
와 왜적의 침입 때문이다. 조선은 강과 도로를 군사적 방어시설

로 활용했다. 틀린 얘기는 아니다. 어느 날 갑자기 적군이 쳐들어와 강을 건널 때 다리가 없으니 멀리 돌아서 오거나 부교를 설치해야 했다. 침략에 시간이 걸리기 때문에 나라는 방어할 시간을 벌거나 최소한 피난을 떠날 수 있다. 한국전쟁 때 피난가면서 북한군이 내려오지 못하도록 한강철교를 폭파시킨 것도 같은 이유에서다. 변방과 통하는 요충지는 물론 왜적이 침입할 만한 해안 지역이나 도읍으로 통하는 중요한 고갯길을 정비하지 않은 건 적에게 평탄한 길을 내주지 않겠다는 거다. 정약용은 "국경은 요새, 성 같은 요충지로 방비를 하는 것이지, 높고 가파른 도로로 국경을 방비한다는 얘기는 들어본 적이 없다"고 지적했다.

침략을 해본 적은 없고, 침략을 당해만 본 나라에서는 다리를 없앤 게 하나의 지연전술일 수도 있겠지만, 구더기 무서워 아예 장을 없앤 거나 마찬가지다. 적의 침입을 저지하는 효과는 있겠지만 다리와 도로가 주는 사람과 화물 이동의 편리함도 함께 포기한 거다. 장벽은 폐쇄와 멸망으로 이어지고, 도로와 다리는 개방과 성장을 상징한다. 중국을 처음으로 통일한 진나라는 만리장성을 쌓는 폐쇄의 길을 택해 초단기간인 15년 만에 망했다. 유럽을 연결하는 튼튼한 도로를 만든 로마는 수백 년 동안 성장했다. 지금도 유럽에서 돌로 된 도로는 로마시대 작품이다. 조선은 강에 다리가 없으니 사람과 화물은 나룻배로 강을 건너는 수밖에 없다. 임금의 행차가 있거나 군사적 목적이 있을 때는 많은 인원과 물자 이동이 불가피했고, 이런 때 설치된 게 임시 다리다.

강에 배를 연결하고 그 위에 판자를 덧댄 임시 다리인 배다리의 역사는 비교적 오래됐다. 612년 중국 수문제가 백만 대군을 이끌고 고구려를 침공할 때 랴오허강을 건너면서 배다리를 가설했다. 1014년에는 요나라가 고려를 침공하면서 압록강에 임시 다리를 설치했다는 『고려사』 기록이 있다. 조선시대 들어 1417년 태종 때 송파 지역에 배다리가 설치됐고, 1740년 영조가 개성 방문할 때 임진강에 배다리가 가설됐다. 배다리를 가장 많이 이용한 왕은 사냥을 좋아했던 연산군이다.

임금의 사냥대회는 군사훈련을 겸한 나라의 중요한 공식 행사였다. 동원된 군사 숫자만 해도 수천 명이었고, 한 번 행차에 열흘씩 걸렸다. 한 해에 두 번 열리게 돼 있었지만 농번기를 맞은 백성들에게 불편을 많이 준다는 이유로 규모와 횟수는 갈수록 줄었다. 연산군은 당일치기 비공식 사냥을 수시로 즐겼다. 연산군이 한강 건너 청계산에 사냥을 갈 때는 배다리를 만드는 데 백성들의 배 800척이 동원됐다. 명분도 없는 사냥 때문에 농사짓는 백성들에게 민폐가 이만저만 아니었다.

정조가 1789년 한강에 배다리를 설치한 것은 경기도 양주 배봉산에 있던 아버지 사도세자의 묘를 수원으로 옮기기 위해서

정약용 코드

다. 6년 뒤 수원 화성을 완공한 뒤 수도를 이전할 때를 대비한 포석 성격도 있었다. 화성 완공이 예정된 때는 사도세자와 혜경궁 홍씨의 환갑과 겹치는 해였기 때문에 대규모 인력이 한강을 건너야 했다. 처음에 배다리 설치가 상당히 서툴렀던 모양이다. 우리 배다리는 중국 것을 참고하지 않아 사람들의 비웃음을 샀다고 한다. 정조는 정확한 측정에 바탕하지 않은 주먹구구식 배다리 설계를 꾸짖었다. 관리들의 안이한 접근방식이 마음에 들지 않자 젊은 엘리트 관료인 정약용에게 배다리 설치를 맡겼던 모양이다.

정조가 배다리 설계를 맡았던 정약용에게 화성의 설계도를 만들라는 지시를 내렸다는 기록은 정약용 저술에서 확인된다. 배다리 설계를 정약용이 맡았다는 기록은 『조선왕조실록』, 『승정원일기』, 『일성록』(임금의 공식적 일기) 등 어디에도 없다. 정약용이 허위로 기록했을 리는 없다. 한강에 배다리를 설치한 1789년은 28살의 '청년' 정약용이 대과에 합격하던 해다. 과거시험에 갓 합격해 공직 타이틀이 없는 초계문신이 만들었기 때문에 공식 기록에는 남아 있지 않은 것일 수 있다.

'엔지니어' 정약용은 배다리 기술을 엄청 업그레이드했다. 연산군 때 배다리 설치에 배 800여 척이 투입됐지만, 80여 척으로 10분의 1로 줄였다. 정약용 배다리 기술의 백미는 선창다리의 완충 장치다. 서해는 썰물과 밀물 차이가 큰 것으로 유명하고, 노량진 한강의 수면의 높낮이 변화 차이가 크다. 배다리를 단단히 고

정시키면 안정적이긴 하지만 출렁이는 물결 때문에 연결 부위가 부서지기 쉽다. 그래서 정약용은 강물의 높낮이가 변함에 따라 연결 부위가 상하로 움직이도록 완충 장치를 둔 선창다리를 개발했다. 다리도 없던 나라에서는 상당한 기술 발전이라고 할 만하다. 배다리에서 보여준 엔지니어 정약용의 능력은 화성에서 유감없이 발휘된다.

화성에는 삼각함수가 있다

정조의 지시로 배다리를 만든 지 3년 뒤에 화성 축성에 착수했지만, 당시의 조선에는 제대로 된 성곽이 없었다. 한마디로 성곽의 군사적 방어기능은 제로였다. 다리가 없고 도로가 없음을 탓할 게 아니다. 박제가는 『북학의』에서 "성이 적을 막아 지키기 위한 것인가? 적을 만나면 버리고 달아나려는 것인가? 나는 알 수 없다. 우리나라에는 성이라 할 것이 하나도 없다"고 비판했다. 임진왜란의 경험과 개선점을 기록한 류성룡의 『징비록』은 전투적인 측면에서 조선 성벽의 취약점을 낱낱이 지적한다.

조선의 성에는 해자와 옹성이 없었다. 해자는 성 주위에 파놓은 구덩이에 물을 채워 넣어 적의 공격을 저지하는 시설이고, 옹성은 성곽에 난 문을 보호하기 위해 성문 바깥에 설치한 이중 성곽이다. 옹성이 있으면 적이 아무리 많아도 한꺼번에 쉽게 들어오지 못해 성문 보호에 필수 시설이다. 조선에는 성의 기본 방어시설인 옹성과 해자가 없었다. 막상 전투가 벌어지면 성은 무용지물이었다.

정조도 당연히 이런 문제점들을 알고 있었다. 그래서 중국 가는 사신에게 『사고전서』를 구해 오라는 특명을 내렸다. 청나라 건륭제 지시에 따라 8만 권가량의 책을 모은 대형 총서인 『사고전서』는 7벌밖에 없는 희귀본이다. 사신은 『사고전서』를 구하지 못했고, 대신 청나라의 최대 백과사전인 『고금도서집성』을 구해 왔다. 정조는 『고금도서집성』 가운데 『기기도설』 부분을 정약용에게 내려보내 화성 축성에 반영하도록 했다.

정약용이 화성 성곽을 만들라는 정조의 부름을 받은 때는 홍문관 수찬으로 있다가 부친상을 당했을 때다. 유교 나라에서 부친상으로 3년상을 치르는 선비에게 일을 맡긴다는 것은 매우 이례적인 일이다. 어쩌면 부친상을 치르고 있는 정약용이야말로 노론의 눈길을 피해 수도 이전 계획이라는 은밀한 일을 맡기기에 적격이었을 수 있겠다. 정약용은 정조로부터 받은 『기기도설』을 바탕으로 중국의 병서 『무비지』 등을 참고했고, 철저한 현장조사와 연구를 거듭했다. 결국 기존 성곽과 전혀 다르고 탄탄한 첨단의 화성 축성을 고안해 냈다.

성곽의 필수 시설인 옹성과 해자는 당연히 설치했고, 적의 접근을 미리 관측하고 싸울 때 가까이 오는 것을 막을 수 있도록 한 시설인 치성(雉城)을 도입했다. '꿩 치(雉), 성 성(城)'으로 '꿩 같은 성'이라는 뜻이다. 꿩처럼 자신의 몸은 숨기고 밖을 잘 살펴볼 수 있는 시설이다. 성벽에서 튀어나온 치성은 성벽에 근접한 적을 쉽게 찾아냈다. 성벽에 가까이 접근한 적을 감시하고 물리칠 수 있는 현안(懸眼)도 설치됐다. '매달 현(縣), 눈 안(眼)'으로 '매달린 눈'이라는 뜻이다. 구멍을 통해 뜨거운 물이나 기름을 부어 적이 성벽 가까이 오지 못하도록 하는 시설이다. 특히 포루 외벽의 수많은 총구멍은 삼각함수에 따라 총알이 날아가는 거리를 계산해 아래쪽으로 뚫린 기울기 각도 크기가 달랐다.

수학자이자 엔지니어인 정약용의 탁월함은 모방을 넘어 '창조'에 있다. 문과와 이과의 지식을 바탕으로 창의적으로 문제를 해결하는 정약용을 통섭형 인물이라고 부르는 이유가 여기에 있다. 그는 과거의 지식과 경험에 머무르지 않고 새로운 첨단기기와 기계를 만들어냈다. 돌로 쌓은 성곽은 견고하긴 하지만 돌의 자체 무게를 견디지 못해 무너지기 쉬운 단점이 있다. 그래서 정약용은 아랫부분은 들여쌓고, 위로 갈수록 수직으로 쌓는 이른바 '규(圭)형' 공법을 사용했다. '규형'은 첨성대나 코카콜라의 곡선 모습을 떠올리면 된다. 중허리까지는 돌을 한 치씩 안으로 들여쌓고 허리 부분부터는 한 치씩 밖으로 내어쌓는 식이다. 군사적 측면에서 볼 때 아래는 단단했고, 위로는 적이 기어오르기 어려운 구조다.

벽돌 사용도 화성의 특징이다. 공주 송산리 무녕왕릉은 벽돌로 만들어진 무덤이다. 523년경에 이미 벽돌이 사용되고 있었고, 벽돌에 여러 가지 무늬를 새겼을 정도로 수준이 높았다는 평가다. 지금부터 약 1,600년 전에 이미 벽돌이 사용됐지만 이후에는 고려와 조선에서 벽돌 기술은 희한하게도 온데간데없이 사라져 버렸다. 벽돌의 부활은 1742년 강화성에서다. 강화 유수 김시혁은 청나라에 사신으로 갔다가 흙보다는 벽돌이 단단하다는 사실을 알고 벽돌 기술을 들여왔다. 흙으로 지어져 비만 오면 허물어져 내리던 강화성의 외성은 벽돌로 탄탄하게 증축됐다. 정약용은 강화성에 사용됐던 벽돌 기법을 화성에 도입했다. 옹성을 쌓고 공심돈을 쌓는 등 곳곳에 벽돌을 사용했다.

화성 축성의 대표적인 작품은 뭐니 뭐니 해도 거중기다. 정약용은 서양의 기중기를 보고 거중기라는 새로운 기기를 창의적으로 만들어냈다. 예수회 선교사 요한 테렌츠가 『기기도설』에 설명한 기중기는 작은 힘으로 무거운 물건을 들어 올리는 기구다. 정약용은 기중기가 조선에서 제작해서 실용화하기 어려운 점이 많기 때문에 『기기도설』을 읽고 거중기를 고안해 냈다. 스스로 역학 원리를 터득해 만들어낸 거다.

정약용의 거중기를 테렌츠 기중기의 연장선상에서 보면 곤란하다. 정약용의 거중기는 구조상으로 기중기와 완전 딴판이다. 거중기는 40근의 힘으로 625배인 20,500근의 무게를 들어올렸다. 정약용은 1,000명의 인부나 100마리 소도 끌지 못할 돌을 두 사람이 물레 부분의 손잡이만 돌리면 새 깃털처럼 들어 올린다고 설명한다. 실제 화성 축성에 투입된 거중기 한 대 등으로 절감된 비용이 4만 냥이다.

산에서 팥만, 바다에서 창난젓만 먹었다

한양의 도로는 좁아서 사람 어깨가 부딪칠 정도로 좁았고, 길은 돌 하나 뽑아내는 정비작업을 하지 않아 울퉁불퉁하고 들쭉날쭉했다. 물구덩이를 메우지 않은 길은 늘 질척거렸다. 마포 아현동의 애오개를 건너면 진흙이 튀어 도포와 적삼이 모두 더러워졌다고 한다. 서울이 이 정도인데 지방으로 가면 도로 사정은 훨씬 열악했다. 좁은 길은 지게꾼 한 사람도 왕래하기 어려울 정도였다.

조선에는 다리도 도로도 없었고, 수레도 드물었다. 농작물 등 화물을 운반하는 데는 수레가 유용했지만, 수레는 찾아보기 어려웠다. 조선시대 사람들은 도로를 정비하지 않으면서 수레가 우리나라 지형에 맞지 않는다는 평계만 댔다. 정약용은 "높은 고개와 가파른 벼랑을 하늘이 만든 그대로 두고 언제나 우리나라

정약용 코드

는 지세가 높고 가팔라서 수레가 다닐 수 없다고 말하고 있다"고 한탄한다.

『북학의』는 백성들이 자기 땅에서 나는 물건과 다른 지역에서 산출되는 필요한 물건을 교환해 풍족하게 살고자 하지만 수레가 없어 그렇게 하지 못한다고 썼다. 봇짐장수와 등짐장수인 보부상이 조선의 상권을 잡은 이유다. 도로도 수레도 변변치 않아 대대적인 물물교환은 불가능했다. 정약용은 "나라가 부강하려면 반듯한 길을 많이 닦고 이 길 위로 백성들이 이용할 수 있는 수레를 많이 보급해야 한다"고 강조했다.

삼국시대쯤부터 사용되어 온 것처럼 인식되고 있는 물레방아는 18세기 말에 중국에서 도입한 것이다. 물레방아는 연암 박지원이 중국에 가서 보고 온 뒤 1792년 경남 함양의 안의 현감으로 있을 때 처음 설치했다. 물레방아가 도입된 지가 고작 200여 년밖에 되지 않았던 거다. 우리 기술은 중국보다 뒤떨어졌고, 중국에서 배워 올 엄두도 내지 않았다. "어찌 그리도 게으르단 말인가"라는 정약용의 한탄이 새삼 이해가 간다. 수레도 없었고 조선의 기술은 몇 백 년 동안 정체 상태에 있었다. 당시에 유일한 기술지식 조달 경로인 중국과의 교류도 몇 백 년 동안 단절돼 있었다. 정약용은 중국의 기술은 매일 새로워지고 매달 일취월장하는데 조선은 중국으로부터 새로운 기술을 배워 올 생각도 하지 않는다고 지적했다. 『경세유표』에서 중국에서 기술을 도입하는 행정기관인 이용감을 신설하자는 발상을 내놓는 것은 이런 배경에서 나온 거다.

도로도 엉망이고 수레도 활성화되지 않았기 때문에 운송수단은 주로 가마와 지게였다. 사신 행차를 보라. 고위직 몇 사람만 말을 타고 있고 나머지는 수레가 없으니 모두 짐을 짊어지고 베이징까지 1만 리를 걸어갔다. 베이징에 도착할 무렵이면 모두가 죄수처럼 봉두난발한 모습이 되어 있었다고 한다. 땀을 흘리고 숨을 헐떡거려 다른 나라 사람들이 볼까 부끄러울 지경이었다고 한다.

박지원은 "수레를 쓰지 않으니까 길이 닦이지 않을 뿐이고, 만일 수레가 다니게 된다면 길은 저절로 닦이게 된다. 어찌 길거리의 좁음과 산길의 험준함을 걱정하는가"라고 했다. 그는 수레가 다니지 못하는 것은 사대부들의 잘못이라고 지적했다. 중국의 화물 유통은 원활했지만 조선은 정체돼 있었고, 자급자족 수준의 경제에 머물렀다. 정약용은 "산골에서는 팥을, 바다에서는 창난젓만 물리게 먹었다"고 했다.

통상을 요구했다가 거절당하자 흥선대원군의 부친 남연군의 묘를 훼손한 에른스트 오페르트는 1890년 저서 『금단의 나라: 조선으로의 항해』에서 인접 나라들과 교역마저 전면적으로 단절된 상황에서 조선의 산업이 무너진 것은 그리 놀랄 일이 아니라

정약용 코드

고 적었다. 조선은 도로도 수레도 없고, 사람도 화물도 정체돼 있었다. 활력 잃은 조선은 그야말로 조용했다. '조용한 아침의 나라' 였던 이유다. '조용한 아침(Morning calm)의 나라'는 국적 항공사의 상품과 광고의 효과로 마치 한국을 상징하는 대명사로 굳어져 있다. 조용한 아침의 나라는 결코 칭찬이 아니다. 자랑거리도 아니다. 무기력하고 나태한 나라라는 얘기다.

'위대한 발명품' 유형거

조선에는 다리도 도로도 수레도 변변치 않았지만, 그래도 유형거(游衡車)가 우리의 자존심을 지켜준다. '헤엄칠 유(游), 저울 형(衡), 차 거(車)'로, 저울처럼 균형 잡혀 움직이는 수레라는 뜻이다. 유형거는 바퀴가 두 개이지만 무게중심이 잡히도록 만들어졌다. 울퉁불퉁한 길에서 안정적으로 물건을 실어 나를 수 있는 완충 장치를 뒀기 때문이다. 완충 장치를 갖추고 있는 유형거는 산이 많고 도로가 제대로 정비되지 않은 우리나라에서 사용하기 적격이었다. 배다리 선창다리의 완충 장치와 유형거의 원리가 독특하다.

남양주 정약용 생가에서 볼 수 있는 유형거가 2018년 대입시험 모의고사에서도 출제된 적이 있다. 모의고사는 유형거에 대해 "편리하게 짐을 실을 수 있는 지게차이자 운행 중 덤으로 얻을 수 있는 보조 동력까지 갖추고, 불안정한 수레의 움직임을 보다 안정적으로 제어할 수 있는 완충 장치까지 갖춘 위대한 발명품"이라고 설명한다. '위대한 발명품' 유형거는 화성 축성에 투입돼 울퉁불퉁하고 좁은 길에서도 뒤집어지거나 물건을 쏟지 않고 석재를 안정적으로 운반했다. 화성 축성에 투입돼 단단히 효과를 거뒀다. 거중기는 돌을 위로 들어 올리는 데 쓰였다면, 유형거는 돌을 편하게 수평으로 옮기는 역할을 했다. 화성 축성에는 성곽 쌓는 일보다 석재 공급과 운반이 더 중요했다.

재료가 원활하게 공급되지 않으면 현장 작업이 차질을 겪을 수밖에 없었다. 돌을 나를 때 일반 수레 100대가 300일 걸렸다면, 유형거 70대로 164일 만에 마칠 수 있었다. 시간과 노력이 수레의 3분의 1밖에 걸리지 않은 거다. 34개월로 계획됐던 화성 축성이 6개월 앞당겨진 것은 거중기와 함께 유형거 같은 발명품 역할이 컸다. 사실 정약용은 곡산 도호부사 시절 이미 유형거와 삼륜거를 만들어 효과를 톡톡히 거둔 경험이 있다. 유형거와 삼륜거를 이용해 힘들이지 않고 목재와 재료를 아주 쉽게 옮겼다. 그런 경험이 있었기에 유형거를 화성 축성에 투입한 것이다. '위대한 발명품' 유형거는 「어제성화주략」에도 당당히 등록돼 있다. 정약용이 화성을 축성하기 위해 정조에게 올린 검토보고서가 「성설」이고, 「성설」 등을 바탕으로 정조가 만든 화성 축성 기본계획이 「어제성화주략」이다. 유형거는 정약용의 발명품이 아니라 정조의 기기, 조선의 대표적인 재산이 된 것이다. 유형거와 삼륜거는 화성 축성까지만 투입됐다.

　　화성 축성에서 유형거와 함께 척서단(滌暑丹) 언급을 빼놓을
수 없다. 정조는 불볕더위에도 공사장에서 공사를 감독하고 공
사에 종사하는 많은 백성들이 끙끙대고 헐떡거리는 모습을 생각
하니 잠이 오지 않는다고 했다. 그래서 척서단 4,000정을 만들어
보내 일꾼들에게 나누어 주라고 했다. '씻을 척(滌), 더울 서(暑),
알 환(丸)', 척서단은 무더위를 몰아내는 환약이다. 더위를 먹어
호흡이 가쁘고 구토가 날 때 구토를 완화해 주고 몸에 기운을 돋
게 해주는 약이다. 더위 먹은 증세가 나타나면 1정 또는 반 정을
물에 타서 먹으면 나았다.

　　우리나라에서 33도가 넘는 폭염에 노동이나 농사일을 못하
도록 하는 '폭염 시 노동자 긴급보호대책'이 마련된 건 최근의 일
이다. 근로자를 보호한다는 개념이 전무했을 조선시대에 무더위
에도 화성 축성에 애를 쓰는 백성들에게 척서단을 제작해 배급
해 준 것은 엄청난 배려다. 백성을 사랑하는 마음이 없으면 상상
하기 어려운 일이다.

조선을 망친 과거제

과거시험에 수석 합격해 공직에 들어와서 1급 고위직까지 올랐지

만 정작 과거시험에는 부정적이었다. 정약용은 과거제 폐지를 아주 강하게 주장했다. 과거 제도가 학문이 뛰어난 인재를 뽑는다는 본래 취지에서 벗어나 특정 가문과 재력에 의한 신분 세습의 수단이 되고 있다는 판단에서다. 지나친 출세욕과 관직 욕구는 나라의 생산성을 약화시켰다. 과거제 폐지는 정약용만 내놓은 의견은 아니었고, 양식 있는 지식인들은 누구나 과거제 폐지론을 폈다. 조광조, 이이, 유형원, 이익 등 내로라하는 덕망 있는 지식인들은 모두 과거제를 없애자는 데 한목소리를 냈다.

특히 정약용의 생각은 과거제 망국론에 가깝다. 정약용은 "과거제의 폐해는 홍수와 맹수에 비할 바 아니다"는 표현까지 쓰면서 혹평했다. 앞서 설명한 대로 일본에 문화와 문물을 전해 주던 나라에서 일본보다 문화 수준이 뒤떨어진 나라로 전락한 원인으로 정약용이 꼽은 두 가지 가운데 하나가 과거제도다. 80세가 넘어 간신히 합격한 박문규와 정순교 같은 선비는 그나마 다행이지만 평생 과거시험 공부만 하다 인생을 허비한 선비도 많다. 젊은이들이 과거에 매달리다 인생을 낭비하는 것은 개인의 불행이자 나라의 손실이다.

정약용은 과거시험의 실용성에 강한 회의를 제기한다. 시험 과목은 문예에 치중돼서 실제 행정에 써먹을 수가 없다. 과거시험은 3년마다 정기적으로 치르는 식년시와 특별한 일이 있을 때 실시하는 별시가 있는데, 별시 같은 특별채용 시험이 지나치게 잦았다. 합격자는 무더기로 쏟아지고, 끼리끼리 문화가 형성됐다. 정약용은 과거를 준비하는 사람이 지은 시가 수천 개나 되는데, 차라리 과거시험보다 학문에 힘을 쏟으면 모두 대학자가 되었을 것이라고 했다.

　과거시험 자체의 폐해도 심각했지만 집행은 더 문제가 많았다. 시험 부정이 곳곳에서 일어났다. 시험 부정은 과거장에 과거 응시자와 함께 6명이 한 팀으로 들어가서 조직적이고 대담하게 진행됐다. 시험 부정팀은 과거 응시자, 선접꾼, 거벽, 사수, 수종, 노유 등 6명이다. 선접꾼은 과거장에 남들보다 일찍 들어가 좋은 자리를 차지하고 햇볕을 가리는 큰 우산을 펼치는 일을 맡은 이다. 이들은 과거장의 좋은 자리를 맡기 위해 몸싸움도 마다하지 않는다. 거벽과 사수가 부정시험의 가장 중요한 인물이다. 학식을 갖춘 거벽은 시험 문제가 출제되면 문장을 지어 불러주는 일을 맡았고, 사수는 거벽이 불러주는 문장을 멋들어진 글씨체로 쓰는 일을 했다. 그리고 우산을 들고 다니는 수종과 천한 종인 노유가 있다. 선비 혼자 들어가서 고심하면서 한 해 동안 갈고닦은 글솜씨를 발휘했을 것 같은 과거시험장에 이렇게 많은 사람이 들어가는 것은 과장이 아닌 현실이다.

　김홍도가 그린 「공원춘효도(貢院春曉圖)」를 보라. 공원(貢院)은 과거시험장, 춘효(春曉)는 봄날 새벽이다. 「공원춘효도」는 '봄날

이른 아침 과거시험장 모습'이다. 엄숙하고 조용해야 할 것 같은 과거장의 모습은 온데간데없고, 수많은 사람이 모여 시끌벅적한 과거장은 장터를 연상케 한다. 응시자 한 명당 6명의 시험 부정 팀이 움직였으니 장터 분위기 아닌 것이 이상할 지경이다. 김홍도 의 그림에 강세황이 글을 썼는데, 강세황은 "만 마리의 개미가 싸 움을 벌인다"고 했다. 한마디로 난장판이었다는 얘기다. 어수선한 과거시험장에서 부정행위는 공공연하게 이뤄졌다.

시험 부정은 다양한 방법으로 이뤄졌다. 수령이 과거시험 감 독관이 되면 자기 고을 유생들과 짜고 부정을 저질렀다. 『목민심 서』에 엄정한 시험 관리를 강조했다는 얘기는 부정행위가 그만 큼 만연했다는 방증이다. 정약용은 부정행위로 몇 사람이 이득 을 보겠지만 다른 대다수 사람들이 원한을 품을 것이라고 경고 했다. 부정행위가 일어나도 시험 감독관은 못 본 척 눈감는 일도 비일비재했다. 정약용은 시험 감독관을 맡은 수령이 부정행위를 보고도 입 다물고 허수아비처럼 앉아 있는 행위는 의로운 일이 아니라고 질타했다. 중앙에서 파견된 시험 감독관이 시험 부정 을 하려고 하면 수령이 그 죄를 함께 나누어야 한다고 강조했다. 중앙의 시험 감독관이 보잘것없는 글을 뽑으려고 하면 다투어야 하고, 뇌물을 받은 흔적이 보이면 역시 다투어야 한다고 했다. 과 거시험이 이 정도로 엉터리로 진행됐으니 과거제 폐지론이 나오는 건 너무 당연했다.

실용주의자 정약용은 과거제를 폐지하자는 명분에만 집착하지 않았다. 폐지 전이라도 과거제를 보완하자고 제안한다. 나이 30살이 넘으면 과거시험을 보지 못하도록 나이 상한제를 실시하자고 했다. 80세가 넘은 노인이 과거시험에 합격하는 일도 막고, 과거 낭인이 생기지 않도록 해야 한다는 얘기다. 우리나라도 행정고시와 7급, 9급 공무원 시험의 응시 상한 연령이 32살로 제한돼 있었다가 헌법재판소의 위헌 결정에 따라 2009년부터 사라졌다.

과거제 대신 인재추천제를 실시하면 훌륭한 인재를 뽑을 수 있다고 했다. 관직 수행의 실무 내용을 시험 과목에 포함시키고, 인재 추천을 위해 총장사라는 전담 기관을 설치하자고 했다. 총장사는 요즘으로 치면 공무원 인사 정책과 실무를 맡는 인사혁신처에 해당된다. 당시에도 인재 추천이 의무화돼 있기는 했지만 유명무실했다. 수령들은 지역 내 쓸 만한 인재를 추천해야 했지만 추천을 게을리했고, 천거되더라도 자기편이 아니면 기용하지 않았다. 인재 추천에도 당파 싸움이 만연했던 거다. 과거시험의 소과와 대과를 통합하고, 과거시험 과목도 늘리자고 했다. 시험 과목에는 중국사와 함께 우리 역사를 포함시키고, 관리의 실무 행정과 관련되는 잡학, 체력 단련에 해당되는 활쏘기 등을 추가하자고 제안했다. 아울러 과거시험 횟수를 줄이자고 제안했다. 정기 과거시험을 3년 단위에서 5년 단위로 바꾸자고 했다.

정약용은 과거시험 폐지를 주장하면서도 젊은이들에게 과
거시험을 보라고 권장한다. 얼핏 보면 상충된 메시지인 것 같지만,
과거시험에 응시하라는 독촉은 과거제가 있는 한 현실에서 도피
하지 말라는 주문이다. 당시에는 과거시험의 중압감에 못 이겨 현
실에서 도피해서 자연으로 숨어드는 현상이 심했던 모양이다. 행
세깨나 하는 집안의 아들들이 과거시험의 부담을 피해 시골로 숨
어 사는 현상을 정약용은 "우복동(牛腹洞)을 찾는다"고 표현한다.

우복동은 소의 배 안처럼 편안한 곳으로, 천재지변을 피할
수 있는 안전한 장소를 말한다. 전쟁과 기근, 질병이 없는 십승지
의 하나로, 충북 보은과 경북 상주 사이에 있는 것으로 알려진다.
정약용이 말하는 우복동은 안전한 장소가 아니라 현실도피의 장
소다. 정약용은 우복동을 찾는 선비들에게 시험 없는 천국인 유
토피아는 존재하지 않으니 현실에 참여해서 살라고 당부한다. 과
거를 통하지 않고 임금을 섬길 방도가 없으니 과거를 통한 벼슬
살이를 목표로 하고, 다른 마음을 먹지 말라고 주문했다. 과거제
도는 『목민심서』가 지어진 지 77년, 정약용이 세상을 떠난 지 58
년 뒤인 1894년 갑오개혁 때 비로소 폐지된다. 과거제도가 한반
도에 도입된 지 무려 936년 만의 일이다.

활 쏘는 군인이 사라졌다

1241년 몽골군을 처음 접한 유럽 사람들은 '타타르인'이라고 불렀다. '지옥에서 온 사람들'이라는 뜻이다. 유럽 사람들이 몽골군을 이렇게 부른 원인의 하나가 활이다. 몽골군이 리그니츠 전투에서 폴란드를, 모히 전투에서 헝가리군을 대파하고 승리한 원인의 하나가 활이다. 몽골군의 특기는 공격하다가 후퇴하는 전술을 펴면서, 도망가다가 갑자기 뒤로 돌아서 말을 탄 채로 활을 쏘는 유연함이다. 석궁을 사용하는 유럽 사람에게는 상상도 할 수 없는 전술이다. 유럽 사람들은 몽골군 활의 신속함과 용맹함, 잔인함에 경악했다.

유럽 사람을 혼쭐낸 몽골군이 부러워한 활이 바로 우리 활, 국궁이다. 우리 전통 활은 크기는 작으면서도 거리는 멀리 나갔다. 몽골군의 활은 30~40퍼센트만 휘었지만 우리나라 활은 70~80퍼센트가 휘었다. 그만큼 우리 활의 탄성이 좋았다. 중국에 창술, 일본에 조총이 있다면 조선에는 활이 있다고 이수광은 백과사전 『지봉유설』에서 설명하고 있다. 조선의 활은 중국과 일본도 인정할 정도로 대표적인 병기였다. 활의 자존심은 제작 방법에 있다. 물소 뿔과 소 힘줄을 사용한다는 점에서 몽골과 비슷하지만, 민어 부레를 녹여 접착제로 사용하고 뽕나무와 대나무를 접착해서 제작하는 방식은 조선만의 제작 비법이었다. 중국과 일본이 제작 비법을 알아내려고 수단 방법을 가리지 않았지만, 절대 알려주지 않은 대외비였다.

말 타고 뒤돌아 활쏘기 원조는 고구려다. 고구려 고분의 무용총 수렵도를 보라. 말 타고 뒤돌아서 활을 쏘면서 사냥하는 고구려인의 모습이 있다. 몽골군보다 훨씬 이전에 우리 선조들이 말 타고 가다 뒤돌아서 활을 쏘았던 거다. 중국에서 우리를 '동이 (東夷)족'으로 부른 것도 '활을 잘 쏘는 민족'이라는 의미를 담고 있다는 풀이도 있다. '오랑캐 이(夷)' 글자가 '큰 대(大)'와 '활 궁(弓)'이 합해진 글자라는 것이다. 동이는 중국의 동쪽에 활 잘 쏘는 민족이라는 얘기가 된다.

1636년 병자호란을 무대로 하고 있는 영화 「최종병기 활」은 활 하나로 청나라 최정예 부대를 격파하는 스토리다. 조선에서 활이 발달했던 이유는 산이 많은 나라에서 성을 지키기에 유리했고 멀리서도 적을 공격할 수 있기 때문이다. 활은 공격과 수비에 모두 위력을 발휘했다. 『전쟁론』을 쓴 카를 폰 클라우제비츠는 활이 산악지대에서 유용하고 기습에 유리하다고 했다. 활은 조선에서 최적화된 무기였던 거다.

조선에서 활쏘기는 전국민적인 오락이자 취미활동이고 무예였다. 전국에서 활쏘기 행사가 열렸고, 선비와 평민은 물론 기생

정약용 코드

도 활쏘기를 즐겼다. 활쏘기에 남녀노소, 신분 고하가 없었다. 임금이 신하들과 함께 활쏘기를 하는 행사인 대사례는 임금이 성균관을 방문해 옛 성인에게 제향하고 활을 쏘던 행사다. 지방의 수령이 주관하는 활쏘기 행사인 향사례가 별도로 열렸다. 정조는 정약용을 비롯한 신하들과 함께 궁궐에서 활쏘기 시합을 열었고, 이순신 장군은 해군인데도 한 달에 21일을 활쏘기 연습에 할애했다.

활의 전통은 국궁에서 양궁으로 지금도 잘 이어 오고 있다. 대한민국은 2021년 도쿄 하계올림픽 양궁에서 금메달 4개를 따면서, 1988년 서울올림픽 이후 여자 단체 9연패라는 대기록을 달성했다. 우리가 획득한 금메달 6개 가운데 4개가 양궁에서 나왔고, 양궁의 금메달 5개 가운데 4개를 차지했다. 스포츠에서 이렇게 대한민국이 휩쓰는 종목은 없다. 태권도 종주국이라고 하지만 도쿄올림픽에서 금메달은 없었다. 이쯤 되면 한국은 '활의 나라'라고 할 만하다. 자부심을 가져도 될 만하다.

'매의 눈'을 갖고 있는 정약용에게 활을 다루는 무관들의 잘못된 행태와 문제점이 보이지 않을 수 없다. 조선의 활에 대해 신랄하게 비판을 한다. 활은 다루기가 힘들고 부러질까 겁나서 활이라고 할 수 없다고 지적한다. 비와 습기를 견디지 못하고, 촉이 없어 활쏘기 내기에만 사용됐다. 쇠촉도 사람이 다칠까 걱정하는 바람에 끝이 날카롭지 못해 물체를 뚫을 수도 없는 지경이었다. 날카로운 화살촉이 있다 해도 만 개 가운데 한 개꼴에 불과했다. 활은 도둑을 막거나 짐승을 쏘아 잡을 수 없는, 쓸모없는 물건 취급을 받았다.

정약용이 말한 활의 문제점은 무관들이 사용하는 유엽전(柳葉箭)으로 추정된다. '버들 유(柳), 잎 엽(葉), 화살 전(箭)'의 유엽전은 쇠붙이로 만들어진 화살촉 모양이 버들잎과 같다고 해서 붙여진 이름이다. 유엽전이 무예를 연마하거나 전투용 무기로는 미흡하다는 지적을 받아 왔다. 오락과 취미활동용에 불과하다는 것이다. 조선의 자존심인 활이 이 지경이 된 데는 무관들 탓이 컸다.

활을 사용하는 무관들의 무사안일한 행태를 정약용은 가차없이 질타했다. 무관들은 활을 팽개쳤다. 조선은 오로지 활과 화살만 다룬 '활의 나라'였는데, 당시 활을 잡겠다고 나서는 무관이 없었다. 무관들이 활의 시위에서 손을 놓은 게 아니라, 나라 지키는 국방에서 손을 뗐다. 무관을 선발하는 무과의 인기는 바닥이었고, 무관들이 수령 자리를 좇는 현상으로 나타났다. 『목민심서』 첫머리에 무관들이 수령 자리를 구걸하는 행태를 지적하면서 제발 수령 자리만은 탐하지 말라고 당부했다. 무관들이 활을 내팽개치고 너도 나도 고을을 다스리는 수령을 하겠다고 덤비면, 소는 누가 키우나.

차라리 무기고를 없애는 게 낫다

무과 시험 인기는 바닥이었다. 활을 잡겠다는 무관이 없으니 군인을 육성하는 무과 시험이 무시되는 건 당연했다. 3년마다 한 번씩 치르는 무관 향시 모집 정원은 25명이고 좌우도(조선시대에는 남북이 아니라 좌도·우도로 나뉘었다)의 한 도에 12명밖에 되지 않는데도 응시자는 5~6명에 불과했다. 늘 정원 미달이었다. 자격 조건을 따질 것도 없이 지원자를 모두 합격시키는 수밖에 없었다.

정약용은 "무과의 인기가 이 정도인데 수령이 무예를 권장하려 해도 무엇으로 하겠는가"라고 지적했다. 수령은 나라 방어의 최전선에 서 있었다. 국경 지역 수비를 맡은 관찰사인 안찰사는 지역 사령관 역할까지 맡았다. 정약용은 수령이 나라를 지키는 데 제 역할을 해달라고 당부했지만 수령들은 적이 쳐들어오면 자신의 성을 지키는 데 급급했고, 적군이 성을 비껴 통과하는 것을 수수방관했다. 어쩌면 자신의 성만 건드리지 않고 조용히 한양으로 진격해 가기를 바랐을지 모른다. 정약용은 그런 행위는 임금을 저버리는 것과 마찬가지라고 지적했다. 무과의 인기도 없었고, 국방에 문외한인 수령은 나라를 지키는 데 관심이 없었다.

군사전문가 수준의 지식을 갖고 있는 정약용은 차라리 무기고를 없애자는 기상천외한 제안을 했다. 무기는 수시로 닦고 기름칠을 해야 한다. 수령들은 병기고 내의 무기 숫자만 세고 제대로 관리를 하지 않았다. 활과 화살, 창과 칼, 조총과 화약 등의 무기를 무기고에 쌓아두고 닦고 기름칠하는 일을 하지 않았다. 그 바람에 쇠는 녹슬고 자루는 썩었고, 습기에 젖어 눅눅해진 화약은 불을 붙여도 소용이 없다. 활은 금세 부러져 버렸다.

무기 관리도 제대로 하지 못하고, 설령 보수하더라도 이듬해 다시 보수를 하지 않으면 안 되었다. 그래서 매년 무기 관리에 재정과 정력을 허비하지 말자고 한 것이다. 대신 유사시 무기 제작 준비 체제만 갖추자고 했다. 무기고에 무기는 없애되 전시 체제와 평시 체제를 구분해서 대비하자는 거다. 평시에는 무기를 만드는 재료만 갖추고 있다가, 전쟁 기미가 있으면 즉각 무기 제작에 들어가면 된다는 얘기다. 평시에는 무기고에 구리, 검은 물소뿔, 쇠뿔, 화살대, 화약 등의 활과 탄약을 만드는 재료들을 보관만 해두면 된다. 전쟁이 임박하면 한쪽에서는 칼날을 세우고 활줄에 아교를 먹여 창칼과 활을 제작하면 된다. 한쪽에서는 유황과 송진을 가마에서 끓여 내면 화약도 금방 만들 수 있다.

명분을 고집하지 않는 정약용의 실용 정신이다. 한 번쯤 고민해볼 만한 대목이다. 전쟁이 벌어져도 사용하지 못할 무기를 쌓아만 놓는 무기고는 유지할 필요가 없다. 형식 유지에 비용과 정력만 들어가는 것이다. 무기고 관리가 제대로 이뤄지지 않고 있다면 차라리 무기고를 없애는 것도 방법일 수 있다.

정약용 코드

연기처럼 사라진 차륜선

조선에는 차륜선(車輪船)이 존재했다. '수레 차(車), 바퀴 륜(輪), 배 선(船)'의 차륜선(거륜선)은 말 그대로 바퀴 달린 배다. 선원들이 배 안에서 페달을 밟으면 선체에 달린 바퀴가 회전하고, 회전의 동력으로 배는 앞으로 전진하는 식이다. 한강의 오리배(페달로)를 떠올리면 된다. 오리배는 사람이 타서 발로 열심히 구르면 배가 앞으로 간다. 차륜선은 좌우에 바퀴 두 개가 달려 있어 4명이 밟으면 전진했다고 알려진다. 200여 년 전에 조선에 오리배가 있었다면 상상이 가는가.

차륜선에 대한 기록이 『목민심서』 '공전' 편에 남아 있다. 정약용은 "이민수가 해남수군사로 있을 때 비변사(계엄사)에 보내서 제작 방식을 각 도에 지시해 달라고 요청한 게 차륜선"이라고 기록했다. 원문을 찾아보면 이민수는 차륜선을 '창조'했다고 돼 있다. 정약용은 이민수에 대해 "할아버지인 충무공 이순신은 거북선을 창조하여 왜적을 방어하였으니 조상의 뒤를 잘 이은 손자"라고 설명한다. 이민수는 충무공 이순신의 손자다. 부전자전이 아니라 조전손전(祖傳孫傳)이다.

이민수가 차륜선의 설계도를 비변사에 보고하고, 설계도를 각 도로 내려보내서 차륜선을 만들자고 했다. 각 도에서 차륜선을 만들었더라면 전국의 강과 바다에서 '오리배'를 찾아볼 수 있었을 것이다. 사람과 화물 운송도 편해지고 빨라졌을 수 있다. 하지만 차륜선 설계도를 받아들고도 비변사는 아무런 후속 조치를 취하지 않았다. 그걸로 끝이다. 차륜선에 관한 기록은 『목민심서』를 제외하고는 전해지지 않는다. 설계도는 온데간데없어졌다. 해군에서도 차륜선 존재를 아는 사람이 없다. 정약용은 차륜선이 만들어지지 않은 걸 아쉬워했다.

거북선과 차륜선을 창조해낸 조선시대 뛰어난 선박 제조 기술은 해추선(海鰍船)과 해골선(海鶻船)으로 이어진다. 거북선을 만든 엔지니어인 나주 출신 나대용이 만든 해추선은 '바다의 미꾸라지'라는 뜻이다. 정약용은 해추선은 속도가 무척 빠른 쾌속선이라 적이 쉽게 따라오지 못했다고 설명한다. 배에는 창과 칼이 무수히 꽂혀 있었다. 거북선의 등을 연상케 한다. 1784년 전라좌수사 전운상이 만든 해골선은 '바다의 송골매'다. 선체가 작으면서도 운용이 편리한 중소형 군선이다. 해추선과 해골선은 조선의 선박 제조 기술이 뛰어났다는 얘기다.

거북선부터 시작된 조선의 뛰어난 선박 제조 기술은 어느 순간 연기처럼 사라진다. 불가사의한 일이다. 나라의 무관심 탓에 차륜선 설계도가 사라졌듯, 선박 제조 기술은 완전 단절돼 버렸다. 정약용은 외국의 조선술은 많이 발전했지만, 조선의 삼면이 바다인데도 배를 만드는 기술은 소박하고 고루하다고 지적한다. 선박 수준이 어느 정도였는가 하면, 배가 부서질까 두려워 육지에서 멀리 떨어질 수 없었고, 배 밑창에서는 물이 끊임없이 샜다. 사공은 배를 앞으로 나가게 하느라고 힘드는 게 아니라 쉴 새 없이 물 퍼내느라 허리를 펼 수 없었다.

거북선을 만들어 왜적을 물리치고 차륜선 설계도를 만든 나라가 어쩌다 이 지경이 되었는지 도무지 이유를 알 수 없다. 도로는 방치됐지만 세금으로 거둔 쌀을 실어 나르는 조운선을 운행하느라 상대적으로 육로보다는 수로가 발달돼 있던 나라였다. 육지의 이동수단인 수레는 드물었지만 강의 선박 기술은 상대적으로 나았다. 그런 나라가 어느 순간 이렇게 돼버렸을까.

유럽인들의 동양 진출이 본격화되면서 17세기 일본 나가사키와 중국을 오가는 외국 선박이 표류하는 경우가 종종 발생했다. 제주도에 표류돼 13년 동안 생활했던 하멜도 그중 한 명이다. 정약용은 외국의 표류선을 만나면 선진 제조 기술을 벤치마킹하고 연구해야 한다고 수령들에게 주문한다. 표류선을 발견하면 선박 모양을 상세히 그리고, 재목은 무엇인지, 뱃전의 판자는 몇 장을 썼는지, 배의 길이와 넓이, 높이는 몇 도인지 등을 파악하라고 수령들에게 당부했다. 배 앞머리는 구부리고 치솟은 형세, 돛과 돛대, 상앗대, 노, 키 등의 모양도 그림으로 그려 놓으라고 주문한다.

배의 구멍 난 부분을 어떻게 메우는지 등의 배를 수리하는 방법을 상세히 조사해서 기록하라고 말한다. 기술을 벤치마킹하면 뛰어난 선박을 만들 수 있을 것이라는 판단이다. 정약용의 당부 가운데 눈길을 끄는 대목은 표류선에 타고 있는 외국인을 만나면 공경하고 예의를 갖추라는 대목이다. 에티켓까지 주문한 이유는 조선 사람들이 외국인을 만나면 깎은 머리와 좁은 옷소매를 보고 마음속으로 업신여겼을뿐더러 접대할 때 경박한 말을 주고받는다는 소문이 파다했기 때문이다.

표류선은 관리들에게 호기심과 벤치마킹의 대상이 아니라 횡포와 겁박의 대상이었다. 외국인을 업신여기는 자세는 표류선을 대하는 태도에 그대로 반영됐다. 관리들은 표류선을 마주하면 도끼로 선박을 쪼개 부수고 즉각 불태워 버렸다. 조사해서 보고하는 등의 뒤처리가 귀찮다는 이유에서다. 중국 선박이 서해안 무장(전북 고창) 앞바다에 표류되자 조사를 나간 관리들은 선박 안에 있던 수만 권의 책을 내용도 파악하지 않고 몽땅 모래밭에 묻어버렸다. 표류선 조사 과정에서 발생하는 횡포는 말할 수 없을 정도였다. 표류선이 섬에 도착하면 조사하러 섬에 들어간 아전들은 조사관 접대를 빙자해 섬사람들의 살림을 완전히 거덜 내고 나왔다.

정약용은 "조사단이 지나간 섬에는 솥과 항아리까지 남아나는 게 없다"면서 "섬사람들은 아전들의 횡포를 어디 호소할 데도 없다"고 말했다. 이런 탓에 표류선이 지나가고 나면 섬 몇 개는 쫄딱 망해 버렸다. 섬사람들은 표류선이 도착하면 구조의 손길을 내미는 게 아니라 칼을 빼들고 활을 겨눴다. 죽여 버리겠노라고 겁을 줘서 표류선 선원들이 도망가게 만들었다. 조사단과 아전들이 섬에 발을 디딜 빌미를 주지 않겠다는 것이다. 난파 직전에 있는 외국 선박이 긴급구조를 요청해도 섬사람들은 구조의 손길을 내미는 대신 침몰을 방치했다. 거북선을 만들고 전설의 배 차륜선 설계도를 만들어낸 나라가 순식간에 표류선을 겁박해서 쫓아 버리는 수준으로 전락해 버린 것이다. 교만하면 한 방에 훅 간다.

수령도 암행어사를 보내자

요즘은 소통과 홍보의 시대다. SNS(사회네트워크서비스)를 통해 대통령부터 시도지사, 시장, 구청장까지 모두 국민의 목소리에 귀를 열어놓고 있다. 조선시대에도 소통이 있긴 했다. 임금이 백성의 억울함을 듣는 신문고와 격쟁이다. 태종 때부터 문종 때까지는 대궐 앞에 북을 뒀고, 명종 때부터 효종 때까지는 징을 뒀다. 문제는 임금만 백성의 소리를 듣는 소통의 창구를 마련해 놓고, 수령들이 백성들 목소리에 귀를 기울였다는 얘기는 없다.

정약용은 수령도 다양한 방법으로 소통에 나서고 백성들의 목소리를 들으라고 강조한다. 정약용의 소통은 부임 첫날부터 시작된다. 부임하자마자 고을의 폐단 조사에 나서라고 한다. 오래된 폐단이나 새로운 병폐로 백성이 고통을 겪고 있는지를 파악해서 보고하라고 지시를 내린다. 보고 시한은 7일로 정한다. 속전속결이다. 다음은 관청 문턱 낮추기다. 억울함과 부당함을 호소하려고 관청을 드나든 적이 있는 사람은 안다. 관청의 문이 얼마나 높은지를. 정약용은 관청을 찾아오는 백성들이 마치 부모 집에 가는 것처럼 편안하게 드나들 수 있도록 하라고 강조한다. 백성의 출입을 가로막는 권위적인 문지기에게 단단히 주의를 주고, 만약 이를 어기면 문지기를 매로 다스리라고 주문한다.

백성을 대하는 자세는 '삼토포 삼악발(三吐哺 三握髮)'이다. 중국 고사에서 주공이 백성을 대하는 방법이다. '석 삼(三), 토할 토(吐), 먹을 포(哺), 석 삼(三), 쥘 악(握), 머리털 발(髮)'이다. 먹던 것을 세 번 토하고, 머리털을 세 번 거머쥐라는 뜻이다. 식사 중에 백성이 찾아오면 입안에 씹던 음식물을 뱉어버리고 만났다. 이런 행동을 아침마다 세 번이나 했다. 머리를 감다가 백성이 찾아오면 멈추고, 물이 묻어 있는 머리털을 움켜쥐고 맞이하는 일도 하루 세 번 했다. 수령이 이 정도 낮은 자세로 백성을 대하면 백성 앞에서 갑질을 하고 호랑이 행세를 할 아전은 사라질 것이다. 억울하다는 백성도 크게 줄어들 것이다.

정약용다운 소통 방법은 항통(缿筩)이다. '벙어리저금통 항

(詬), 대나무통 통(筩)', 항통은 대나무로 만든 벙어리저금통이다. 종이를 넣을 수는 있지만 꺼내려면 통을 깨트려야 한다. 항통을 관청 곳곳에 설치해 두고, 관청을 벗어나서도 작은 고을에는 1~2개, 큰 고을에는 3~4개를 설치한다. 백성들이 억울한 사연을 써서 항통에 넣게 한 다음에 수거해서 수령이 직접 깨트려서 읽는다. 항통은 수령이 직접 백성의 소리를 듣는 소통 창구다. 수령이 항통으로 백성들 고충을 직접 챙기면 백성이 아전을 무서워하는 게 아니라, 아전이 백성을 두려워하게 된다. 자신을 낮추고 남의 얘기를 듣는 자세가 중요하는 얘기다.

정약용은 관청 앞 기둥에 북을 걸어두라고 주문한다. 북이나 징을 대궐에만 둘 게 아니라 지방 고을 관청에도 두라는 얘기다. 지방의 마을에서 한양까지 가서 임금에게 억울함을 호소할 수 없으니 수령이 백성들의 억울함을 챙겨 들으라는 거다. 아울러 '수령 암행어사' 제도 활용도 제안한다. 암행어사를 임금만 보내라는 법은 없다. 수령도 암행어사를 보내자고 했다. 부임 2~3개월이 지나면 자신의 일가친척 등을 고을로 몰래 보내서 수령의 지시가 잘 먹히고 있는지, 억울함을 호소하는 백성은 없는지, 아전들이 양곡을 빼돌리지 않는지 등을 은밀히 살피라는 것이다.

수령이 백성의 고통과 신음 소리에 귀를 기울이면 아랫사람들은 긴장하고 몇 배 많은 관심을 갖게 마련이다. 백성들과의 소통은 조직 관리의 기본이고 아무리 많이 해도 지나치지 않는다. 수령이 항통과 수령 암행어사 같은 방식을 통해 억울함을 호소하는 백성들의 목소리를 직접 들으라고 정약용은 당부한다. 수령이 직접 나서서 챙겨야 조직이 변하고 나라가 바뀐다.

2

개혁 정신은 여전히 살아 있다

『경세유표』의 두 가지 미스터리

정약용의 대표 저술은 『경세유표(經世遺表)』, 『목민심서(牧民心書)』, 『흠흠신서(欽欽新書)』다. 이 세 권의 책을 마지막 글자를 따서 '일표이서(一表二書)'라고 묶어서 불렀다. 다른 수백 권의 저술과는 성격과 차원이 다르다는 얘기다. 일표이서의 공통점을 결론부터 말하자면, 첫째로 시기적으로 유배 막바지 환갑 무렵에 썼고, 둘째로 경세학 저술이고, 셋째로 수령을 연결고리로 하고 있다. 『경세유표』는 1815년 저술에 착수해서 1817년 미완성의 상태로 마무리됐고, 『목민심서』는 한 해 뒤인 1818년 유배에서 풀려나던 해에 저술을 마쳤다. 『흠흠신서』는 환갑을 맞은 해인 1822년 고향 남양주에서 썼다. 일표이서는 정약용 인생에서 저술활동의 완결판인 셈이다. 환갑까지 쌓은 지식과 경험이 농축돼 있다.

일표이서는 경세학으로 묶여진다. 경세학은 정치적 실천을 논하는 학문이다. 사서오경(정약용은 사서육경)을 공부하는 경학과는 다르다. 조선시대 선비의 학문 코스는 경학으로 시작해서 경세학으로 마무리 짓는 것이다. 경학으로 나를 다듬고 닦은 뒤에, 이를 바탕으로 세상을 구하는 데 기여하는 게 경세학이다. 경세학은 나라와 천하 경영에 초점이 맞춰져 있다. 수신제가한 다음에 치국평천하다. 정약용은 유배 초기에는 경학, 후반부에는 경세학 순서로 연구했다. 『경세유표』, 『목민심서』, 『흠흠신서』는 사회참여형 경세학 저술이다. 그는 「자찬묘지명」에서 "육경(六經)과 사서(四書) 연구로 수기(修己)를 삼고 일표이서로 천하 국가를 위했으니, 본(本)과 말(末)을 구비한 것"이라고 설명했다. 쉽게 풀어 쓰면 경학으로 시작해 경세학 공부로 끝을 맺었고, 일표이서는 경세학 저술이라는 얘기다.

『경세유표』에는 두 가지 미스터리가 있다. 미스터리라고 하는 이유는 궁금증만 남기고 정약용의 설명이 없기 때문이다. 오로지 짐작과 추정만 가능하다. 첫째, 『방례초본』의 이름을 유배에서 풀려나 고향에 돌아와서 『경세유표』로 바꾼 까닭이다. '정치적인 이유' 때문에 『방례초본』과 『경세유표』는 전혀 다른 책으로 구분지었을 가능성이 있다. '정치적 이유'에 대해서는 뒤에서 설명하겠다. 정약용은 중국을 그다지 높게 평가하지 않았다. 방례는 중국 중심의 관점을 반영하고 있기 때문에 『방례초본』보다는 세상을 구하는 데 초점을 둔 『경세유표』로 바꿨을 수 있겠다.

둘째, 『경세유표(방례초본)』는 미완의 작품이다. 1815년부터 2년가량 저술활동을 하다가 1817년 돌연 중단한다. 미완의 작품은 『경세유표(방례초본)』가 유일하다. 책을 쓰다가 마무리하지 않고 중단한 건 정약용답지 않다. 그 이유도 밝히지 않는다. 『방례초본』 서문에서 왜 '방례초본'으로 이름 붙였는지를 친절하게 설명하는 것과 대조적이다. 그리곤 이듬해 『목민심서』를 펴냈다. 『방례초본』을 쓰다가 뭔가 마음에 들지 않거나 떠오른 아이디어가 있어 『목민심서』로 갈아탔다는 추정이 가능한 대목이다.

『방례초본』 저술을 돌연 중단한 시점은 수령의 '고적지법(考績之法)'을 저술하던 무렵으로 알려진다. 고적지법은 수령의 관리감독을 맡은 도지사인 관찰사(감사)가 수령의 근무 성적을 매기는 평가방법이다. 『방례초본』에서 수령 평가방법 부분을 저술하다 돌연 『방례초본』을 덮고 『목민심서』로 돌아섰다면 힌트는 '수령 평가'에 있다고 봐야 한다. 정약용은 『방례초본』의 내용을 이행하려면 수령을 활용하겠다고 판단한 것 같다. 사실 『방례초본』에서 중점적으로 다룬 전정제 등의 개혁은 사색당파의 정치적 컨센서스, 나아가 임금의 결심이 없으면 한 걸음도 나아갈 수 없다.

『방례초본』은 법과 제도로 나라를 바꾸겠다는 저술이다. 소수파인 남인의 입장을 통일해야 하고, 다수파인 노론의 적극적인 호응도 받아내야 한다. 그렇지 못하면 탁상공론으로 끝난다. 정약용은 『방례초본』을 쓰다가 불현듯 자신의 개혁 방안을 실현할 방법에서 근본적인 의문을 가졌을 수 있다. 갑론을박하는 당파 싸움을 수 없이 지켜봐 온 정약용으로서는 너무나 당연한 일일 것이다.

나라를 개혁하는 '신의 한 수'

수령 평가 방법을 저술하던 정약용이 수령에 착안한 것은 '신의 한 수'다. 『방례초본』 또는 『경세유표』 실현의 한계는 분명하지만 329명의 수령을 움직이면 쉽게 나라를 개혁할 수 있다. 개혁 실현의 길을 찾아낸 건 정약용의 혜안이다. 사실 나라를 바꾸는 수단과 방법으로 수령만 한 게 없다. 수령을 움직이면 효과는 즉각적이다. 수령의 한 마디는 백성들의 삶에 즉각적이고 강력한 영향을 준다.

몽테스키외가 등장하기 이전의 모든 나라가 그랬지만, 조선은 입법·사법·행정이 분리된 삼권분립이 아니라 삼권일체의 나라였다. 국방까지 맡고 있었으니 요즘의 지방자치단체장의 파워에 비할 바 아니다. 수령의 권한은 막강했다. 수령이 어떤 자세를 갖고 통치하느냐에 따라 백성들의 삶이 완전히 달라졌다. 329명

정약용 코드

의 수령이 나서서 고을을 바꾸기 시작하면 온 나라가 바뀔 수 있었다. 수령이 나서면 고을이 바뀌고, 고을 개혁이 확산되면 온 나라가 바뀔 수 있는 거다.

수령을 움직여서 고을과 나라를 바꾸는 길을 제시한 게 『목민심서』다. 이상적인 개혁을 다룬 『방례초본(경세유표)』의 현실적 대안이 바로 『목민심서』다. 『방례초본(경세유표)』이 법과 제도를 고쳐서 잘사는 나라로 가는 정도(正道)라면, 『목민심서』는 법과 제도를 고치지 않고도 수령을 활용해 목적을 달성하는 우회로라고 할 수 있다. 『목민심서』에 대한 다산연구회의 진단은 『목민심서』가 '응급조치'라는 것이다. 중환자 상태에 있는 백성과 나라를 살리는 수술을 하기에는 시간이 많이 걸리기 때문에 그 전에 취하는 응급조치가 『목민심서』라고 했다. 이상적인 『방례초본』 또는 『경세유표』를 현실적으로 대체할 수단이 『목민심서』다. 수령이 고을을 바꾸고 나라를 개혁하는 길이 『목민심서』에 담겨져 있는 것이다.

『방례초본(경세유표)』과 『목민심서』의 연결고리가 수령이었듯, 『목민심서』와 『흠흠신서』의 연결고리도 수령이다. 정약용은 『흠흠신서』 서문에서 "『목민심서』의 저술을 마치면서 인명 문제를 다루는 데 있어서는 마땅히 전문적인 책이 있어야 한다고 했는데, 별도의 편찬을 거쳐 이 책이 이뤄졌다"고 설명한다. 『흠흠신서』는『목민심서』의 연장선상에 있다.『흠흠신서』는 36건의 살인사건을 사례로 보여주면서 다룬 사법행정의 실무지침서다. 경찰서는커녕 파출소도 한 번 가보지 않았을 수령들이 살인사건 수사를 지휘하는 것은 무리였을지 모른다.

『흠흠신서』는 부검 같은 일을 한 번도 해본 적이 없는 수령이 살인사건을 제대로 조사해서 재판할 때 억울한 사람이 없도록 하라고 쓴 책이다.『흠흠신서』는 '공경할 흠(欽)', '흠흠(欽欽)'은 삼가고 삼간다는 뜻이다. 인명을 다루는 수사와 재판에서 조심하고 또 조심해서 판단하라는 얘기다. 억울한 누명을 쓰고 목숨을 잃은 백성들이 많았던 시절이었기에 정약용의 당부는 충분히 이해가 간다. 정약용 자신도 누구보다도 음해와 무고에 시달렸던 경험이 있다.『흠흠신서』는 1818년『명청록』으로 이름 지었다가 1822년『흠흠신서』로 이름이 바뀌었다.

『경세유표』, 임금 손에 들어갔건만

『경세유표』의 원래 이름인『방례초본(邦禮艸本)』의 이름에 대한 이해는 간단치 않다. 방례(邦禮)는 '나라 방(邦), 예의 예(禮)'로, 직역하자면 '나라의 예' 정도로 해석될 수 있겠다. 방례의 의미를 제대로 파악해야『방례초본』과『경세유표』의 내용과 의미를 이해할 수 있고,『경세유표』에서 주장하는 전정(田井)의 취지를 알 수 있다. 고대 왕국 주나라는 하나라와 상나라에 이어 기원전 1047년 세워져 800년 가까이 유지됐던 나라다. 왕이 자신과 혈연관계에 있는 공신에게 땅을 나눠줘서 분할통치하는 봉건제의 나라다.

왕은 수도 부근의 땅만 통치하고, 나머지는 왕족과 공신들에게 나눠줬다. 공신에게 나눠준 토지가 '전정'이다. 서양의 경우 왕과 공신의 관계에서 왕은 종가가 되고 공신들은 방계가 된다. 왕이 중심이고 공신은 가지다. 종가와 방계 사이에 형성된 위계질서가 종법이고, 위계질서가 나타나는 방식이 예의다. '예의' 즉 '예'는 나라의 질서를 의미하고, 주례(周禮)는 주나라의 질서다.

주례에서 말하는 예의는 주나라의 위계질서인 법을 말한다. 정약용은 『경세유표』에서 "이 책에서 논하는 것은 법"이라고 설명한다. 법을 굳이 예라고 표현한 이유가 있다. 옛 성왕은 예로 나라를 다스렸지만 예가 쇠퇴해지면서 법이라는 이름이 생겨난 거다. 예와 법은 같은 듯하면서 엄연히 다르다. 예는 하늘의 이치에 맞아떨어져 조화되는 것을 말한다. 법은 사람을 공포에 떨게 해서 백성들이 감히 어길 수 없도록 하는 것이다. 예는 자연스러운 것이지만 법은 강제적이다. 법은 반드시 지켜야 하고 어기면 벌칙이 뒤따른다.

따라서 주례는 주나라의 법이고, 중국 관점에서 보면 방례는 주변 나라, 즉 조선의 법이다. 방례는 우리의 관점이 아닌 중국의 관점에서 바라본 표현이다. 『방례초본』이 '초본'으로 이름 지어진 이유를 『방례초본』 서문에서 설명하고 있다. 정약용은 "비록 임금께서 채택한다 하더라도 잘하는 자에게 수정하고 윤색하게 해야 하는 것인데, 수정과 윤색이 필요한 것이 어찌 초고(艸稿)가 아니겠는가"라고 설명한다. '초본(艸本)'은 '풀 초(艸), 밑 본(本)'으로 수정과 보완을 거쳐야 하는 초안(草案)이라는 얘기다. 『방례초본』은 '임금께 올리는 조선의 (개혁)입법 초안'이 된다. 『방례초본』의 수신자는 애초부터 임금으로 했던 거다. 『방례초본』에서 이름을 바꾼 『경세유표』의 '표(表)'는 신하가 임금에게 올리는 글이다.

엄밀히 말하면 정약용은 유배 죄인 신분이라 임금에게 보고서인 '표'를 쓸 자격이 없다. 그럼에도 임금에게 올리는 개혁 입법 보고서인 『방례초본(경세유표)』을 작성한 이유는 언젠가 자신의 개혁 의지가 전달될 수 있으리라고 기대했기 때문이다. 『목민심서』의 명칭을 실행할 수 없는 유배자의 신분과 한계를 반영해 '심서'로 정한 것도 마찬가지다. 언젠가 전해지리라고 기대했던 『경세유표』는 60여 년 뒤 고종의 손에 들어간다. 그리고 『경세유표』는 두고두고 개혁의 상징으로 남는다.

조선은 로마의 판박이였다

기원전 2세기, 겉으로는 전성기를 구가하던 로마에 경고음이 울렸다. 로마가 실제로는 곪고 썩어 문드러지고 있다는 거다. 겉보기에는 멀쩡하지만 속으로는 심각한 '내장질환'을 앓고 있었다. 내장질환은 상류층의 대토지 소유인 라티푼디움(Latifundium)을 말하는 것이다. 시민들은 로마를 위해 전쟁터에서 죽음을 무릅쓰고 싸웠지만 돌아간 것은 아무것도 없었다. 경제적인 부는 상류층에 집중됐으며, 정복지에서 강제 이주한 노예들이 값싼 농산물을 생산하면서 로마의 자영 농민은 몰락했다.

이런 로마의 문제를 제기한 사람은 호민관 티베리우스 그라쿠스다. 그는 "들짐승도 저마다 보금자리를 가지고 있는데 조국을 위해 싸운 로마 시민들에게는 햇볕과 공기밖에는 아무것도 없다"고 상류층의 대토지 소유와 부익부 빈익빈 현상을 지적했다. 티베리우스는 대토지 소유를 제한하고, 빼앗은 토지를 농민들에게 강제로 나눠주는 과감한 개혁 방안을 제시했다. 티베리우스는 과거에 멸망한 강대국의 전철을 밟고 싶지 않으면 내장질환을 치료하는 것이 로마인에게는 무엇보다 시급한 일이라고 호소했다. 한 사람당 125헥타르(500유겔룸)를 초과하는 토지는 나라가 몰수해서 로마 시민들에게 나눠주자는 그라쿠스의 개혁안에 로마 시민들은 환호했다. 지지하는 벽보가 거리에 붙여졌다.

개혁 법안이 통과되자 겁에 질린 귀족들은 반격의 때를 노렸고, 원로원은 "티베리우스 그라쿠스가 헌법을 위반했다"는 이유를 내세워 그를 몽둥이로 때려죽였다. 그의 지지자들은 처형당했고, 대토지 소유 상한 개혁안은 흐지부지됐다. 10년 뒤, 호민관으로 선출된 티베리우스의 동생 가이우스 그라쿠스도 형의 뒤를 이어 토지개혁을 다시 추진했다. 하지만 결과는 형 티베리우스와 마찬가지였다. 10년 동안 그라쿠스 형제의 개혁은 두 차례 모두 실패하고 말았다.

비록 그라쿠스 형제의 개혁안은 실패했지만 개혁안에 의미를 부여하고 긍정적인 평가를 내린 사람이 시오노 나나미다. 시오노 나나미는 저서 『로마인 이야기』에서 그라쿠스 형제의 개혁이 실패했지만 헛된 것은 아니라고 평가했다. 티베리우스 그라쿠스가 30세에 죽기까지 호민관으로 활동한 기간은 7개월이 채 되지 않았지만, 로마가 앓고 있는 '내장질환'이 무엇인지를 세상에 알리는 역할을 했다는 것이다. 시오노 나나미는 그라쿠스 형제의 개혁을 로마가 나가야 할 이정표라고 설명한다. 개혁 이정표를 이행하지 못한 로마는 티베리우스의 예언대로 결국 멸망의 길을 걷고 말았다.

조선도 로마와 비슷했다. 두 나라는 토지 문제를 겪고 있었

정약용 코드

고, 토지 문제를 해결하지 못하면 나라가 망할 것이라는 경고도 같았다. 로마가 내장질환을 치료하지 않으면 강대국들이 그랬던 것처럼 망하고 말 것이라고 그라쿠스 형제가 말했듯, 정약용도 병든 것을 고치지 않으면 나라가 망하고 말 것이라고 경고했다. 로마의 문제는 라티푼디움에 있었고, 조선의 문제는 '기승전-토지'였다. 모든 게 토지로 귀결됐다. 백성이 나라에 내는 세 가지 세금이 조용조(租庸調)다. 조(租)는 토지대장을 바탕으로 논밭에 부과하는 세금이고, 용(庸)은 호적대장을 바탕으로 한 군역이나 부역이다. 조(調)는 가구별로 내는 특산물이다. 특산물은 나라 재정 수입의 절반을 넘을 정도였다. 백성들 입장에서는 특산물 부담이 가장 컸다는 얘기다. 특산물과 군역 부과가 왜곡되면서 백성들의 부담이 커지자 부담을 덜어주려고 시행한 게 대동법과 균역법이다. 특산물을 쌀로 내도록 한 게 대동법이고, 군역과 부역을 쌀로 대신 내도록 한 게 균역법이다. 조용조의 모든 세금이 토지에서 생산되는 쌀로 귀결된 거다. 조선의 문제와 해법이 '기승전-토지'인 이유다.

병폐의 해결책은 토지에 있었지만 토지대장과 호적대장은 엉터리였다. 엉터리 토지대장에서 제대로 된 해법이 나올 리 없다. 정약용은 『경세유표』 저술 내용의 3분의 2가량을 전정제와 조세제도에 할애하면서 토지개혁을 강조했다. 토지 문제 하나만 제대로 바꾸면 백성들이 살 만한 나라가 된다고 봤던 거다. 그라쿠스

형제의 대토지 상한 제한 개혁안이나 정전제 실시라는 정약용의 『경세유표』는 로마와 조선이 가야 할 지향점이자 이정표였다. 그라쿠스 형제의 개혁안이 성공하지 못했듯이, 정약용의 『경세유표』도 빛을 보지 못했다. 둘 다 성공하지 못했지만 시오노 나나미가 그라쿠스 형제의 개혁안이 로마의 이정표라고 했듯, 『경세유표』는 조선의 이정표였다. '조선의 그라쿠스'가 정약용이었고, '조선의 그라쿠스 개혁안'이 『경세유표』였다.

정약용이 꿈꾼 나라, 공정과 정의

정약용이 꿈꾼 나라를 이해하려면 『경세유표』의 출발점인 왕도정치에서 시작해야 한다. 『경세유표』는 모든 토지는 왕의 땅이라는 개념에서 출발하고, 왕의 땅이라는 생각은 왕도정치에서 나온다. 『목민심서』에서 강조하는 수령의 애민정신도 왕도정치에서 비롯된다. 왕도정치는 맹자의 정치사상이다. 기원전 4세기 맹자가 활동하던 춘추전국시대는 이겨야 살아남을 수 있는 냉혹한 전쟁의 시간이다. 백성들에게는 암울한 시간이었다. 백성들은 끝없이 되풀이되는 전쟁의 질곡에서 벗어나 평화가 정착되기를 바랐다. 이때 맹자가 들고나온 게 왕의 덕치다.

하늘은 덕이 있는 사람에게 천명을 주고, 천명을 받는 사람이 왕이 된다. 결국 덕이 있는 사람이 왕이 된다는 얘기다. 왕의

정약용 코드

덕치는 측은, 수오, 사양, 시비의 네 가지를 기반으로 한다. 즉 불쌍히 여기는 마음은 어짊의 극치이고, 부끄러움을 아는 마음은 옳음의 극치이고, 사양하는 마음은 예절의 극치이고, 옳고 그름을 아는 마음은 지혜의 극치다. 왕은 네 가지 마음가짐으로 덕치를 펼쳐야 한다. 덕이 있는지 여부는 하늘이 백성을 통해 알 수 있다. 그게 민본정치다.

실제로는 무력으로 다스리는 것을 패도라 하고, 덕으로 어진 정치를 베푸는 것을 왕도라고 맹자는 설명했다. 왕이 덕으로 나라를 다스리는 게 왕도정치다. 힘으로 복종시키는 패도정치를 하면 백성들은 마음속으로 복종하지 않는다. 사람들이 진심으로 따르게 하려면 덕으로 사람을 다스려야 한다. 왕도정치는 백성들과 국민들이 무슨 생각을 하고 있으며, 어떤 아픔을 갖고 있는지를 헤아리고 그들의 아픔을 보듬어주는 거다. 왕이 백성의 마음을 헤아려 정치를 하는 것이다.

정약용이 왕도정치를 강조한 것은 시대 상황 때문이다. 정약용이 강진 유배 시절인 순조 때 왕비의 아버지인 김조순과 안동 김씨가 정치 실권을 장악하고 주요 관직을 독차지하던 비정상의 나라였다. 세도정치는 왕실의 외척과 같은 가문이 왕의 신임을 얻어 정치권력을 독점하는 행태다. 정약용은 비정상인 세도정치를 왕이 중심이 되는 정상의 나라로 되돌리고 싶었다. 세도정치의 부작용이 극심했던 당시 시대 상황에서 세도정치 세력을 축소시키고 왕권을 강화하고자 했다.

왕의 권력을 세도가들이 쥐고 흔들지 않고 왕이 절대적인 통치권을 쥐고 토지를 나눠주는 나라가 정약용이 지향한 나라였다. 왕이 절대권력을 쥐고 백성들의 균등한 삶을 보장하도록 토지제도를 개혁하자는 게 그의 바람이다. 정약용이 꿈꾼 나라는 바로 왕도정치를 통해 빈부 격차가 없는 공정한 나라였다. 백성이 균등한 삶을 영위하고 노인 등 사회적 약자들이 불이익을 받지 않는 나라였다.

정약용이 30대에 저술한 「원정(原政)」은 '근원 원(原), 정치 정(政)'으로 '정치에 대해 논하는 글'이다. 「원정」에서는 '정치란 무엇인가'라고 묻는다. 「원정」에서 말하고자 하는 정치의 목적은 바로 '정(正)'과 '균(均)'이다. 한마디로 공정하고 공평한 사회, 모두 잘사는 나라를 말한다. 땅을 나눠줌으로써 백성들의 부유함과 가난함을 균등하게 해주고, 부역을 균등하게 부담하게 만들자는 거다. 백성에게 땅을 나눠줘서 백성들에게 부유함과 가난함을 균등하게 해주고, 모두가 잘사는 나라를 만들자고 하는 정약용의 출발점은 「원정」에서 나왔다. 21세기인 요즘 유행하는 공정과 정의의 사회를 정약용은 진즉에 꿈꿨던 거다.

정약용 코드

혁명가인가, 개혁가인가

'왕을 쫓아낼 수 있다?'

　아무리 개혁적인 생각을 갖고 있더라도 왕도국가에서 왕을 쫓아내고 바꿀 수 있다는 상상을 하기는 어렵다. 성공하면 혁명이고, 실패하면 반역이다. 특히 이씨 세습 왕조시대에 신하로 살면서 감히 왕을 쫓아낼 수 있다는 생각 자체가 반역행위다. 생각에 머무르지 않고 글로 남긴다면 자손들이 벼슬길에 오르지 못하는 폐족 정도에 그치지 않고, 삼족이 멸족당해도 마땅한 중대 범죄에 해당될 것이다.

　정약용은 30대에 「원정」과 함께 쓴 글 「탕론(湯論)」, 「원목(原牧)」, 「전론(田論)」 등에서 왕을 쫓아낼 수 있다는 놀라울 만한 발상을 남겼다. 『경세유표』와 『목민심서』에 나오는 개혁적인 아이디어들도 대부분 여기에 나왔다. 정약용의 개혁 정신은 어느 날 갑자기 튀어나온 게 아니다. 30대의 젊은 나이에 이미 개혁적인 사고의 틀이 짜여 있었던 거다. 나라를 개혁하자는 『경세유표』 등을 저술하기 20여 년 전이다. 저술들을 보면 너무나 급진적인 내용들이라 정약용이 개혁가인지 혁명가인지 헷갈릴 정도다.

　감히 왕을 바꿀 수 있다는 혁명적인 얘기는 「탕론」에 나온다. '탕왕 탕(湯), 말할 논(論)'으로 '탕왕을 변론하는 글'이다. 탕왕은 포악하고 사치스러운 하나라 걸왕을 쫓아내고 은나라를 세운 임금이다. 「탕론」은 탕왕의 혁명 정당성을 옹호하고 변호한 글이다. 「탕론」은 "탕왕이 걸왕을 추방한 것이 옳은 일인가? 신하가 임금을 친 것이 옳은 일인가?"라는 질문으로 시작한다. 결론은 위정자가 백성을 위해 존재하지 않을 때 위정자를 교체할 수 있다는 것이다. 위정자는 당연히 왕이다.

왕이 백성을 위해 일하지 않으면 왕도 바꿀 수 있다는 얘기는 너무나 충격적이다. 말대로라면 조선의 왕 가운데도 몇몇은 벌써 쫓겨나고 교체됐어야 했을 거다. 「탕론」을 저술한 30대의 나이는 정약용이 관직에 있을 때다. 이씨 세습 왕조에서 왕을 모시는 신하가 중국 얘기를 인용하는 형식을 빌리기는 했지만 혁명과 쿠데타의 정당성을 언급하고 있는 것이다. 정약용이 과연 왕이 모든 토지를 소유하면서 나라의 중심이 돼서 덕으로 다스리는 왕도정치의 신봉자가 맞나 싶은 생각이 든다.

왕을 쫓아내고 새로운 왕을 옹립하는 방법으로 제시한 게 방벌(放伐)과 추대(推戴)다. 방벌은 폭군이 나타나면 무력으로 쫓아내는 것으로, 역성혁명을 인정한 것이다. 은나라 탕왕이 하나라 걸왕을 쫓아낸 게 방(放)이고, 주나라 무왕이 은나라 주왕을 죽인 게 벌(伐)이다. 방은 방출한다는 얘기고, 벌은 죽여서 쫓아낸다는 말이다. 쫓겨난 걸왕과 죽임을 당한 주왕은 술과 고기로

정약용 코드

연못과 숲을 만든 주지육림 속에서 미녀들과 놀면서 국정에서 손을 놓았던 왕이다. 백성을 위해 국정을 돌보지 않는 왕은 쫓겨나고 죽임을 당해도 좋고, 혈통을 이어받는 왕족이 아니라 왕의 성도 바꿀 수 있는 역성혁명의 정당성을 제기한다.

정약용은 무력으로 역성혁명을 일으킨 탕왕과 무왕을 부정적으로 바라봐서는 안 된다고 강조했다. 명분이 있는 역성혁명은 인정해야 한다는 거다. 정약용의 방점은 백성을 위해서 일하지 않는 왕을 쫓아내면서 역성혁명을 할 수 있다는 데 있다. 백성과 국가 전체의 이익을 위해 무능하고 의롭지 않은 통치자를 없애는 것은 반역이 아니라, 오히려 정당한 일이라는 주장이다. 왕(천자)의 지위는 하늘에서 떨어진 것인가, 땅에서 솟아난 것인가? 정약용은 이 질문에 대해 왕의 지위는 백성이 뽑은 지도자들이 추대하는 방식으로 만들어지는 것이라고 답한다. 왕이 추대에 의해 뽑힌다는 얘기는 민주주의 발상에 가깝다. 이씨 세습 왕조시대에 역성혁명의 정당성을 언급하면서 왕을 추대로 뽑는다는 발상을 정약용은 어떻게 감히 기록을 남길 생각을 했을까.

저술 「원목(原牧)」은 '근원 원(原), 칠 목(牧)'으로 '통치자, 목민관(수령)에 대해 논하는 글'이다. 정약용은 「원목」에서 "백성이 목민관을 위해 있는가, 목민관이 백성을 위해 있는가"라고 묻는다. 당연히 수령(목민관)이 백성을 위해 존재한다는 게 답이다. 18세기 말 정약용이 저술했던 글 「탕론」과 「전론」 등을 보면 19세기와 20세기 초 서구사회에서 나타났던 정치이념을 보는 듯하다. 그만큼 정약용은 시대를 두 세기나 앞서갔던 인물이다.

38살에 쓴 「전론(田論)」의 내용은 칼 마르크스를 오버랩 시킨다. '밭 전(田), 말씀 론(論)'의 「전론」은 토지개혁론이다. 조선의 토지 문제의 심각성은 고려 말로 거슬러 올라간다. 고려 말 무신정변 이후 원나라와 친하게 지내는 권문세족들이 토지를 얼마나 많이 차지하고 있었는지를 보여주는 말이 '산천위표(山川爲標)'다. 산과 강을 소유 토지 경계의 표지로 삼았다는 거다. 얼마나 갖고 있는 땅이 넓었기에 '이 산에서 저 강까지가 모두 내 땅'이라는 식으로 표현했을까 싶다. 로마 귀족의 대토지 소유인 라티푼디움이 '이 포도밭에서 저 강까지'라고 표현되지 않았을까. 토지가 일부 권문세가에 집중됐고, 사찰은 세금 한 푼 내지 않고 막대한 토지를 소유했다.

정도전의 개혁은 모든 논밭을 나라에 귀속시키고, 백성들에게 고루 나눠주고, 논밭을 경작하지 않는 사람이 없으며, 따라서 빈부 격차가 거의 없는 나라를 지향했다. 당시의 지배세력인 친원 권문세가들로부터 논밭을 빼앗아 토지개혁을 실시하고 과전제를 실시했다. 하지만 백성들의 삶과 조선의 문제는 늘어났던 고무줄처럼 어느새 원점으로 되돌아와 있었다.

정약용은 정도전처럼 조선의 토지문제를 개혁하고자 했다. 정약용이 「전론」에서 조선의 토지 문제를 해결하려고 제시한 방안이 여전제(閭田制)다. 여전제는 '여(閭)'라는 향촌 공동체를 기본으로 해서, 30가구를 단위로 공동 노동을 통해서 공동으로 생산과 수확을 하는 방식이다. 생산물을 철저히 노동량에 따라 분배하고, 공동 생산을 추진하면서도 생산물은 가족의 노동량에 따라 분배하는 방식이다. 여전제는 공동 생산과 공동 분배를 하고, 토지의 사유는 허용되지 않으며, 지주라는 개념도 없다. 급진적인 개혁안인 여전제는 마르크스를 연상케 한다. 정약용이 '조선의 마르크스'로 불리는 까닭도 여전제 때문이다. 젊은 나이에는 이상향을 꿈꾸지만 나이가 원숙해지면 현실론으로 돌아가게 마련이다.

이상을 현실로 바꾼 어린도

30대에 급진적이고 이상적인 토지개혁을 주장했지만, 50대에 들어서는 현실적인 개혁론으로 돌아선다. 「전론」에서 여전제를 주장하며 정전제(井田制)에 비판적인 입장이었다가 정전제로 선회한 것이다. 당초 정전제에 비판적이었던 이유가 '우물 정(井)' 자 모양 때문이다. 중국 주나라의 정전제는 4방 1리(1리는 400미터)의 토지를 '우물 정' 모양으로 9등분해서, 주위의 8구획은 8가구에서 한 가구씩 맡아 개인이 경작한다. 가운데 있는 1구획은 8가구가 공동으로 경작해서 여기서 세금을 조성하는 방식이다. '우물 정' 모양은 중국 같은 평지에서는 구획이 쉽지만 산이 많은 지역과 나라에서는 구획이 쉽지 않다. 처음에 정전제를 부정적으로 바라봤던 이유다.

여전제를 포기하고 정전제로 돌아선 이유는 어린도(魚鱗圖) 때문이다. 어린도로 '물고기 어(魚), 비늘 린(鱗), 그림 도(圖)'로 '물고기 비늘같이 생긴 지도'라는 뜻이다. 지도 모습이 물고기 비늘과 비슷한 데서 붙여진 이름이다. 어린도는 요즘의 지적도다. 어린도를 활용하면 남해의 다랑논 같은 자그마한 논을 토지대장에 반영할 수 있다. 이익은 "어린도는 논밭의 모양을 두루 그린 것이니 오늘날 방역(나라) 지도와 같다"고 평가했다. 당시에는 엉성한 토지대장 때문에 토지대장에 등록되지 않은 논밭이 전국의 3분의 1을 넘었다. 어린도는 논밭의 정확한 측량을 가능하게 했고, '우물 정' 모양의 구획도 가능하게 했다. 8가구가 세금을 내는 공동경작 구역도 획정할 수 있다. 이상의 눈을 현실로 돌린 것은 어린도 때문이다.

정약용의 토지개혁에서 주목할 점은 정전제와 함께 경자유전(耕者有田) 원칙이다. '밭갈 경(耕), 놈 자(者), 있을 유(有), 밭 전(田)'이다. 저술 「전제별고」에서 농사짓는 사람만이 농지를 얻도록 하는 경자유전 원칙을 제시했다. 정약용은 농사를 짓는 사람만 논밭을 얻고, 농사를 짓지 않는 사람은 논밭을 얻지 못하도록 했다. 여기서 '갖는다'가 아닌 '얻는다(得·득)'는 표현을 한 까닭은 토지를 원래 왕의 소유로 봤기 때문이다. 토지의 소유주는 왕이기 때문에 왕이 나눠준 토지를 농민들이 소유하는 형식은 '시점時占'이 된다. 잠시 '얻어 쓴다'는 얘기다.

경자유전 원칙은 정약용 사후(1836년) 100여 년 지나 1948년 정부가 수립되면서 현실화된다. 헌법은 농지의 소유 자격을 원칙적으로 농업인과 농업법인으로 제한했다(제121조). 제헌 헌법에는 농지를 농민에게 나눠준다는 내용이었고, 1987년 개정 헌법에서 '경자유전' 표현이 명기됐다. 농지법은 자기의 농업경영에 이용하거나 이용할 자가 아니면 농지를 소유할 수 없도록 했다. 농사를 짓는 농민만 농지를 매입할 수 있다. 농사를 짓지 않는 국민의 농지 매입은 불법이다. 고위공직자들 가운데 농사를 짓지도 않으면서 농지를 사들이는 편법소유를 했다가 인사청문회에서 구설수에 오르는 것도 경자유전 원칙 때문이다.

정약용의 선구자적인 발상은 '인양천공(寅亮天工)'에서도 확인된다. 정약용은 토지 등의 개혁 방안을 내세우면서 이를 이행하기 위해 관료체제 개혁을 제안했다. 토지 등 개혁이 지향점이자 목표라면 관료제도 개편은 수단이다. 개혁 방안과 관료제도는 바늘과 실의 관계다. 아무리 좋은 개혁 방안도 실행할 관료들이 없으면 무용지물이다. 관료제도를 개혁하기 위해 내세운 두 가지 원칙이 바로 인양천공과 궁부일체(宮府一體)다. 인양천공은 민심을 수렴한 행정관제를 만들자는 것이다. 왕의 입장이 아니라 수요자인 백성의 생각을 반영한 행정조직을 만들자는 얘기다. 이를테면 '백성을 위한 정부'인 셈이다. 왕도정치의 나라에서 이런 민주주의적 발상을 한 선비, 학자, 위정자가 있었을까 싶다.

궁부일체는 왕실과 육조를 하나로 간주하자는 거다. 관제 정비와 개혁을 위해 가장 먼저 내세운 게 국정 기능의 정상화다. 원래 조선의 최고 국정운영 기관은 의정부였지만, 실제로는 비변사에 옮겨가 있었다. 의정부는 나라의 최고 의사결정 기구였지만 왜구의 도발이 잦아지고 군사적 대응의 필요성이 커지면서 명종 때 설치한 게 비변사다. 임진왜란을 거치면서 비변사는 의정부를 대신했다. 의정부가 평시의 최고 의사결정 기구였다면, 비변사는 전시의 최고 의사결정 기구인 셈이다. 요즘 같으면 의정부는 최고 정책심의 기관인 국무회의, 비변사는 외교 안보의 최고위급 회의체인 국가안전보장회의(NSC)에 비유될 수 있다.

임시 기구인 비변사는 상설화돼 버렸다. 전쟁이 끝났는데도 비변사를 없애고 정부 기능을 의정부로 돌려보낼 엄두를 내지 못했다. 정약용은 비정상적인 비변사 체제를 평시의 정상적인 의

정부 체제로 되돌리자고 했다. 인사권을 의정부에 돌려주고, 의정부가 육조와 함께 관료조직의 중심이 되도록 하는 것이다. 정상화해야 할 것은 비변사뿐 아니라 육조와 산하 기관에도 해당됐다. 육조의 산하 기관인 속아문은 중국에 비해서도 3배가 많은 기형적인 모습이었다. 속아문은 요즘으로 치면 차관급의 조달청, 문화재청, 통계청 같은 곳이다. 이조 소속인 내시부, 호조 소속인 광흥창, 예조 소속인 홍문관, 예문관, 성균관, 내의원, 관상감 등이 속아문이다. 부처에 비해 청 단위 기관이 훨씬 많았던 것이다. 속아문이 중국의 3배가 된 까닭은 육조에 소속돼 있으면서도 궁중 사무를 보는 속아문이 많은 탓이다.

임금의 비자금(내탕금)과 개인 재산, 통치자금 관리도 속아문인 내수사에서 맡았다. 요즘 같으면 말도 안 된다면서 난리가 날 일이다. 사실 임금의 비자금은 개인적인 목적과 공공적인 목적이 혼재돼 있기는 했다. 공을 세운 신하에게 내리는 격려금, 왕자·공주의 결혼 비용, 효종과 영조 때 흉년에 굶주리는 백성들을 위한 구휼 비용도 임금 개인 비자금에서 나왔다. 정약용은 이런 속아문을 6조에 각각 20개씩만 둬서 전체 속아문이 120개를 넘지 못하도록 하자는 개혁안을 제시했다.

현실이 된 예언, 그러나 개혁은 없었다

"털끝만큼 작은 일까지도 병들지 않은 곳이 없으니, 지금 이것을 고치지 않는다면 틀림없이 나라를 망하게 하고야 말 것이다."

『경세유표』에 나오는 나라를 개혁하자는 정약용의 외침이자 호소다. 지금도 개혁을 언급할 때면 어김없이 인용되는 단골 표현이다. 조선은 암으로 치면 전이가 될 만큼 됐고, 당장 수술을 서둘러야 하는 4기쯤에 해당된다는 진단이다. 긍정적인 시그널은 수술이 가능하다는 희망이 있다는 점이다. 나라를 당장 뜯어고치자는 정약용의 외침은 컸지만, 메아리는 공허했다. 나라의 수술은커녕 『경세유표』는 빛을 보지 못하고 사장돼 버렸다.

지금 당장 수술을 하지 않으면 죽고 말 것이라는 정약용의 예언 아닌 예언은 불행하게도 적중하고 말았다. 1817년 『경세유표』 저술이 미완인 상태로 마무리된 지 정확히 93년이 지난 1910년 조선은 한일합방으로 사라지고 말았다. 불길한 예언이 현실로 나타나는 데는 채 백 년이 걸리지 않았다. 도중에 정약용의 개혁 정신은 고종에 와서 호출된다. 그의 사후 47년이 지난 1883년 고종은 정약용의 저술을 필사하도록 어명을 내렸다. 고종이 주목한 것은 『경세유표』의 부국강병책이다. 나라를 잘살게 한 다음에 강력한 군대를 만들어 외적에 대비하겠다는 거다. 청나라, 일본, 러시아 등 열강들이 각축을 벌이던 상황에서 정약용의 부국강병책을 떠올린 건 당연했다.

고종은 정조를 보필했던 '정약용' 같은 인물이 자신에게는 없음을 크게 아쉬워했다. 고종은 『여유당집』을 필사하라고 지시하고 정약용이 자신과 같은 시대에 살지 않음을 많이 아쉬워했다고 황헌의 『매천야록』은 기록하고 있다. 고종의 1896년 광무개혁에 정약용 같은 이가 함께했다면 조선의 운명은 달라졌을지 모를 일이다. 고종은 정약용의 증손을 과거시험에 합격시켜 주는 선에서 아쉬움을 달래야 했다.

1910년 8월29일 한일합방이 강제로 체결돼 나라가 사라지기 몇 개월 전, 정약용에게 '문도공'이라는 시호가 내려졌다. 시호는 왕이나 사대부들이 죽은 뒤에 그 공덕을 찬양해서 나중에 주는 것이다. 이순신 장군의 시호가 '충무공'이듯, 정약용의 시호는 문도공이다. 이순신 장군은 '충무공 이순신'으로 불리고 있으나 '문도공 정약용'은 거의 주목받지 못하고 있다. 오로지 '다산'으로 불리고 있다.

앞서 언급한 『방례초본』에서 『경세유표』로 이름을 바꾼 '정치적 이유'는 동학농민혁명이다. 정약용 개혁사상과 부국강병책이 고종에 적지 않은 영향을 줬을 뿐 아니라 1894년 동학농민혁명에 영향을 주었다는 주장이 일부에서 제기되고 있다. 『방례초본』이 농민혁명에 영향을 끼친 '보이지 않는 책'이었다는 거다. 정약용은 유배지 강진에서 고향으로 돌아가기 한 해 전인 1817년 『방례초본』 저술을 미완으로 마무리한 뒤, 한 부를 이청과 초의선사에게 주면서 비밀리에 보관해 달라고 당부했다고 한다.

이청은 중풍을 앓고 있던 스승 정약용을 대신해 저술을 받아썼던 제자 가운데 한 명이다. 초의선사는 정약용이 강진 유배 시절에 가깝게 교류하던 혜장선사의 제자다. 두 사람에게 맡긴 『방례초본』은 천주교 신자인 남종삼과 농민운동 지도자인 전봉준, 김개남에게 전해졌다. 『방례초본』이 '정다산 비결'로 전해졌고, 동학농민혁명에 영향을 주었다는 주장이다. 사람이 평등하고, 백성이 나라의 주인이고, 토지를 균등하게 배분하는 동학농민혁명 정신이 바로 『방례초본』의 영향을 받았다는 얘기다.

관군은 동학농민혁명을 진압한 뒤 "다산의 비결이 녹두 일파의 비적을 선동했다"면서 정약용이 살았던 강진 부근의 민가와 고성사, 백련사, 대둔사 등의 사찰을 수색했다는 기록이 「강진읍지」에 기록됐다고 알려진다. 그러나 「강진읍지」는 전해지지 않는다. 「자찬묘지명」에는 『경세유표』가 48권이라고 기록돼 있지만 남아 있는 건 43권이다. 나머지 5권은 어디로 사라졌을까. 유실됐을 수도 있고, 5권이 동학농민혁명에 영향을 준 '보이지 않는 책'일 수도 있다는 추측이 나온다. 유배 중에는 『방례초본』이었다가 고향 남양주로 돌아와서는 『경세유표』로 책 이름을 바꾼 이유가

정약용 코드

'보이지 않는 책' 정다산 비결 때문이라는 얘기다. 『방례초본』이 동학농민혁명에 영향을 주었다는 주장은 본격적인 확인과 연구가 필요한 부분이다.

3
선비도 부자 되는 나라

경영 마인드 공기업을 만들자

『경세유표』에서 토지뿐 아니라 경제, 사회, 관직, 과거제 등의 분
야별로 전방위 개혁 방안을 제시한다. 경제개혁의 키워드는 통공
역사(通功易事)다. 통공역사는 교통을 편리하게 해서 물건을 이용
하도록 하자는 것이다. '조용한 아침의 나라'가 아니라 '시끌벅적
한 나라'를 만들자는 거다. 산골에서도 갓 잡은 싱싱한 생선과 창
난젓을 파는 상인의 목소리가 떠들썩하고, 어촌 시장에서는 막
뜯어 온 산나물과 팥을 사고파는 흥정의 목소리로 시끌벅적한
나라를 만들겠다는 얘기다.

그러려면 강에는 다리가 놓이고, 도로는 넓고 평탄하고 고
르게 정비돼야 했다. 길에는 지게 대신 수레가 물건을 실어 날라
야 한다. 물건과 사람이 편하게 다닐 수 있는 수륙교통 체계가 갖

취지고 나서는, 물건을 안심하고 거래하는 통일된 도량형 제도가 정착돼야 한다. 편안하게 돈 거래를 할 수 있는 화폐제도, 서로 믿고 거래를 할 수 있는 계약제도 등의 조치들도 필수다.

통공역사에서 기술 발전은 기본이다. 기술 발전 없이는 다리도, 도로도, 수레도 생겨날 수 없다. 기술이 있어야 사회가 변혁할 수 있다는 기술발전론이다. 중국으로부터 선진기술을 받아들이는 행정기관인 '이용감'을 신설하자고 했다. 요즘으로 따지면 과학기술정보통신부 같은 기관이다. 그는 저술 「기예론」에서 "인간은 짐승과 달리, 지혜로운 생각과 교묘한 연구 능력이 있어서 기술을 개발하고 발전시킬 수 있다"면서 지식과 기술을 끊임없이 계승하고 선진 외국의 성과를 받아들여 발전시켜야 한다고 강조했다.

구체적으로 수레 제조를 전담하는 전궤사, 선박 제조를 맡는 전함사 설치를 제안했다. 특히 상업과 산업 발전은 안정적인 화폐 거래가 있어야 가능하다. 당시 동전은 문제가 많았다. 주전소(조폐공사에 해당)에서 제작하는 동전 크기가 제각각이고 두께가 두터운 것도 있고 얇은 것도 있어 들쭉날쭉했다. 백성이 위조하더라도 가려내기가 어려웠고, 만지면 부스러져 10년을 견디기 어려웠다. 정약용은 화폐의 품질과 가치를 일정 수준으로 유지하기 위해서는 전환서 설치가 시급하다고 강조했다. 전환서는 국책은행인 한국은행에 해당된다. 정약용은 전환서를 설립해서 중국의 동전 제조법을 배워오고, 주전소에서 제작되는 조선의 동전 제조 수준을 높이자고 했다.

기술 발전 다음은 세금에 주목했다. 세금을 제대로 거둬야 나라가 산다고 판단했다. 상업보다는 산업 진흥에 방점을 찍었다. 당시에는 산업이라고 해봤자 농업 비중이 절대적이었고, 그래서 세금도 농민에게 집중됐다. 농민만 고달팠고, 다른 산업의 세원이 없어 재정은 늘 궁핍했다. 상업으로 이익을 보고 있는 상인들에게서 더 많은 세금을 거두면서, 광산업·임업·염업·어업·원포·축산업 등의 산업을 육성하자고 했다. 세금을 잘 거둬야 관리들에게 녹과 봉을 제대로 주는 나라가 될 수 있다. 세금을 잘 거두려면 징세를 전담하는 세과사나 독세사 같은 세무 전담 행정기관을 설치하자고 했다. 요즘으로 치면 국세청이다.

산림을 관장하는 산우사, 목재를 담당하는 임형사도 설치하자는 제안을 했다. 물고기 채취, 소금, 선박 등은 세금 부과 대상이었지만 산림, 냇물, 못 등은 세금의 사각지대였다. 산림과 냇물, 못 등의 수익에서 발생되는 세금은 토호와 아전들 차지였다. 강과 냇물의 주인은 명백히 나라였지만 실제로는 토호와 아전들이 주인 행세를 하고 있었던 거다. 정약용은 "나라에 법이 없음이 이보다 심한 것이 없다"고 한탄했다. 강에서 물고기를 잡거나 저수지에서 물고기를 잡고 연을 재배하는 수익행위에도 세금을 거두

정약용 코드

자고 했다. 담수 어업을 장려하기 위해 강둑을 관리하는 택우사, 하천을 관리하는 천형사를 두자고 했다. 요즘으로 치면 택우사와 천형사는 수자원공사나 농어촌공사쯤에 해당된다. 요즘의 공기업 또는 공공기관 같은 기구의 필요성을 인식하고 있었던 거다.

당시 유행하던 광산업을 나라에서 관리하도록 하는 사광서(대한석탄공사에 해당) 설립도 제안했다. 18세기는 광산 주인과 계약을 맺고 사업주가 노동자를 고용해서 석탄을 생산하는 덕대제가 유행하던 때다. 덕대는 광산 소유주를 대신해서 광산을 개발하는 사업자다. 정약용은 광산 개발을 민간에 맡기지 말고 관영화 또는 국영화하자고 했다.

특히 금과 은의 해외 유출을 방치해서 안 된다고 강조했다. 조선은 해마다 금과 은 수천만 냥을 중국에 갖고 가서 면포와 교환했다. 정약용은 "유한한 것을 가지고 무한한 것과 교환하는 것"이라고 지적했다. 금과 은이 국외로 빠져나가는 것을 나라가 단속하고 통제하자는 얘기다. 국제사회가 금본위제를 실시한 것은 20세기 중반의 일이다. 정약용은 그보다 100여 년 전에 금과 은의 가치를 인식하고 중요성을 역설한 것이다. 정약용이 제안한 대로만 했으면 조선은 진즉에 잘사는 나라가 됐을 것이다.

통공역사로 잘사는 나라를 만들고 난 뒤의 수순은 국방개혁이다. 정약용은 무너진 병농일치제 부활을 꿈꿨고, 부국강병을 위해 정전제와 둔전제에 주목했다. 둔전에 주목한 이유는 강한 군대는 경제적 자립에서 비롯되기 때문이다. 조선의 군대는 스스로 먹고살아야 하는 '셀프 군대'였다. 평안도와 함경도에 주둔하는 병사들에게 경상, 호남, 충청의 삼남 지방에서 생산되는 식량 공급은 사실상 어려웠다. 그래서 현지에서 식량을 자급자족하도록 했고, 자급자족의 토지가 바로 둔전이다. 둔전은 군부대에 할당된 땅으로 보면 된다.

둔전제는 임진왜란 당시 이순신 장군이 왜군을 무찌르고 전쟁을 승리로 이끌었던 원동력이었다. 이순신 장군은 피난민을 섬에 보내 농사를 짓게 한 뒤 생산된 곡식의 절반을 거둬 수군(해군)의 식량으로 사용했다. 여수의 돌산, 한산도의 해평농장, 고이도, 절이도 등이 둔전의 현장들이다. 피난민은 수군의 보호를 받으면서 섬에서 안전하게 농사를 지을 수 있었고, 대신 수군은 둔전에서 식량을 안정적으로 공급받을 수 있었으니 윈윈이었다. 7,000여 명의 해군이 왜군과 싸워 이길 수 있던 비결의 하나가 둔전이었다.

정약용은 둔전과 함께 정전제를 통해 강력한 군대를 추구했다. 정전제를 군대 체제로 연결짓자는 것이다. 8가구가 공전 1구획을 경작해서 세금을 내는 동시에 8가구가 모두 한 명씩 군인을 내자고 제안했다. 한 정(井)에 8명의 군인이 확보되면, 16정으로 구성된 1리(里)에서는 128명의 병력이 확보된다. 이런 방식으로 병력을 확보해서 한양에는 1만 명의 중앙상비군을 둬서 궁궐을 호위하고 수도를 방위한다는 계산이다. 병농분리를 병농일치로 되돌리겠다는 발상이다. 중앙상비군에게도 둔전을 제공해 경비를 자급자족할 수 있고, 한양의 수십 리 이내를 둔전으로 만들자고 했다. 그렇게 되면 전국의 군대는 먹고살 걱정 없이 싸우기만 하면 됐다. 부국강병만 제대로 해서 힘을 키웠더라면 구한말 열강의 틈바구니에서 나라가 유린당하지 않았을 것이다.

양반도 예외 아닌 '무노동 무음식' 원칙

사회개혁의 핵심은 사민구직(四民九職)이다. 사민구직은 간단히 말해서 모든 백성들에게 전문 직업을 갖게 해서 놀고먹는 사람이 없는 나라를 만들겠다는 거다. 정약용의 경제관은 '일하지 않는 자, 먹지 말라'는 것이다. 백성들이 목축하지 않으면 제사에 육고기를 올리지 못하게 하고, 경작하지 않는 사람에게는 제사에 메(제사 때 신위에 올리는 밥)를 올리지 말라고 했다. '무노동 무임금' 아닌 '무노동 무음식'이다. 나무를 심지 않은 사람은 죽어서 관을 쓰지 못하게 하고, 누에를 치지 않은 사람은 명주옷을 입지 못하게 하고, 길쌈하지 않은 사람은 상주(喪主)라도 삼베옷을 입지 못하도록 하자는 것이다.

사민구직에서 주목할 대목은 양반도 놀고먹어서는 안 된다는 것이다. 정약용은 양반도 직업을 가지고 일해야 하고, 농·공·상에 참여해야 한다고 했다. 당시에는 양반, 선비는 놀고먹는 특권층으로 인식되던 때다. 육체노동을 하는 사람들이 양반을 먹여 살려야 한다는 생각이 당연시되던 나라였다. 정약용이 그런 시대에 양반의 사회적 책무를 강조하고 나선 것이다.

사민구직의 '사민(四民)'이 사농공상이다. 선비와 농부, 장인, 상인의 사농공상은 사회적 직업이자 신분이다. 정약용은 사농공상의 네 가지 직업 외에 포(圃), 목(牧), 우(虞), 빈(嬪), 주(走) 등 다섯 가지 직업을 추가했다. 원예, 목축, 목재, 직포, 잡노동 등을 추가 직업으로 제시하고 하나씩 갖도록 한 것이다. 정약용이 새로운 직업으로 다섯 가지를 꼽은 것은 아쉽기는 하지만 전문직업의 범주를 넓혔다는 점에서 의미가 있다. 사민구직은 백성을 신분적 구분에서 사회 분업에 따른 직능적 구분으로 바꾸자는 것이다. 당시 신분제도가 지닌 고질적인 모순은 정약용뿐 아니라 실학자들의 비판 대상이었다. 특히 정약용은 사회적 분업을 통한 신분제로 조선 사회를 개혁해 나가야 한다고 봤다. 그렇다고 사민구직론이 신분제 철폐까지 추구한 것은 아니다. 직업 분화와 전문화를 강조하면서 사회분업을 통한 경제발전 방안을 제시했을 뿐이다.

정약용이 요즘 살았다면 마이크로소프트의 빌 게이츠나 아마존의 제프 베이조스, 테슬라의 일론 머스크 같은 세계적 갑부가 됐을지 모른다. 성리학의 조선은 돈벌이를 천하게 여겼지만, 정약용은 돈벌이를 귀하게 받아들였다. 당시로서는 드물게 경제관념이 있는 지식인이었다. 실제로 양잠을 해서 꽤 많은 돈을 벌었다. 결혼 초 서울 명동에 살 때 집에 뽕나무 20여 그루를 길러 수익을 톡톡하게 거뒀다. 공무를 마치고 퇴근해서는 뽕나무의 잔가지를 자르는 일도 했고, 뽕나무 잎을 주면서 누에치기를 해서 해마다 비단을 생산해 냈다. 그래서 뽕나무 365그루를 심으면 일 년에 365꿰미를 벌어들일 수 있다고 강조한다. 365꿰미는 요즘으로 치면 수천만 원 되는 수입이다. 정약용은 틈만 나면 주변에 양잠을 해서 돈을 벌라고 권장한다.

양잠은 특별한 노동력을 요구하지도 않는다. 양반도 체면 구기지 않고 충분히 할 수 있는 일이다. 집안에 7층 잠상을 설치해 놓고 부지런히 누에를 길러 몇 해만 지나면 먹고 살 걱정이 없어진다. 식량, 소금, 소고기 장조림 등의 식량과 반찬 정도는 충분히 장만할 수 있다. 먹거리 때문에 아내가 남편을 바가지 긁는 일도 없어진다고 했다. 정약용은 "뽕나무 재배는 유학자의 명예를 실추시키지 않고 큰 이익도 남길 수 있으니 세상에 이런 일이 또 있겠느냐"고 강조했다.

집집마다 누에치기를 해서 1960~1970년대 농가 소득 증대에 상당한 기여를 했고, 나라 입장에서는 외화 획득의 효자 역할을 했던 적이 있다. 이후에는 한동안 뜸했다가 최근 들어서는 누에가 첨단 바이오 소재로 탈바꿈하면서 양잠이 다시 관심을 끌고 있다. 두 아들에게도 양잠을 적극 권했고, 수령에게도 관청 차원에서 양잠 부흥에 나서라고 주문했다. 『목민심서』에서 "농사는 식생활의 근본이고 양잠은 의생활의 근본"이라면서 뽕나무 심기를 권장하는 것은 수령의 중요 임무라고 강조했다.

정약용은 양잠은 권했지만 보리 재배는 말렸다. 나라가 보리 재배를 권장하지만 보리 재배는 하지 말라고 솔직하게 털어놓는다. 보리 재배는 세상에서 가장 수익이 낮아 경제성이 없다는 것이다. 차라리 보리밭에 복숭아, 자두, 매실, 살구, 사과 등의 과실수를 심으면 수익이 10배는 된다. 쌀농사 이외에 특용작물, 목축 등 다른 농업에 힘쓰라고 당부한다.

제자 윤종억에게 보낸 편지에서도 선비가 생활수단이 있어야 한다면서 돈벌이를 강조한다. 그는 "늘 가난하고 천하면서 인의를 말하기를 좋아한다면 부끄러운 일"이라면서 생활 능력이 없는 무능력자 선비에게 안타까움을 표시했다. 명절에 처마 끝에 고기가 걸려 있지 않고 빚 독촉하는 사람들이 대문을 두드리면 지혜로운 선비가 아니라고 했다. 가족의 생계에는 관심이 없고 오로지 청렴과 결백, 지조만 내세우면서 '공자 왈 맹자 왈'만 외치는 생활 무능력자 '남산골 딸깍발이'가 되지 말라는 얘기다. 공자

정약용 코드

제자들 사이에서는 재산 증식 이야기를 부끄럽게 여겼지만, 제자 자공은 유통업으로 돈을 번 부자다. 정약용은 자공같이 부자가 되라고 당부한다. 정약용은 18년 유배를 하지 않고 사업을 했으면 경주 최 부자는 아니더라도 남양주 정 부자가 됐을 것이다.

경제관념도 뛰어났지만 농업의 전문가였다. 양잠뿐 아니라 다른 분야도 전문적인 지식을 갖고 있었다. 아들이 닭을 기르고 있다는 소식을 전하자 반색하면서 아예 양계 전문가로 나서는 게 어떠냐고 묻는다. 양계와 관련한 책을 읽고 닭 기르는 좋은 방법을 찾아보라고 했다. 달걀을 색깔별로 나눠서 길러 보라는 주문은 흰색 달걀과 황색 달걀이 사료값과 신선도 유지에 차이가 난다는 점을 알고 있다는 거다. 다른 집 닭보다 살찌고 알을 잘 낳을 수 있도록 하려면 닭이 앉는 횟대를 다르게 만들어 보라고 한다. 닭이 어떤 상태에서 달걀을 많이 낳는지 습성을 연구해 보라고 주문한다. 이쯤 되면 양계 전문가다. 양계 전문가가 아니면 말할 수 없는 대목이다. 닭이 생활하는 모습을 시로 지어 짐승의 실태를 파악해 보고, 닭을 기른 경험을 바탕으로 아예 책을 써보라고 권한다.

두 아들이 국화를 심었다는 얘기에 자신이 강진으로 유배 오기 전에 텃밭을 가꿨던 경험을 알려준다. 국화 한 이랑은 가난한 선비 몇 달 식량에 해당되는 가치가 있는 것이니 생지황, 끼무

릇, 도라지, 천궁, 쪽나무, 꼭두서니 등도 가꾸어 보라고 했다. 우리나라도 중국처럼 다양한 물감 들이는 방법을 연구하자는 아이디어도 내놓는다. 우리나라는 옷감에 자색과 녹색 두 가지 색깔만 사용하고 있지만 중국에서는 비단이나 지폐에 총천연색을 사용하고 있다고 했다. 정약용은 조선에서 두 가지 색깔만 고집할게 아니라 새로운 색깔을 만들어 보라고 주문한다. 익숙한 데서 벗어나야 발전이 있는 법이다. 정약용은 발상의 전환을 촉구하고 있는 것이다. 돈벌이를 우습게 여긴 성리학의 껍질을 일찌감치 깨트린 선비다. 선비도 잘 살 수 있는 나라가 정약용이 가려던 길이었다.

'소 500마리'로 잡아먹은 나라의 미래

중국과 조선의 소를 비교하면 완전 딴판이다. 중국은 소를 우대하는 나라지만, 조선은 소를 우습게 아는 나라였다. 중국에서는 성질 사나운 남방 물소만 코뚜레를 했으며 다른 소는 코뚜레를 하지 않았다. 중국은 항상 소를 아끼고 깨끗하게 목욕을 시켜주고 손질까지 해준다. 조선의 소는 예외 없이 코뚜레를 했으며, 죽을 때까지 씻기지 않아 똥 찌꺼기가 덕지덕지 말라붙어 있다. 중국에서는 소 도살을 제한했으나, 조선에서 잡아먹는 소는 하루에 무려 500마리나 됐다.

베이징 시내에 돼지고기 판매 푸줏간 72곳이 있었고 푸줏간마다 돼지고기 300마리 판매를 할당받았지만, 소고기 판매 푸줏간은 단 2곳뿐이다. 조선에서는 한양에만 소고기를 파는 푸줏간이 24곳이었고, 전국 300여 개 고을마다 푸줏간이 있다. 혼례 등의 잔치와 밀도살 등을 감안하면 대략 하루에 소 500마리를 잡아먹는다는 계산이 나온다고 『목민심서』에서 추산한다. 조선은 유독 소고기를 좋아했다. 임금부터 소고기를 즐겼다. 대부분의 임금은 비만과 당뇨병으로 고생했고, 특히 세종대왕의 고기 사랑은 너무나 유명하다.

백성들도 일하다가 배고프면 소를 잡아먹었다는 얘기가 있을 정도였다. 오죽했으면 외상이면 소도 잡아먹는다는 말이 있을까. 소고기만 즐겨 먹고 돼지고기를 먹지 않는 백성이라는 소문이 중국까지 퍼졌다. 사신이 청나라에 가면 청나라 황제는 조선 사람은 돼지고기를 먹지 않으니 소고기를 대접하라고 특별 지시를 내렸다.

소 도살을 금하고 소고기를 먹지 않는 대표적인 나라가 인도다. 소를 신성시하고, 소 도살 문제로 살인이 벌어지기도 한다. 인구의 80퍼센트가 힌두교 신자인 인도는 종교적인 이유로 소고기를 먹지 않는다고 알려져 있다. 하지만 이는 사실과 거리가 멀다. 인도에서 보호 대상은 어디까지나 암소다. 암소를 도살하면 종신

형에 처해진다. 길거리에서 소가 있으면 차가 비껴가면서 보호해주는 것은 암소다. 인도가 소고기를 먹지 않는 것은 종교적인 이유라기보다는 암소를 보호하기 위해서다.

간디는 암소를 잡아먹기 시작했으면 인도에서 남아나는 소가 없었을 것이라면서 암소를 잡아먹지 말라고 당부했다. 14억 명이 넘는 인구가 소를 도살해서 소고기를 먹기 시작하면 하루에 몇 마리를 잡아먹어야 할까. 인도에서 암소는 보호 대상이지만, 물소는 도축 대상이다. 인도는 한 해에 200만 톤이 넘는 소고기를 수출하는 세계 최대 소고기 수출 국가다. 도륙하고 수출하는 소고기는 물소다.

정약용은 "소는 열 달에 한 번 새끼를 낳는데 몇 년에 한 번, 한 마리를 낳기 때문에 하루 500마리씩 도축하면 감당하지 못할 것이고, 소는 날마다 귀해질 것"이라고 소고기 도축의 문제점을 지적했다. 소를 잡아먹지 말고 보호하자는 정약용은 차라리 개고기를 대안으로 제시했다. 그가 1811년에 흑산도에 유배생활 하던 형 약전에게 보낸 편지에는 형에 대한 건강 걱정과 형제애로 가득했다. 형이 보내준 편지에서 짐승 고기는 도무지 먹지 못하고 있다고 했는데, 이것이 어찌 생명을 연장할 수 있는 방법이라고 하겠느냐고 반문했다. 섬 안에 개가 백 마리가 아니라 천 마리도 넘을 텐데 자신이 흑산도에 있었다면 5일에 개를 한 마리씩 잡겠노라고 했다. 유배자 신분이 아니라 이동이 자유로웠더라면

정약용 코드

당장 흑산도로 배 타고 건너가서 개를 잡아 고아줄 것 같은 태세다.

중국과 인도처럼 조선의 소는 농사의 중요한 수단이었고, 소가 없으면 농사에 차질이 불가피했다. 소를 잡아먹으면 소가 귀해지고, 소 없는 농가는 농사철이면 이웃집 소를 빌려 써야 했다. 빌려 쓰려는 사람이 많을수록 소의 쟁기질 순서는 오래될 수밖에 없고, 논갈이와 농사에 차질이 불가피하다는 것이다. 농사를 위해서도 소 도살은 반드시 금지해야 했다. 정약용은 소 도살을 금지하거나 제한하면 농사 때를 놓치는 일이 사라질 것이라고 말했다. 정약용이 소를 잡아먹지 말자고 한 까닭은 농민과 농업을 보호하기 위해서다. 소는 백성의 미래였고, 조선의 미래였다. 조선이 하루에 500마리씩 마구 잡아먹은 것은 소가 아니라 조선의 미래였던 거다.

III

돈키호테와
정약용의 만남

1
'통치의 기술' 『목민심서』

강진 유배는 독이 아닌 약

강진이 아니었으면 『목민심서』는 없었을 거다. 역설적으로 강진 유배가 정약용에는 독이 아닌 약이 됐다. 강진에서 유배생활을 했기에 『목민심서』가 나올 수 있었다. 503권의 저술이 강진이었기에 나올 수 있었지만 특히 『목민심서』는 더욱 그랬다. 강진은 아전들의 횡포가 심한 곳 가운데 하나였다. 정약용은 관리와 아전의 비리와 부정부패 행위를 강진 현장에서 목도했다. 정약용은 "유배생활을 하고 사회적 지위가 낮아지면서 들은 바가 많았다"고 말했다. 높은 관직에 있을 때는 보고 듣기 어려웠다. 백성들과 부대껴 살면서 고통받는 삶을 가까이서 생생하게 지켜볼 수 있었다. 이런 리얼한 경험이 있었기에 정약용은 저술 곳곳에서 나라가 무너져 가는 모습을 생생하게 전할 수 있었다.

정약용 코드

『목민심서』에는 직간접적인 공직 경험도 녹아 있다. 정약용은 아버지 정재원이 현감과 목사 등의 관직을 지닐 때 따라다니면서 고을을 통솔하는 모습을 보고 배웠다. 6살 때 경기 연천서, 16살 때는 전남 화순에서 보냈다. 정약용은 "비록 나는 어리석었으나 선친을 따라다니면서 배우고 깨달은 바가 있었다. 그때 배운 것이 나중에 벼슬길에 올라 내가 직접 백성을 다스릴 때 도움이 됐다"고 술회했다. 지방에서 근무한 수령 경험도 『목민심서』의 바탕이 됐다. 황해도 곡산 도호부사 시절의 지방행정 경험을 「상산록」 등의 자료로 모두 기록해 뒀고, 이런 기록들이 『목민심서』 저술의 바탕이었다. 33살 때 경기도 암행어사 활동도 중요한 경험으로 작용했다.

『목민심서』는 청렴서로 인식된다. 『목민심서』가 청렴 서적으로 인식되는 대표적 사례가 호찌민 논란이다. 호찌민 논란은 베트남 주석 호찌민이 베트남의 부정부패를 척결하기 위한 필독서로 『목민심서』를 꼽았다는 것이다. 호찌민은 머리맡에 『목민심서』를 두고 읽었고, 정약용의 제삿날까지 챙겨 제사를 지냈다는 얘기다. 유홍준의 『나의 문화유산 답사기』, 『박헌영 평전』에 이어 2017년에는 당시 대통령까지 나서 '호찌민의 애독서 『목민심서』'를 언급했다. 정약용의 『목민심서』를 호찌민이 애독했다면 당연히 환영할 만한 일이다. 하지만 호찌민 논란은 대부분 확인되지 않은 설에 불과하다. 호찌민 박물관에는 『목민심서』가 없으며, 호찌민 논란과 관련한 얘기는 가짜뉴스라는 반론도 만만치 않다.

호찌민 논란이 주는 착시현상

실제 『목민심서』는 곳곳에서 수령들의 청렴을 강조하고 있기는 하다. 정약용은 수령이 오직 세금을 거둬들이는 데만 급급하고 백성을 어떻게 먹여 살릴지는 뒷전이었다고 지적한다. 백성의 어려움을 헤아리는 일은 나 몰라라 했기에 백성들은 여위고 병에 걸려 곤궁한 생활을 하고 있다고 전한다. 수령들에게 청백리의 삶을 귀감으로 제시하면서 청렴한 삶을 좇으라고 당부한다. 수령들이 부임할 때 옷차림을 검소하게 해야 한다고 했고, 공직을 떠날 때도 갖고 가는 짐보따리를 적게 해야 한다고 했다. 청렴을 강조하면서 청렴 이미지가 많이 부각돼 있는 것은 사실이다.

　『목민심서』가 청렴 서적으로 인식되는 것은 착시현상에 가깝다. 『목민심서』는 청렴을 목적으로 하지 않는다. 다산연구회가 정의하는 『목민심서』는 '지방행정의 지침서'다. 공직 경험이 많지 않은 수령들이 고을을 다스릴 때 무엇을 어떻게 해야 할지를 설명하는 행정의 가이드라인이다. 고을을 다스릴 때 조심해야 할 대목을 설명하는 행정실무 편람이고, 수령이 관찰사(감사)로부터 근무평가를 잘 받기 위한 행동요령도 들어 있다.

『목민심서』는 부임, 율기, 봉공, 애민, 이전, 호전, 예전, 병전, 형전, 공전, 진황, 해관 등 모두 12편으로 구성돼 있고, 12편이 각 6개 항목씩 모두 72조항으로 구성된 지방행정의 설명서다. 이조, 호조, 예조, 병조, 형조, 공조의 업무는 요즘 시청과 군청의 기획조정실, 재무국, 문화국, 비상기획실, 교통 및 건설국 등에 해당된다. 이전은 일반행정, 호전은 세금 거두는 재무 분야, 예전은 제사와 교민 등의 문화, 병전은 군사, 형전은 사법, 공전은 산림 도로 건설 및 유지 등 분야별 세부 행정 가이드라인을 소개한다.

부임-율기-봉공-애민-진황-해관 등 6개 파트는 공직자로서 가져야 할 처신과 자세를 설명한다. 부임과 해관은 수령이 부임할 때와 공직을 떠날 때의 처신과 행동 요령을, 율기-봉공은 공직 기강과 복무 지침을 안내한다. 애민-진황은 흉년 등의 경우에 백성을 구하고 사회적 약자를 보호하는 구체적인 실천 요령을 제시한다.

『목민심서』는 오히려 청렴이 지나치면 사회가 각박해진다면서 주변의 어려운 사람을 돌아보고 베푸는 넉넉함을 가지라고 강조한다. 청렴을 강조한 까닭은 청렴을 조직 통솔의 수단으로 보고 있기 때문이다. 청렴하지 않고는 조직 관리를 할 수 없고, 고을을 다스릴 수 없다고 했다. 청렴하지 않으면 수령의 권위는 무너져 버린다. 비리 수령을 아랫사람들은 우습게 여긴다. 아전에게 청렴 수령은 비리 활동의 걸림돌이다.

수령이 아전들과 비리의 한통속이 돼야 그들은 장애물 없이 마음 놓고 백성을 수탈할 수 있다. 아전들은 수령이 자신들과 비리의 공범이 되도록 끊임없이 유혹한다. 『목민심서』는 아전들의 간활한 수법을 설명하면서 수령이 아전들에게 휘둘리지 않고 살아남는 길을 설명한다. 아전을 잘 통솔할 줄 알아야 훌륭한 수령이다. 수령이 살아남는 길은 청렴뿐이다. 정약용은 그 말을 하고 있는 거다. 『목민심서』는 수령이 알아야 할 '통치의 기술'을 적고 있다.

흔히 사또나 원님이라고 부르는 관리가 『목민심서』의 '목민' 하는 관리다. 목민은 '칠 목(牧), 백성 민(民)'으로 '백성을 기른다'는 의미다. 목민관은 백성을 다스리는 지방관이다. 임금 곁에서 일하는 중앙의 관리를 목민관이라고 부르지 않는다. 목민관은 요즘의 지방자치단체장이다. 지자체장은 도지사부터 시장, 구청장, 군수까지 다양하다. 조선시대의 관찰사(감사)는 도지사에 해당되고, 국경 지역 관찰사는 국방까지 맡아 안찰사라고 불렸다. 관찰사 아래는 고을의 크기에 따라 부윤, 대도호부사, 목사, 군호부사, 유수, 군수, 현령, 현감 등의 다양한 직급의 목민관이 있었다.

백성을 다스리는 것을 '목민'이라고 하지만 목민관은 백성에게 봉사하는 자리라는 의미보다는 백성보다 우위에 있다는 개

　　　　　　　　정약용 코드

넘이다. 조선시대에나 어울렸을 전근대적인 표현이다. 사또, 원님, 목민관, 수령은 같은 의미다. 하지만 『목민심서』가 통치의 기술을 다루고 있다는 관점에서 보면 목민관, 사또, 원님보다는 수령이란 호칭이 더 적절해 보인다.

선비의 나라? 아전의 나라!

대원군이 꼽은 조선의 3대 병폐는 충청도의 사족(선비), 평안도의 기생, 전주의 아전이다. 아전은 중앙 또는 지방의 관청에 근무하던 하급 관리를 말한다. 요즘의 사무관 아래 주무관으로 불리는 이들이다. 시청과 구청, 군청 등 행정기관에서 실제 행정을 맡아 국민들과 접촉하는 공무원이 주무관이다. 대원군이 조선의 3대 병폐로 꼽은 이유는 전주의 아전들이 간활했고 파워가 관찰사(감사)와 맞먹을 정도였기 때문이다. 현재의 시·도지사는 차관급(서울시장만 장관급)이지만, 당시의 관찰사 직급은 한 단계 높은 장관급이다.

　이노익이 판서(장관)를 마치고 전라도 감사(관찰사)로 부임했다. 전라 감영(도청)의 아전 최치봉은 간활하고 악독한 '아전의 괴수'였다. 전라도 53개 읍마다 2~3명의 간활한 아전들은 모두가 최치봉과 결탁돼 있었고, 최치봉은 그 우두머리였다. 감사가 아전들에게 관할 지역 내 수령들의 행태를 탐문하라고 지시하면 그들은 탐문 결과를 최치봉에게 먼저 보고했다. 최치봉의 지시를 받은 뒤에 행동에 나섰다. 탐문을 마치고 돌아와서 보고할 때도 최치봉에게 먼저 보고하고 나서 감사에게 보고를 했다. 최치봉의 지시에 따라 청렴한 수령이 나쁜 사람으로 둔갑하고, 비리 수령은 훌륭한 사람으로 뒤바뀌었다.

이쯤 되면 감영(도청)에서 가장 높은 사람이 감사인지 아전인지 구분이 되지 않는다. 최치봉은 해마다 돈 수십만 냥을 각 읍의 아전에게 나눠주고, 창고의 곡식을 팔아 돈으로 바꿔 고리대금 밑천으로 삼았다. 공금으로 사채놀이를 한 거다. 전임 감사들은 최치봉의 농간을 알면서도 손도 대지 못하고 지켜만 봤다. 감사 이노익은 부임한 지 10일 만에 전격적으로 아전 최치봉의 농간 사실을 파악해 처형하려 들었다. 최치봉은 다음 날 정오까지만 시간을 달라고 했다. 자신이 구축해 놓고 있는 조정의 연줄을 총동원해서 구명운동을 벌이겠다는 속셈이다. 감사가 자신을 단죄하려고 하는데 감히 감사에게 시간 여유를 달라고 요구할 정도로 그의 위세는 대단했다. 감사 이노익은 최치봉을 즉각 사형시켜 버렸다.

조선은 양반의 나라인 동시에 아전의 나라였다. 성리학을 공부한 선비들이 조선사회의 주인공인 줄 알지만 반드시 그렇지 않다. 전정, 군정, 환곡의 삼정 문란에는 수령들도 한몫을 했지만 중심에는 아전들이 자리하고 있었다. 아전들을 별 볼일 없는 지방 관청의 하위 관리쯤으로 봐서는 곤란하다. 아전들의 연줄은 고을을 벗어나 한양까지 뻗어 있다. 아전이 선비를 두들겨 팬 일이 발생하자 전라 감사 정범조가 아전의 사형을 지시했다. 아전은 전라 감사를 지낸 뒤 서울에 있던 정범조의 아버지 정기세에게 로비를 해서 사형을 면하고자 했다. 정범조는 아버지의 부탁에도 불구하고 아전을 사형에 처해 버렸다. 아전은 감사의 아버지이자 전임 감사와 청탁을 주고받을 정도로 튼튼한 끈이 있었다. 든든한 빽이 있었기에 양반도 두들겨 팰 수 있었던 것이다.

아전들은 결코 간단한 부류가 아니다. 정약용은 "수령은 아전을 벌레로 보고 자그마한 꾀로 이리저리 마음대로 다룰 수 있다고 생각하지만 이는 착각"이라고 말했다. 정기세와 아전처럼 전임 수령 또는 감사와 좋은 인간관계를 유지하는 것을 '유교(由交)'라고 부른다. '인연 유(由), 사귈 교(交)'다. 중앙 조정의 관리가 권력 다툼에서 밀려 시골로 귀양살이 와 있으면 아전들은 조용히 다가가 음으로 양으로 도와준다. 어려울 때 도와준 은혜는 쉽사리 잊지 못하는 게 인지상정이다. 귀양살이하던 벼슬아치가 몇 년 뒤 권력을 되찾으면 아전에게는 엄청난 '빽'이 생긴 거다. 벼슬아치가 귀양살이할 때 쌓은 인연은 '적교(謫交)'라고 한다. '귀양갈 적(謫), 사귈 교(交)'다. 아전은 중앙 조정까지 뻗어 있는 네트워크를 바탕으로 감사도 우습게 여기고 선비를 두들겨 팼던 거다.

아전에게는 월급이 없었다

요즘 젊은이들의 로망은 목에 걸고 다니는 신분증이다. 중소기업보다는 대기업을 선호하고 공무원이 되려는 이유가 안정적인 직장이기도 하지만 목에 걸고 다니는 신분증 탓도 크다. 어렵사리 공무원 시험에 합격해서 카페나 음식점에서, 길거리에서 공무원 신분증을 걸고 다니는 보람과 자긍심이 이만저만 아닐 것이다. 조선시대 과거시험에 합격하면 고신(告身)과 녹패(祿牌), 두 개를 받는다. 고신은 '알릴 고(告), 몸 신(身)'으로 공직 임명장이다. 녹패는 '녹봉 녹(祿), 명찰 패(牌)'로 보수를 받을 수 있는 급여표다. 임명장인 고신은 갖고 다니기 어렵지만, 녹패는 관리들이 받는 월급인 녹봉(祿俸)의 규모가 쓰여 있다. 녹패를 서울 마포의 광흥창에 갖고 가면 쌀과 베를 받을 수 있다. 요즘의 공무원 신분증에 비할 바가 아니다. 신용카드 기능이 함께 부여된 공무원 신분증이라고 할 만하다.

녹봉의 '녹(祿)'은 고위 관리들에게 주는 정기적인 급여를, '봉(俸)'은 하급 관리인 서리들에게 지급되는 수당이다. '관리'의 '관(官)'이 5급 이상의 공무원을, '리(吏)'가 6급 이하 하위공무원을 이르는 것과 비슷하다. 젊음을 바쳐서 과거시험에 합격해 고신과 녹패를 받았지만, 녹패를 마포 광흥창에 갖고 가도 실제 받는 녹은 적었다. 장관도 쌀밥을 먹기 어려웠을 정도였다고 하면 상상

정약용 코드

이 가는가.

　태종이 병조판서와 호조판서, 우의정, 좌의정을 두루 지낸 박은의 집을 예고 없이 방문했다. 박은은 임금이 왔다는 기별을 받고도 한참 만에야 얼굴을 드러냈다. 빨리 나오지 않은 탓에 태종의 기분이 약간 상한 듯하자 박은은 탈속반을 먹다가 양치질을 하고 나오느라 늦었노라고 해명했다. 탈속반은 제대로 도정을 하지 않은 매우 거친 식사다. 벼의 껍질인 겨를 제대로 쓿어내지 않은 궂은쌀로 지은 밥이다. 태종이 조정의 대신이 어찌 탈속반을 먹느냐고 탄식하자, 수행했던 신하들이 "대신을 의지해 살아가는 일가친척들이 워낙 많아 녹으로 받은 쌀이 그날 저녁이면 다 흩어져 버린다"고 설명했다. 조선 말에 한 집안 식구라고 찍은 사진을 보면 30~40여 명이 바글바글하다. 관리 한 명이 받는 녹봉으로 많은 식구를 먹여 살리기에 턱없이 부족했다. 박은이 청렴한 탓도 있었겠지만 장관급 고위공직자의 사정이 이 지경이었다. 하물며 직급이 낮은 공직자들의 형편은 말할 것도 없다.

　지방 아전들의 월급인 '봉'은 아예 없었다. 아전들은 월급 한 푼 없이 '열정 근무'를 강요받았다. 조선은 아전들에게 월급 줄 능력이 없었다. 임진왜란을 거치면서 녹봉제는 완전히 무너져 내렸다. 임진왜란 이후 전국의 경작 면적이 3분의 1 수준으로 크게 줄어들면서 재정이 붕괴돼 버렸기 때문이다. 경작 면적이 줄어든 만큼 세금이 줄어들었다. 임진왜란 이전에는 녹봉 지급 등 재정에 투입되는 쌀이 약 10만~15만 석가량이었지만, 임진왜란 이후에는 4만 석가량으로 쪼그라든 적도 있다. 정약용은 "국가 세입은 평년에도 12만 석에 불과한데 흉년을 당하면 서울로 수송되는 것은 불과 몇 만 석에 불과하니 나라를 운영하는 경비가 장차 어디서 나올 것인가"라고 한숨을 쉬었다. 효종 때는 세입 10만 석에 지출 12만 석의 적자 재정으로 나라가 운영됐다. 마이너스 통장으로 나라가 돌아갔다는 얘기다.

나라 살림살이가 이 지경이었으니 지방 아전에게는 월급 한 푼 주지 못하는 게 당연했다. 하지만 그 후유증은 너무나 엄청났다. 정약용은 "녹봉이 없으니 탐욕스런 풍속이 많이 일어났다"고 했다. 나라는 아전들에게는 월급을 주지 못했지만, 아전들에게는 공권력이라는 막강한 권한이 주어져 있었다. 아전들은 공권력을 무기로 백성들을 수탈했고 탐학했다. 나라는 그런 아전들을 단속하고 통솔할 엄두도 내지 못했다. 월급을 주지 못하는 나라는 아전들의 탐학을 막을 명분도 없었고, 수령들은 아전들을 통제할 능력이 없었다. 오히려 아전들에 놀아나는 경우가 적지 않았다.

정약용 코드

흉년이 풍년보다 살 만하다?

"풍년이 흉년보다 못하다"는 말이 있었다. 패러독스가 아닌 현실이다. 가뭄과 홍수 등의 재해가 있는 해에 백성들은 양식이 부족하더라도 먹을 것을 줄이고 허리끈을 조이면 살아갈 수 있었다. 아전들의 수탈과 탐학 행위도 주춤할 수밖에 없었다. 하지만 풍년이 들어 먹을 것이 넘치면 아전들의 활동도 적극적으로 바뀐다. 흉년에 빌려준 쌀을 갚으라는 독촉이 이어지고, 돈을 갚지 못한 백성들을 형틀에 붙잡아 매는 일마저 발생한다. 형편이 그런대로 넉넉한 풍년일수록 아전들이 발호가 심했다. 그러니 풍년이 흉년보다 못하다는 푸념이 나온 거다.

백성은 논밭을 삶의 터전으로 삼지만, 아전들은 백성을 그들의 논밭으로 삼았다. 나라로부터 월급을 받지 못한 아전들은 백성들의 집을 털어 생활비와 용돈을 챙겼다. 공권력을 가진 아전들에게 백성들은 먹잇감이었다. 아전들은 백성의 팔을 결박하고는 집안을 뒤져 솥과 송아지, 돼지를 끌고 갔다. 얼마나 횡포를 부렸으면 아전이 거쳐 간 집의 처마와 벽은 무너지고, 창문은 찌그러졌다. 온 마을이 소란했고, 울음소리가 끊이지 않았으며, 사람의 자취와 밥 짓는 연기가 끊어졌다. 세금을 징수할 때면 온 나라가 아수라로 변했고, 지옥이 따로 없었다.

정약용의 저술 자료집인 「한암쇄화」에는 아전들의 수탈 장면이 리얼하게 묘사돼 있다. 강진에 유배했던 1809년과 1810년 전라도 지역에 극심한 흉년에다 전염병까지 돌았다. 고향을 떠나 전국으로 유랑을 떠나는 백성들이 길을 메웠고, 버려진 아이들이 길거리에 넘쳤으며, 전염병으로 숨진 백성의 시신들이 길을 메웠다. 가뭄, 홍수, 태풍 피해를 입은 지역에서는 세금을 내지 않아도 된다는 임금의 면세 지침이 내려오더라도 백성에게는 전달되지 않았다. 아전들은 이를 감추고 백성들로부터 세금을 그대로 거둬들였다. 흉년인데도 풍년에 나라에 내던 세금을 바치느라 풍비박산 나는 가정들이 허다했다.

아전들의 횡포에 대한 분노를 담은 정약용의 시가 「용산리(龍山吏)」, 「파지리(波池吏)」, 「해남리(海南吏)」라는 세 개의 시다. '용산 마을의 아전', '파지 마을의 아전', '해남 마을의 아전'이라는 의미다. '리(吏)'는 아전 같은 하급 관리를 말한다. 이른바 '3리(三吏)시'에서 정약용은 "…용산리에 들이닥쳐서 / 소 뒤져 관리에게 넘겨주는데 / 그 소 몰고 멀리멀리 사라지는 걸 / 집집마다 문에 기대어 보고만 있네 / 사또님 노여움만 막으려 하니 / 그 누가 백성고통 알아줄 건가…"라고 아전들의 횡포를 적고 있다.

아랫물이 흐린 원인은 윗물이 맑지 않기 때문이다. 정약용은 "수령이 깨끗하지 않으니 아전도 따라 움직인다"고 했다. 수령이 비리를 저지르니 아전들은 윗사람 눈치를 보지 않고 백성들을 수

정약용 코드

탈했다. 나라의 세금을 빼돌려 백성들에게 쌀장사를 하는 것은 감사와 수령의 수법이다. 감사는 겨울이면 가을에 추수한 곡식에 세금을 매기고, 거둔 세금을 조운선에 싣고 가서 한강의 나라 창고에 내야 한다. 그런데도 배에 쌀을 잔뜩 실어놓고 이듬해 봄이나 여름까지 버틴다.

조정에는 "백성들의 풍속이 간교하여 납세를 끌기만 한다"면서 백성들이 세금을 내지 않고 버틴다고 보고한다. 춘궁기를 맞거나 곡식이 부족한 여름이 되면 조운선에 실어놓았던 쌀을 방출한다. 쌀이 부족한 무렵에 쌀을 내다 팔면서 비싼 값을 받는다. 감사와 수령이 이런 방식으로 도둑질하는 동안 아전들은 마음 놓고 백성들을 그들의 논밭으로 삼았다. 그래서 비리의 수령들은 아전들의 수탈을 꾸짖을 수 없었다. 아전들의 탐학은 토지대장과 호적대장까지 무력화하면서 나라의 근간을 무너뜨렸다.

아전은 토지-호적대장에 목숨을 걸었다

모처럼 제대로 된 수령이 부임해서 세금을 제대로 거두려고 토지대장을 확인하고 토지 측량을 정밀하게 하려 들면 관청은 난리가 난다. 아전들은 온갖 방법을 동원해 수령이 토지대장과 호적대장을 들춰보고 점검하는 걸 뜯어말린다. 그들은 수령이 토지대장과 호적대장에 손도 대지 못하게 했다. 수령이 토지대장을 챙기면 그들의 운신의 폭은 줄어든다. 토지대장과 호적대장이 허술하고 엉터리라야 아전들의 '수익 활동'에는 제격이다. 아전들의 농간과 횡포는 수령의 침묵과 허술한 호적대장, 엉터리 토지대장에서 비롯됐다.

정약용이 유배생활했던 강진의 토지 6,000결(약 6,000헥타르) 가운데 2,000여 결이 토지대장에서 누락돼 있었다. 3분의 1가량이 세금부과 대상에서 빠져 있었던 것이다. 정약용은 "이 정도면 토지대장에서 누락된 규모가 전국에서 가장 적은 편"이라고 했다. 강진 바로 옆의 해남은 강진보다 면적이 작은데 누결이 강진보다 훨씬 많았다. 3분의 1보다 훨씬 많은 토지가 토지대장에 누락돼 있었다. 나주에서는 누결이 원결보다 많았다. 토지 가운데 절반가량이 토지대장에 오르지 않았다는 얘기다.

토지대장이 엉터리였으니 백성들로부터 거둬들이는 세금이 줄줄 샜다. 정약용이 "이런 일도 있는가!"라고 땅을 칠 만했다. 토지대장에 없다고 백성이 세금을 내지 않는 것은 아니다. 아전들이 거둔 '세금 아닌 세금'은 그들의 주머니로 들어갔다. 문제는 아전들 차지가 나라 곳간으로 들어가는 세금보다 많았다는 데 있다. 배보다 배꼽이 컸다. 토지대장과 호적대장에 아전들이 목숨을 건 이유가 여기에 있다.

아전 가운데 가장 큰 파워를 가진 이가 이방으로 알려져 있지만, 실제로는 호적 담당 아전 자리가 꽃보직이다. 정약용은 "이 방이 가장 좋은 자리로 여겨지지만, 3년마다 호적을 정비하는 때가 되면 호적 담당 아전은 큰 고을에서는 1만 냥, 적은 고을에서는 3,000냥을 먹는다"고 했다. 화성 축성에 거중기 등의 기기를 사용해서 절약한 나라 살림이 4만 냥이라는 점을 감안하면 고을의 호적 담당 아전들이 챙기는 비리는 엄청난 규모다. 3년마다 보완하는 호적은 아전의 농간이 가장 쉽게 작용하는 공간이다. 정약용은 수십 년 이래 수령이 전혀 돌보지 않아 아전의 횡포와 농간이 끝 간 데를 모르게 되었는데 그중에서도 호적이 가장 심하다고 했다. 수령이 무관심할수록 아전의 농간 공간은 컸다. 아니, 아전들은 어떻게 해서든 수령들이 토지대장에 관심을 기울이지 않고 방기하기를 유도했다.

호적 담당 아전은 아예 호적대장을 무시하고 세금을 거둬들였다. 예를 들어 호적 담당 아전이 100가구가 거주하는 고을에 내년부터 세금 부과 대상을 20가구 늘리겠다고 정한다. 느닷없는 20퍼센트 증액 결정에 마을은 난리가 난다. 군역과 요역 부담이 그만큼 늘어나기 때문이다. 고을 사람들이 부랴부랴 갹출해 호적 담당 아전에게 뒷돈을 건네주면 군역과 요역을 부담할 가구는 10가구로 절반 줄어든다. 대신 줄어든 세금은 이웃 고을로 떠넘겨진다.

세금에는 늘 뇌물이 작용한다. 나의 세금이 줄어드는 것은 나의 뇌물이 작용했기 때문이고, 나의 세금이 늘어나는 것은 누군가가 뇌물을 바쳤기 때문이다. 호적 담당 아전의 말 한마디, 붓한 획에 고을 백성들은 천국과 지옥을 오간다. 호적 담당 아전은 이런 식으로 세금 아닌 세금을 20퍼센트 더 거둬들인다. 물론 추가되는 세금은 나라 곳간과 무관하다.

백성들은 군역과 부역의 부담 때문에 호적대장에 오르는 것을 꺼렸다. 뇌물을 주고 호적대장에서 이름을 뺀다는 거다. 실제로 호적대장에 오르지 않는 백성들이 3분의 1가량이나 됐다는 연구 결과도 있다. 토지대장과 호적대장을 나라가 장악해서 관리하면 나라의 주인은 정부가 된다. 하지만 토지대장과 호적대장이 아전들의 손아귀에 놀아난다면 나라의 주인은 아전인 셈이다. 거둬들이는 세금의 상당 부분은 아전들 차지다. 그런 점에서 조선은 '아전의 나라'라고 불릴 만했다.

노회하고, 간사하고, 간활한 사람들

아전의 농간을 비난하기보다 수령이 잘해서 아전을 제대로 통솔하면 될 일이다. 하지만 수령이 아마추어 고위공직자라면, 아전들은 프로 하위공직자다. 수령이 아전들을 손아귀에 넣으려 해도 그들은 기름칠한 미꾸라지처럼 어느새 빠져나가 있다. 전국에는

'전라 감영 아전 최치봉' 같은 아전들이 넘쳐나지만 그를 전격 처단한 '감사 이노익' 같은 인물은 드물다. 아전들은 이미 수령의 머리 위에 앉아 있다. 정약용이 아전들에게 '노회, 간사, 교활, 탐학, 탐욕, 간악…' 등의 부정적인 수식어를 붙인 이유가 있다.

수령들은 부임 초기에는 아전들을 엄하게 다스리려 들지만, 몇 달 지나면 아전의 꾐에 빠져 아무 소리도 내지 못하게 된다. 수령이 아전을 손아귀에 넣어 장악하려 해도 뜻대로 되지 않는다. 정약용은 "아둔한 수령들이 아전을 단속하지 못해 나쁜 짓을 마음대로 하도록 내버려두고 있다"고 말했다. 갓 부임한 수령들은 현지 사정에 어둡고 행정 실무를 잘 알지 못한다. 아전들의 파워는 밝은 행정 실무와 훤한 지역 사정에서 나온다. 아전들의 도움과 보좌를 받지 않으면 수령들이 고을을 다스리는 일은 불가능에 가깝다. 설령 수령이 몇 차례 고을을 다스린 경험이 있어 행정 업무를 알더라도 세세한 지역 사정까지 파악하기는 오랜 시간이 걸릴 수밖에 없다.

수령과 아전의 관계는 대체로 부임 첫날 결판난다. 이방은 수령이 부임하면 가장 먼저 「읍총기」를 들이민다. 「읍총기」는 '고을의 모든 것을 기록해 놓은 장부'라는 뜻으로, 백성을 수탈하는 방법을 정리해 놓은 책자다. 정약용은 수령이 고을에 부임해서 가장 경계하고 멀리해야 할 '1호 대상'으로 「읍총기」를 꼽는다. 수령이 「읍총기」를 보고 이방에게 조목조목 물어보며 관심을 보이면 아전은 수령에 대해 "알 만하다"고 판단을 내린다. 재물에 관심이 많아 다루기 쉬운 대상으로 분류한다는 것이다.

이방이 「읍총기」를 보여주더라도 수령은 즉시 돌려주고 묵묵히 위엄을 지켜야 한다. 정약용은 「읍총기」를 보고 세부적인 방법을 캐물어 보면 큰 수치라고 했다. 수령이 「읍총기」에 관심이 있는 듯한 눈치라도 있으면 아전들은 수령이 자신들과 한통속이 될 수 있다고 판단한다. 그런 점에서 「읍총기」는 수령들에게는 아전들이 놓은 덫이자 간보기다.

「읍총기」는 시작에 불과하다. 아전들은 수령이 자신들과 한통속이 되도록 집요하게 일을 꾸민다. 아전들이 수령을 유혹하는 말이 '비밀'이다. 아전들은 수령에게 "이 일은 비밀이라 사람들이 아무도 모른다"며 뇌물을 전달하고, 수령을 비리의 구렁텅이로 끌어들인다. 이때 수령은 "하늘이 알고 네가 알고 내가 아는데 어찌 비밀일 수 있는가"라고 크게 꾸짖어야 한다. 수령이 비밀이라는 아전의 꼬임에 넘어가 뇌물을 받는 순간, 비밀은 해제된다.

아전은 문을 나서면서 우리 수령이 뇌물을 좋아한다고 마구 떠벌린다. 소문은 삽시간에 사방팔방으로 퍼져나간다. 하지만 소문을 듣지 못하는 사람은 오로지 수령뿐이다. "남이 알지 못하게 하려거든 그 일을 하지 말고, 남이 듣지 못하게 하려면 그 말을 하지 말라"고 정약용은 당부한다. 세상에 비밀은 없다. 세상의 재앙과 우환이 모두 비밀이 유지될 수 있으리라는 착각에서 비롯된다.

정약용은 아전들을 통솔하지 못하더라도 적어도 공범은 되지 말라고 당부한다. 수령이 아전들과 공범이 되어버리면 끝장이다. 아전들에게 한번 코가 꿰이면 아전들이 시키는 대로 하지 않으면 안 된다. 정약용은 "수령이 좋아하는 것에 아전들이 영합하지 않는 경우가 없으니 내가 재물을 좋아함을 알면 반드시 이로움으로써 꾀어낼 것이요, 한번 꾐에 넘어간다면 곧 그들과 함께 빠지고 만다"고 했다. 간보기와 유혹, 한통속이 아전들의 전형적인 수법이다. 정약용이 아전들에게 간활, 노회 등의 혐오적인 표현을 하면서 수령들에게 주의를 당부한 충분한 이유가 있다.

아전들은 병법의 '반간(反間)'이라는 술수를 쓴다. 반간은 아전이 백성과 짜고 수령을 속이는 것이다. 관청에 잡혀온 백성은 아전들에게 은밀하게 선처를 호소한다. 부정 청탁을 받은 아전은 다음 날 수령이 곤장을 치라고 지시하면 큰 소리로 변명을 늘어놓으라고 백성에게 일러준다. 백성이 아전이 시키는 대로 변명하면 아전은 "곤장이나 맞을 일이지 무슨 말이 많으냐"고 큰 소리로 꾸짖는다.

아전의 호령을 듣고 수령은 아전이 권세를 부린다고 판단해 아전을 꾸짖으며 백성을 풀어주게 된다. 이런 방식으로 아전은 아주 쉽게 백성의 청탁을 해결해 준다. 아전은 백성을 잘 봐달라는 아쉬운 말을 수령에게 꺼내지도 않고도 백성의 부정 청탁을 손쉽게 들어준다. 결국 수령이 아전에게 농락당한 셈이다. 하지만 수령은 그런 사실조차 알지 못한다. 반간은 간활하기 짝이 없는 아전들의 행태다. 아전들이 간활, 즉 간사하고 교활하다는 말을 들을 만한 이유다.

아전들은 토지대장에 손도 대지 못하도록 하듯 자신의 밥그릇을 건드리면 수령에게 겁박도 서슴지 않는다. 조선의 공직사회에는 계방(契房)이 있었다. 나라가 관청의 운영경비를 주지 못하기 때문에 관청 운영경비를 자급자족하도록 한 관행적인 이권 활동이다. 아전들이 내는 축의금과 부의금, 용돈이 계방에서 나왔다. 행여 수령이 오래된 계방을 정비하려고 들면, 아전들은 차라리 아전 자리를 그만두겠다고 수령을 겁박한다. 수령이 쫓겨나기 직전의 위기상황에 몰려 있더라도 "오래 계실 것이니 염려할 게 없다"고 입에 발린 말로 안심을 시킨다. 하지만 수령을 엄하게 추궁하는 관찰사의 문서가 이미 도착해 있다는 사실을 수령만 새까맣게 모르고 있다. 수령이 어느 날 관찰사에게 전격적으로 불려가 조사를 받게 되면, 곁에서 아첨하던 아전과 측근들은 어느새 수령 비리의 증인으로 돌변해 있다. 간악하다고 표현한 이유다.

정약용 코드

수령과 아전의 관계를 정약용은 나그네와 여관에 비유한다. 지역의 토박이인 아전들은 여관 주인이지만, 수령은 부임했다 1~2년 뒤 떠나면 그만인 나그네다. 나그네인 수령은 고을 사정을 제대로 몰라 허둥대다 지리를 익힐 만하면 임지, 즉 여관을 떠난다. 아전은 나그네인 수령을 많이 겪어 왔기 때문에 수령을 다루는 데 도가 터 있다. 아전들은 관청에서는 고개 숙이고 엎드려 있다가 관청 정문을 나서면 곧바로 어깨를 펴고 수령을 비웃는다. 수령은 아전들의 이런 행태를 알 턱이 없다.

수령이 자신들의 손아귀에 들어오지 않으면 노회한 아전들은 수령을 은근히 추켜세운다. 근무 시간이 끝나고 식사 시간에 의도적으로 수령을 칭찬하는 뒷담화를 하고 그 내용이 수령 귀에 자연스럽게 들어가게 한다. 자신을 칭찬하는 얘기를 전해 들은 수령들은 자신을 추켜세운 아전을 신임하게 되는 게 인지상정이다. 수령은 무심하게 듣는 얘기지만, 실제로는 아전들이 수령 귀에 들어가라고 정교하게 꾸민 말일 뿐이다.

그들은 양반도 우습게 알았다

조선시대 관찰사는 '지방의 왕'이라고 불렸다. 관찰사는 수령에게 절대적이고 막강한 권한을 갖고 있었다. 수령 임명은 임금이 했지만 파면권은 주로 관찰사에게 있었다. 수령들은 관찰사에게 절절

맬 수밖에 없었다. 수령을 파면시킬 수 있는 근거는 관찰사의 수령 근무성적 평가다. 『경세유표』를 쓰다가 붓을 거두고 『목민심서』를 펼친 바로 그 근무성적 평가 대목이다.

관찰사는 수령 평가를 위해 아전들을 끄나풀로 활용했다. 관찰사는 모든 군현을 낱낱이 파악하기 어렵기 때문에 군현의 아전을 자신의 심복으로 삼고 수령을 염탐했다. 수령 곁에서 하루 종일 생활하는 아전들로부터 수령의 일거수일투족을 보고받았다. 아전들은 수령이 자신에게 잘해 줬으면 없던 일도 만들어서 칭찬했고, 자신과 사이가 좋지 않으면 없던 허물도 만들어 험담했을 것이다.

관찰사도 아전에게 의존하지만, 수령의 아전 의존도도 절대적이다. 수령들은 「공이제편」의 내용을 제대로 알지 못한다. 「공이제편」은 주자가 공직에 있을 때 작성한 공문을 모은 행정실무 서적, 즉 행정실무편람이다. 수령들은 행정 업무에는 '까막눈'이다. 수령들은 행정 업무를 몰라서 또는 귀찮아서 공문 작성을 아예 아전들에게 맡겨버리는 일이 많다. 수령이 공문 작성을 아전 손에 맡겨놓으면 아전은 반드시 농간을 부린다. 정약용은 "공문 작성을 절대로 아전에게 맡기지 말고, 아전이 가져오는 서류에 함부로 결재하고 서명하지 말라"고 당부한다. 아전이 갖고 오는 문서가 무슨 뜻인지도 모르면서도 물어보기가 창피해서 입도 뻥긋하지 않고 사인하는 수령들이 적지 않다. 이런 현상은 요즘도 공직사회 등에서 없다고 할 수 없다. 정약용은 문서의 내용을 잘 모르겠거나 의심스러우면 아랫사람을 불러서 반드시 물어보고 확인하라고 주문한다. 그렇지 않으면 나중에 큰 낭패에 빠질 수 있다고 경고한다.

관찰사와 수령이 아전들을 떠받들자 아전들은 양반을 우습게 알았다. 정약용은 "근래 아전의 풍속이 나날이 변해서 하찮은 아전이 길에서 만나도 절을 하지 않으려 한다"고 했다. 중인 신분인 아전의 아들, 손자들조차 고을의 양반을 대할 때 맞먹듯 했다. 오죽했으면 아전이 양반인 선비를 두들겨 패는 일도 벌어졌을까. 이쯤 되면 아전은 실제로 중인이 아니라 양반과 맞먹는 계급이요, 신분인 셈이다.

아전의 권세가 커질수록 수령은 관청에서 외로운 싸움을 해야 한다. 수령은 관청 내에서 언제나 혼자다. 이방이 마음에 들지 않고 이방을 혼내고 꾸짖어야 할 일이 있더라도 절대 이방을 직접 혼낼 수도 없고, 혼내서는 안 된다고 정약용은 조언한다. 수령과 이방의 관계가 틀어지면 수령의 관청 통솔에 엄청난 차질을 빚게 되기 때문이다. 그렇다고 이방의 말만 믿고 의존해서도 안 된다. 특정 간부의 말만 듣고 의존하면 다른 아전들과 거리가 멀어지기 마련이다. 정보도 왜곡될 수밖에 없다. 다른 소통 창구를 열어놓지 않으면 간부 한 명의 말이 모두 옳은 것으로 착각하게 된다.

정약용의 아전 견제법은 '적의 적은 나의 친구'라는 프리츠 하이더의 균형이론이다. 적을 이용해 적을 통제한다는 이이제이다. 정약용은 이방과 그의 패거리 명단을 확보하라고 조언한다. 아전들 가운데 이방과 사이가 좋지 않은 아전을 찾아내 자신의 편으로 만들라는 거다. 그를 통해 이방의 비리와 부정을 잡아내라는 얘기다. 아전을 장악하지 못하는 수령은 휘둘릴 수밖에 없다.

혹시 정신을 차리지 못할 정도로 바쁜가. 그렇다면 아랫사람들에게 휘둘리고 있을 가능성이 높다. 수령이 일정을 소화하느라 하루 종일 바쁘다고 느낀다면 '빨간불'의 경고로 받아들여야 한다. 아전들은 정신 차리지 못할 정도로 폼 나는 외부 일정에 수령을 내몬다. 수령이 없어야 자신들이 마음대로 관청을 주무를 수 있기 때문이다. 수령이 정신없이 바쁘다고 느끼면 아전들이 발호하고 있다는 방증이다. 정약용은 수령이 아전들을 바쁘게 움직이도록 해야지, 아전들이 짜준 일정을 소화하느라 수령이 바빠서 정신을 차리지 못해서는 안 된다고 경고한다.

벼슬살이는 모름지기 스스로는 항상 한가해야 하고 아전들이 바쁘게 움직이도록 해야 한다는 얘기는 지금도 공직사회에 해당되는 메시지다. 기관장이 취임하면 각종 외부 행사를 하루에도 몇 개씩 참석하느라 하루해가 짧다. 행사장에 가면 모두를 머

정약용 코드

리를 조아린다. 그렇게 하루, 이틀 보내고 한 달, 두 달 지나다 보면 어느새 퇴임식장에 서 있다. 내부는 이미 오랜 터줏대감들이 장악해서 그들 멋대로 주무르고 있다. 특히 인사가 그렇다. 퇴임식장에서 후회해도 소용없다.

진짜 욕심쟁이는 반드시 청렴하다

진짜 욕심쟁이는 청렴하다. 반어적인 표현 같지만 따지고 보면 너무나 맞는 얘기다. 정약용은 『한비자』에 나오는 재상 공의휴의 얘기를 통해 욕심쟁이와 청렴의 관계를 설명한다. 공의휴가 귀한 생선을 선물 받고는 즉각 돌려보냈다. 옆에 있던 사람이 좋아하는 생선을 왜 돌려보냈냐고 물었다. 공의휴의 답변은 생선을 받지 않으면 생선을 더 오래 먹을 수 있기 때문이라는 것이다. 생선을 선물이나 뇌물로 받으면 공직을 떠날 가능성이 많다. 공직을 떠나면 생선을 갖다 주는 사람은커녕 생선을 사먹기도 어렵다.

생선을 받지 않으면 공직에 더 오래 있을 수 있고, 생선을 오래 사 먹을 수 있다. 지위가 더 높아지면 훨씬 비싼 생선을 자주 먹을 수 있다. 생선을 선물이나 뇌물로 받는 사람은 욕심쟁이긴 한데, 작은 욕심쟁이다. 생선을 받지 않는 사람은 큰 욕심쟁이다. 청렴한 사람일수록 큰 욕심쟁이다. 큰 욕심쟁이는 반드시 청렴하다. 백 번 천 번 맞는 말이나 욕심 앞에 인간은 쉽게 무너지곤 한다.

정부나 공공기관에 작은 욕심쟁이 공직자들이 더러 있다. 공기업 평균 연봉은 7,000만 원가량이고, 간부로 올라가면 연봉 1억 원을 넘는다. 하지만 고작 몇 십만 원의 향응을 받거나 몇 백만 원의 금품을 받아 곤욕을 치르거나 자리를 떠나는 공직자들이 간혹 있다. 그들을 볼 때면 안타깝다. 소탐대실의 작은 욕심쟁이 공직자들이다.

수령의 위엄은 청렴에서 나온다. 수령이 아전의 손아귀에서 벗어나 통솔하는 유일한 방법이자 방패가 청렴이다. 수령이 청렴하면 아전들에 휘둘릴 일이 없고 비리를 저지르는 아전들을 혼낼 수 있다. 수령에게 청렴의 위엄이 있으면 간악하고 교활한 아전 무리들이 엎드리게 된다. 하지만 수령이 떳떳하지 못하고 청렴하지 못하면 아전 장악은 물 건너간다. 아전들의 잘못을 적발하더라도 처벌하기 어렵다. 이미 꼬투리가 잡혀 있는 탓이다. 아전들이 수령에게 비밀이라면서 뇌물을 전달하려는 이유가 여기 있다. 정약용은 청렴을 목적보다는 수단으로 인식한다. 그는 "청렴이란 수령의 본질적인 임무다. 청렴하지 아니하고는 수령 노릇할 사람은 없다"고 강조했다. 청렴하지 못하면 통솔력을 잃어버린다.

공직자가 한번 비리에 연루되면 평생 '비리 공직자'라는 꼬리표가 따라붙는다. 실수든 습관적이든 가리지 않는다. 정약용은 청렴을 여성의 순결에 비유했다. 정약용은 "선비의 청렴은 여자의 순결과 같다. 진실로 한 오라기의 오점도 평생의 흠이 된다"고 했다. 비리의 낙인이 한번 찍히면 그걸로 끝장이다. 늘 조심하고 경계하면서 살자던 정약용의 '여유(與猶)'는 청렴에도 적용된다. 공직에는 언제나 유혹이 끊이지 않는다. 공직자의 청렴은 단 한 번의 실수도 용납되지 않는다. 정신 바짝 차리지 않으면 안 된다. 공직은 늘 살얼음판이다.

청백리는 전복을 먹지 않는다

조선시대 인구는 14세기 500만 명, 15세기 600만 명, 정조 때인 18세기에 700만 명으로 늘었다. 조선시대 관리는 문관 500명, 무관 4,000명으로 모두 4,500명가량이었다. 지금 인구 5,100만 명에 공직자 100만 명을 감안하면 조선의 관리 숫자 비율은 매우 적었던 셈이다. 정약용은 관리의 숫자가 많으면 국민이 힘들고, 관리의 숫자가 적어야 국민이 살 만하다고 하면서 '작은 정부'를 선호했다.

정작 아쉬워한 것은 벼슬아치 숫자가 아니라 청백리 숫자다. 청백리 숫자가 적다는 사실을 무척 안타까워했다. 청백리는 유교 문화권에서 깨끗하고 청렴한 공직자를 일컫는, 이상적인 관료에 주어지는 타이틀이다. 최고 의사결정 기구인 의정부가 엄격한 심사를 거쳐 선정한 청렴결백한 관리들에게 주는 호칭이다. 청렴뿐

아니라 관직 수행능력과 근검, 도덕, 경효, 인의 등의 덕목을 종합
평가한 결과다. 비리와 거리가 멀어야 함은 물론이고 인간성과 인
간관계까지 평가를 거쳐 선발된다.

공직자로서는 최고의 명예인 청백리 공직자는 정약용에 따
르면 110명밖에 되지 않는다(공식적으로는 정약용의 주장보다 많은
217명으로 기록돼 있다). 정약용은 1392년 조선 개국부터 400여 년
(순조 때까지) 동안 누적된 벼슬아치가 몇 천 명에서 몇 만 명에
이를 텐데 청백리가 겨우 이 정도라는 점은 수치스런 일이라고
했다. 400년 조선 역사에 110명이라면 약 4년에 한 명꼴이다. 희
소성이 있어야 가치가 빛나는 법이지만 4년에 한 명은 적어도 너
무 적은 편이다. 관리가 살아 있을 때 청렴결백한 관리로 뽑히면
'염근리', 죽은 후에 선발되면 '청백리'라고 불렸다. 염근리에게는
승진이나 보직에 많은 혜택이 주어졌고, 자손들에게 벼슬이 내려
지기도 했다. 부정부패한 벼슬아치는 탐관오리 또는 '장리(臟吏)'
라고 불렸다. 장리는 말 그대로 '내장같이 더러운 관리'라는 표현
이다.

청백리 스토리는 언제나 감동적이다. 송흠은 전라도 영광 출
신으로 감사와 판서 등의 고위직을 지낸 청백리다. 그가 지방 수
령으로 부임할 때 타고 가는 말이 세 마리였다. 자신이 타는 말,

어머니와 아내가 타는 조랑말이 두 마리다. 지방 수령으로 부임할 때는 보통 7~8마리의 말에 가족과 짐 등을 싣고 요란스레 행차를 하던 것과는 대조적이다. 그래서 송흠은 말 세 마리를 타고 부임한 수령이라는 뜻으로 '삼마(三馬)태수'로 불렸다. 삼마태수는 청렴의 상징이다.

고려 충렬왕 때 최석이 부사로 근무한 승평(전남 순천)에는 떠나는 수령에게 말 여덟 마리를 바치는 관행이 있었다. 관행대로 말 여덟 마리를 받은 최석은 서울 집에 도착하자마자 말 아홉 마리를 돌려보냈다. 받은 말은 8마리인데 돌려보낸 말 9마리에 승평 주민들은 놀랐다. 최석의 설명은 개인적으로 갖고 있던 암말이 승평에 있을 때 새끼를 낳았는데, 승평에서 낳았으니 승평의 재산이라는 것이다. 이후부터 승평에는 말 여덟 마리를 바치는 관행이 사라졌다고 정약용은 설명한다. 순천 시내에는 청백리 최석을 기리는 '팔마비(八馬碑)'가 있다.

맹사성, 황희, 최만리, 이언적, 이황, 이원익, 김장생, 이항복 등 역사책의 쟁쟁한 관리들이 청백리였다. 물론 이들 가운데는 청렴과 거리가 멀고 비리와 가깝다는 논란을 겪는 인물도 포함돼 있기는 하다. 세종 때 제주 목사를 지낸 기건은 전복 채취하는 백성들의 고통을 생각해서 재임 기간 동안 전복을 입에도 대지 않았다. 자신이 전복을 즐기면 백성들이 전복을 잡느라 그만큼 고생한다는 이유에서다. 양식으로 전복을 키우는 요즘에는 상상하기 어려운 일이지만, 전복 진상품을 마련하는 사람인 포작인(浦作人)은 조선시대에 10명 가운데 7~8명꼴로 전복을 잡다가 바다에 빠져 숨졌다. 그래서 제주 여성들도 포작인과는 결혼을 기피했다고 한다.

청렴하다고 똑같은 청렴이 아니다. 시대에 따라 청렴의 척도와 기준은 달라진다. 곡산 도호부사 시절 근무 메모인 「상산록」에서 청렴을 세 등급으로 구분했다. 월급 외에는 아무것도 받지 않으며, 먹고 남은 것도 집으로 가져가지 않는 청렴은 A급이다. 송흠이나 최석 같은 청백리가 여기에 해당된다. 아주 옛날에 존재했고 전설처럼 구전된다. B급 청렴은 월급 외에 다른 것을 탐하지 않지만 남은 것은 집으로 가져간다. 월급 이외에 명분이 있는 돈은 챙겼다. 가령 부모의 상을 당해 받은 부조금, 자녀의 혼사에 축하금 등은 당연히 받았다.

C급 청렴은 법을 어기지 않는 범위 내에서 명분이 올바르지 않더라도 받아 챙긴다. 매관매직을 하거나, 재해를 입은 논밭에 감면된 세금을 거둬들여 챙기는 등의 농간을 부리는 것과는 거리가 멀었다. 하지만 계방으로 조성된 용돈을 챙기는 등 관행이라는 이름으로 이뤄지는 정도는 받았다는 얘기다. 정약용이 살던 시대의 그나마 깨끗하다는 벼슬아치의 모습이 이랬다고 한다.

정약용은 관행적인 비리 정도는 눈을 감은 C급 관리들이 옛

정약용 코드

날 같으면 팽형(烹刑)을 당했을 것이라고 했다. 팽형은 토사구팽의 '삶을 팽(烹)' 자를 쓴다. 조선시대의 사형제도는 목을 매는 교형, 목을 베는 참형, 사지를 찢는 능지처참, 그리고 팽형, 네 가지가 있었다. 팽형은 실제로 펄펄 끓는 물이나 기름에 산 사람을 집어넣어 죽게 만드는 게 아니다. 텅 비어 있는 가마솥에 탐관오리로 지목된 인물을 들어갔다 나오도록 하는 명예형이다. 광화문 같은 공개적인 자리에서 백성들이 쳐다보는 가운데 거행하는 팽형은 사실상 인격적인 사형에 해당된다. 주변 사람들이 팽형을 당한 양반을 투명인간 취급하고, 주점이나 밥집에 가도 "죽은 사람이 무슨 술을 마시고 밥을 먹느냐"며 팔지 않았다. 이쯤 되면 창피해서 죽는 거다. 정약용의 말대로라면 청렴하다고 하는 당시의 공직자들이 모두 창피해서 죽어 마땅했다는 얘기가 된다.

청렴은 지나치면 맹수보다 더 무섭다

수원 약과는 인조의 '최애' 간식이었다. 인조가 병에 걸려 있을 때, 환관에게 수원 약과를 먹고 싶으니 구해 오라고 했다. 임금이 약과를 먹고 싶어 한다는 연락을 받은 수원 부사 조계원은 약과 구해 주는 걸 거부했다. 관청에서 약과를 사사로이 바치는 건 신하로서 임금을 섬기는 예가 아니라는 이유에서다. 조정의 명령이면 따르겠지만 임금의 개인 부탁은 들어주기 어렵다는 것이다. 약과를 사서 바치라는 공문을 내려보내면 그대로 하겠다는 얘기다. 임금이 간식 하나 먹겠다고 공문을 내렸다는 기록을 왕조실록에 남길 수는 없는 일이다. 인조는 이런 보고를 듣고 군신의 사이이기도 하지만 인척(조계원은 인조의 조카사위)인데 어찌 그런 인정조차 없냐며 웃었다. 정약용은 청렴도 이쯤 되면 과유불급이라고 지적했다.

정약용이 28세이던 1789년 과거시험에 수석 합격해 집에 돌아와 지은 시는 「둔졸난충사(鈍拙難充使), 공렴원효성(公廉願效誠)」이다. '둔하고 졸렬해 임무 수행이 어렵겠지만 공정과 청렴으로 정성을 바치려 한다'는 뜻이다. 벼슬살이를 시작하면서 공직의 좌우명을 '공렴(公廉)', 즉 공정과 청렴으로 삼겠다는 다짐을 한 것이다. 모자라고 부족한 게 많지만 과거에 합격시켜 준 임금의 은혜를 청렴으로 보답하겠다는 뜻이다.

과거시험에 합격한 날 공렴을 다짐한 정약용이 융통성 없이 공정과 청렴만 강조했을 것 같지만, 그는 사실 청렴만 내세우는 꽉 막힌 사람이 아니다. 엄격한 청렴의 기준을 제시하면서도 남에게 베풂을 강조했다. 청렴한 자는 은혜를 베푸는 일이 적은 법이다. 정약용은 청렴을 강조하면 세상이 각박해지고, 인심이 흉악해지기 쉽다고 지적한다. 청렴을 지나치게 내세우면 인조처럼 임금의 권위도 소용이 없다. 세상의 모든 것이 왕의 것이고 왕이 마음만 먹으면 못할 게 없을 것 같지만, 청렴을 너무 내세우면 임금도 별수 없다.

정약용은 정선의 말을 인용해 지나친 청렴을 경계했다. 조선 화가 겸재 정선(鄭敾)이 아니라 명나라의 관리인 정선(鄭瑄)의 얘기다. 정선은 수령이 꼭 읽어야 할 지침서에서 "상관이 탐욕스러워도 백성이 살길이 있지만, 청렴하면서 각박하면 곧 살길이 막힌다"고 했다. 정약용은 청렴한 관리의 자손이 많이 떨치지 못하는 것은 바로 각박함 때문이라고 설명한다. 남에게 베푸는 게 청렴 못지않게 중요하다. 자신은 청렴을 좇다가 자손들의 출세길까지 막힌다면 청렴만 맹목적으로 추구할 일은 아니다.

지나친 청렴은 때로는 맹수보다 더하다고 했다. 비리가 맹수보다 무서울 것 같지만, 청렴도 지나치면 백성들에게 맹수같이 해를 끼칠 수 있다는 경고다. 청렴을 빌미로 백성을 못살게 군 대표적 사례로 중국의 관리 고적사문을 든다. 그는 성질이 꼿꼿하고 모질어서 나라가 주는 봉급도 받지 않았다. 관청 주방에 있는 음식을 먹은 자신의 아들에게 칼을 씌워 며칠 동안 옥에 가두고 곤장을 때렸다. 훈육 차원에서 몇 대 때린 게 아니라 무려 200대나 매질을 모질게 했다. 베 한 자, 곡식 한 말의 부정도 용서하지 않고 잘못이 걸리면 인정사정 봐주지 않고 귀양을 보냈다. 고적사문이 귀양 보낸 사람 가운데 1,000여 명이 풍토병으로 사망했다. 울부짖으며 항의하는 유족들을 붙잡아 채찍으로 때렸다. 황제가 소문을 듣고 "고적사문의 포악함이 사나운 맹수보다 더하다"면서 즉각 파면시켰다. 청렴하지 않은 공직자도 손가락질을 받겠지만, 규정과 원칙만 들이대면서 각박하게 구는 공직자도 결코 훌륭한 수령이라고 할 수 없다. 원칙을 지나치게 강조하면 백성들의 삶이 팍팍해지게 마련이다.

청렴하기만 하고 아전을 통솔할 줄 모르는 자는 수령이 될 자격이 없다. 리더의 덕목은 아랫사람을 잘 통솔하고 조직을 관리하는 데 있다. 이세정이 청양 현감을 지낼 때 충청 관찰사 최숙생으로부터 수령 평가에서 낙제점을 받아 공직을 떠났다. 많은 사람들이 이세정 현감의 학문이 깊고 지조가 맑은데 왜 평가점수를 나쁘게 주었느냐고 관찰사에게 물었다. 관찰사 최숙생의 대답이 "다른 곳에서는 도적이 수령 한 명뿐인데, 청양현에서는 도적이 6명(6방의 아전)이 있으니 백성들이 견딜 수 없다"고 했다. 수령은 청렴하지만 아전 관리를 제대로 하지 못해 아전이 발호하도록 방치했다는 지적이다.

영조 때 장흥 부사 원영주는 독서를 좋아해 날마다 집무실에서 글을 읽었다. 당시 관찰사였던 권엄이 기특하게 여겨서 고과평점에서 최고 점수를 주었다. 영조는 "집무실에서 글을 읽었다"는 고과표의 서술을 보고는 거꾸로 최하점을 줬다. 집무실에서

정약용 코드

책 읽기만 해서 어떻게 백성을 잘 다스리겠느냐는 거다. 관청을 다스리는 수령은 수령다워야 한다. 사람 좋다고 훌륭한 수령이라고 할 수는 없는 일이다. 수령이 청렴만 추구해서도 안 되고, 청렴하다고 수령의 할 일을 다했다고 할 수 없다. 정약용은 청렴 만능주의자가 아니었다.

베풀 줄 알아야 진정한 공직자

정약용이 곡산 도호부사를 지낼 때 곡산에는 귀양 온 양반 10여 명이 살고 있었다. 유배자들은 스스로 먹고살 경제적 능력이 없었기 때문에 그들을 먹여 살리는 것은 고을 400가구의 몫이었다. 유배 온 선비들은 먹고살기가 힘들어 울부짖으며 죽기를 원했고, 자신들의 호구도 버거운 고을 백성들은 그들에게 먹을 것을 나눠 주는 일이 힘겨웠다. 정약용은 비용을 간신히 마련해서 유배자 숙소인 겸제원을 지었다. 기와로 된 집을 짓고, 돗자리를 제공하고, 끼니도 제공했다. 요즘으로 치면 유배자 전용 숙소와 무료 급식소를 마련한 거다. 숙식이 해결되자 귀양 온 양반들은 정약용이 베푼 선정에 감격했고, 주민들도 부담에서 벗어났다. 수령이 백성의 아픔을 공감하고 이를 해결해 주겠다는 애민정신을 가지면 백성들의 삶이 달라질 수 있다.

정약용은 공직자의 '낙시(樂施)'를 강조했다. 낙시는 '기쁠 낙

(樂), 베풀 시(施)'로 '베풂을 즐기라'는 말이다. 절약만 하고 나눠 쓰지 않으면 가까운 친척도 멀어지게 마련이다. 공직자의 녹봉이 빠듯하긴 하지만 그나마 궁핍한 백성들에 비해 상대적으로 낫다. 그는 "아껴 쓰는 일이 원칙이지만, 눈앞에 슬픈 일이 닥쳐 급히 구해 줘야 할 사람이 있으면 여유가 있고 없음을 헤아리지 말아야 한다"고 말한다. 주변의 어려운 이웃돕기에 공직자가 솔선수범하라는 주문이다.

가난한 친구나 친척이 찾아오면 문전박대하지 말고 후하게 대접해서 돌려보내라고 당부한다. 수령을 찾아오는 사람은 대개 조심성이 없고 어리석거나 구차하고 비루한 사람이라고 설명한다. 청렴한 선비와 고상한 벗은 아무리 가난하고 어려워도 관청으로 찾아오지 않는다. 정약용은 관청으로 찾아오는 사람을 측은히 여겨 사랑해 주고 반갑게 맞아주라고 한다. 얼굴빛도 유쾌하게 하면서 즐겁게 대해 줘야 한다. 따뜻한 방에 잠을 재우고, 음식도 많이 먹이고, 차비도 넉넉히 쥐어서 돌려보내라고 당부한다.

수령은 형제와 삼촌, 조카 등의 친척을 부임지에 데려와서는 안 된다. 친척들을 데려오면 관청의 비용으로 그들의 숙식비를 부담할 수 있기 때문이다. 하지만 가난해서 끼니를 이을 수 없는 친척이 있으면 데려오지 않더라도 매달 생활비를 보내주라고 당부한다. 친척들에게 이런저런 물건도 사서 부쳐 주라고 주문한다.

순천 부사 이창정에게 한 선비가 찾아왔다. 딸 혼수 도움을 받으러 찾아온 선비는 마주한 이창정의 얼굴이 자신이 알던 사람과 달라 당황했다. 순천 부사 이름이 공교롭게도 동명이인이었던 거다. 선비의 사연을 들은 이창정은 후하게 대접하고 혼수까지 마련해서 돌려보냈다. 장관도 탈속반을 먹을 정도로 각박하고 삭막했을 조선시대 공직사회에 훈훈한 미담이 아닐 수 없다. 청렴만 추구하지 않고, 주변에 베풀 줄 알아야 진짜 훌륭한 공직자다.

2
혼자서 바꿀 수 없다

200년을 건너뛴 돈키호테와 만남

미겔 데 세르반테스의 세계적인 소설 『돈키호테 데 라만차(Don Quijote de la Mancha)』에서 주인공 돈키호테의 배불뚝이 시종인 산초 판사(Sancho Panza)는 한때 통치자를 지냈다. 1605년 소설 전편이 대박을 터트린 지 10년 뒤에 나온 후편에서다. 통치자라고 해봐야 인구 1,000명의 자그마한 섬을 다스렸으니, 조선시대로 따지면 수령에도 미치지 못하는 자리다. 그래도 산초 판사의 대외 직함은 바라타리아(Barataria)라는 섬의 총독으로, 그럴듯했다.

총독으로 떠나는 산초에게 주인 돈키호테는 통치자의 자세와 역할에 대해 일장 훈시를 한다. 돈키호테의 통치자 매뉴얼을 보면 풍차를 괴물로 오해하고 '돌격 앞으로'를 외치던 엉뚱한 돈키호테가 아니다. 돈키호테의 통치자 매뉴얼은 『목민심서』 내용

의 판박이다. 세르반테스가 200년가량 앞선 시대의 인물이었으니
『목민심서』를 읽었을 리는 없다. 혹시 정약용이 돈키호테를 읽고
『목민심서』를 쓰지 않았을까 하는 생각이 들 정도로 똑같다. 돈
키호테의 통치자 매뉴얼은 '스페인판 목민심서'다.

　　돈키호테의 통치자 매뉴얼은 하나님을 두려워하고, 엄격하되
온화함과 부드러움을 잊지 말라는 말로 시작한다. 하나님을 두려
워하라는 주문은 정약용이 강조하는 '두려워할 외(畏)'와 닮은꼴
이다. 정약용은 의를 두려워하고, 법을 두려워하며, 상관을 두려
워하고, 백성을 두려워하라고 했다. 주변을 두려워하면 교만하지
않고 늘 겸손하고 낮은 자세로 살게 된다는 뜻이다. 공직자에게
는 으뜸가는 지혜다. 두려워하는 소심함은 동서고금의 공직사회
공통 현상인 모양이다.

　　신중하고 온화해야 악의에 찬 험담에서 자유로울 수 있다는
돈키호테의 조언은 정약용의 「자찬묘지명」과 「여유당기」를 떠올
리게 한다. 상소문을 통해 남의 잘못을 들춰내고 신랄하게 비판
했던 30대의 과감함을 정약용은 두고두고 후회하지 않았던가. 자
신의 과감한 언행 때문에 정적을 만들어냈고, 결국 유배라는 화
란을 겪은 정약용이 산초와 함께 돈키호테의 통치자론을 들었더
라면 어땠을까. 상대방을 품는 아량을 갖추고 온화하고 신중함으
로 무장해서 18년 유배로 내몰리지 않을 수 있었겠다는 생각이

든다.

죄 많은 고관대작이 되지 말고 덕으로 백성을 다스리라는 돈키호테의 주문은 정약용의 청렴과 일치한다. 돈키호테는 산초에게 돈 많은 부자의 말보다는 가난한 백성의 눈물에 더 많은 연민을 가지라고 강조한다. 부자보다는 백성의 눈물에 관심을 기울이라는 얘기는 바로 병든 사람 돌보듯 백성을 대하라는 정약용의 애민정신이다. 친척이 찾아와도 쫓아내거나 모욕을 주지 말고 잘 대해 주라는 돈키호테의 주문은 "베풂을 즐기라"는 정약용의 당부를 떠올리게 한다. 멋대로 법을 만들어서도 안 되고, 중죄인에게 너무 가혹한 형벌을 내리지 말라는 대목은 '돈키호테판 흠흠신서'다.

돈키호테는 총독으로 부임할 때 함께 간 아내 때문에 총독의 업적을 엉망으로 만들지 않도록 가족 관리를 잘하라고 당부한다. 정약용도 나의 지위가 높아지면 아내와 자식부터 나를 속이고 저버린다고 하면서, 아내와 자식 관리를 당부했다. 누군가의 꼬임을 받은 아내는 어떤 아전을 자르라고 하고, 어떤 사람을 쓰라고 천거하고, 원님 판결이 잘못됐다는 말을 전한다. 물론 아내는 공정한 얘기라고 생각해서 하는 말이다. 하지만 자신도 모르게 누군가의 꼬임을 받아 그런 말을 전하는 거다. 수령이 아내와 자식의 말이 무조건 옳다고 믿으면 큰 화를 불러온다고 경고한다.

정약용 코드

돈키호테는 산초에게 계속해서 통치자의 개인적인 처신 매뉴얼을 전한다. 자신의 몸과 집을 깨끗하게 해야 하고, 손톱을 짧게 자르고, 옷을 단정하게 입으라고 주문한다. 마늘과 양파를 먹어서는 안 되고, 걸음걸이는 천천히 점잖게 하라고 당부한다. 통치자는 잘난 척해서도 안 되고, 점심은 적게 먹고 저녁은 더 적게 먹으라고 주문한다. 식사량을 적게 하라는 얘기는 욕심을 버리라는 뜻으로 받아들여진다. 술은 적당히 마셔야 하고, 입에 음식을 넣고 말하거나 트림을 해서는 안 된다. 잠도 적당히 자야 하고, 해가 뜰 때는 일어나야 한다고 말한다. 돈키호테의 처신 매뉴얼은 그대로 조선시대와 현대에도 적용 가능하다. 산초 판사는 비록 10일 동안의 짧은 총독 생활을 했지만 돈키호테의 조언 덕분인지 성공한 총독이라는 평가를 받았다.

옷을 헐렁하게 입어서 해이한 모습을 보이지 말라는 돈키호테의 당부는 400여 년이 지난 지금도 유효하다. 꽁지머리를 하고 여름철 반바지로 출퇴근하는 공무원이 나타난 지 오래지만 아직도 국민들은 "공무원이 어딜…"이라는 반응이다. 권위와 경직, 소심의 이미지를 갖고 있는 공직사회에는 엄청난 변화가 있기는 하지만 튀는 행동이 일반화되지는 않는다. 공직에는 민간과 분명하게 다른 잣대와 기준이 적용된다. 공무원 채용 필기시험에 합격한 뒤 면접 때 조언이 '튀지 말라'는 거다. 민간 기업은 창의성과 다양성이 존중되는 조직이다. 민간 기업에 면접할 때는 톡톡 튀는 아이디어를 내놓아야 기업을 살릴 인재로 평가받아 합격하기 쉽다. 하지만, 공직사회에서 튀는 모습은 '언젠가 사고 칠 사람'으로 인식될 가능성이 높다. 공직에는 그들만의 룰이 있고, 공직자 DNA는 일반인과 분명 다르다. 돈키호테가 양파와 마늘을 먹지 말고 트림도 하지 말라는 당부를 민간 기업 직원에게 했다면, 인권침해라고 난리가 났을 것이다. 점심보다 저녁을 더 적게 먹으라는 말에는 공무원 노조가 들고일어났을 표현이다.

공직에는 그들만이 갖고 있는 특유의 문화가 있다. 민간에서 바라보면 이해 못할 수도 있겠다. 정약용이 조선시대 벼슬아치의 여러 가지 폐해를 들고 있는데 그 가운데 하나가 급히 재촉하고, 함부로 거두고, 아랫사람한테 거둬서 윗사람에게 갖다 바치는 것이다. 정약용은 이를 '조세의 폐해'라고 표현했지만 상납이라는 관행을 의미하는 것이다. 이런 잘못된 관행은 여전히 공직사회에 남아 있다. 공직자들끼리 식사하러 가면 으레 아랫사람이 식사비를 내는 경우가 많다. 검찰같이 상명하복의 조직에서는 윗사람이 밥값을 내지만, 아랫사람이 알아서 밥값, 술값 내는 걸 챙긴다.

술은 일곱 잔까지만 허(許)한다

수령들은 술 취하지 않는 날이 없었다. 수령 근무평정 목록에 술

정약용 코드

버릇을 조심하라고 돼 있는데도, 수령들은 아랑곳하지 않았다. 정약용은 수령에게 절대 술을 마시지 말라는 이유로, 술 마시는 버릇이 오래가면 게걸스러운 미치광이가 돼서 끊으려 해도 끊지 못하니 참으로 애석한 일이라고 했다. 술 자체도 문제이거니와 주사를 경계한 거다.

정약용은 자신의 주량이 무척 셌다고 두 아들에게 자랑 아닌 자랑을 한다. 둘째 아들 학유의 주량이 첫째 학연보다 두 배나 세다는 얘기를 전해 듣고 놀라서 쓴 편지에서 자신은 어지간해서는 취하지 않았다고 밝힌 거다. 창경궁 춘당대에서 정조가 성균관 유생들을 불러 독한 계당주를 하사했다. 큰 사발에 가득한 계당주를 마시고 젊은 성균관 학생들은 모두 곤드레만드레 취해서 남쪽으로 절하는가 하면 자리에 누워 뒹굴기도 했다. 임금은 북악산 아래 대궐에 살았기 때문에 북쪽을 향해 절하는 게 당시 법도였다. 성균관 학생들은 동서남북을 가리지 못해 남쪽을 향해 절을 할 정도로 크게 취했다.

정약용은 정조가 내린 계당주를 마신 뒤 책을 마저 다 읽고 집에 갔더니 비로소 약간 취기가 있었다고 했다. 그러면서 두 아들에게 절대 술 취하지 말라고 당부했다. 자신의 장인이자 두 아들의 외할아버지인 홍화보도 술 일곱 잔을 마셔도 취하지 않았다고 했다. 술은 일곱 잔 이상 마시지 말라고 당부한다. 그렇다고 세상에서 가장 크다는 '오코타이 잔'을 만들어 일곱 잔을 마시면 무용지물일 것이다.

술을 일곱 잔만 마시되 절대 급하게 마셔서는 안 된다고 강조한다. 술을 목구멍에 단숨에 털어 넣어서도 안 되고, 술은 입술을 적시는 것이니 천천히, 조금씩 마시라고 강조한다. 쉽게 말해 폭탄주 마시듯 원샷하지 말라는 얘기다. 술로 인한 병은 등창이 되기도 하며, 목둘레에 생기는 큰 부스럼인 뇌저(腦疽), 치루(치질), 황달 등 별별스러운 기괴한 병이 있는데, 이러한 병이 일어나게 되면 백약이 효험이 없게 된다면서 술의 후유증을 경고했다. 이어 "너에게 빌고 비노니, 술을 입에서 끊고 마시지 말도록 하라"고 신신당부했다.

사실 조선에서 술 마시는 일은 불법이었다. 큰 가뭄이 들거나 흉작 또는 기근이 들면 국가 차원에서 술 마시는 것을 금했고, 되풀이되는 흉년 탓에 조선의 금주령은 상설화되다시피 했다. 태종 때는 거의 매년 금주령이 내려졌고, 성종과 연산군 때도 자주 금주령이 발동됐다. 1758년 큰 흉년이 들자 영조는 광화문에 나가 금주령을 직접 발표하면서 궁중의 제사에도 술 대신에 차를 사용하도록 했다.

그나마 정조 때부터 금주령이 완화됐다. 쌀이 상대적으로 많이 사용되는 청주는 금지됐지만, 농민들이 마시는 막걸리는 허용됐다. 정약용은 "곡식을 소모하는 데는 술과 단술보다 더한 것이 없으니, 술을 금하는 것은 어쩔 수 없는 일"이라면서, 하지만 막걸리는 요기가 되고 길 가는 자에게 도움이 되니 반드시 엄하게 금할 필요는 없다고 했다. 배고픔과 목마름을 잊게 해주는 막걸리는 허용하자는 주장에는 정약용의 따뜻한 인간미가 전해진다.

카리스마의 비결은 침묵

돈키호테는 통치자에게 천천히 걷고 차분히 말하라고 했지만 정약용은 수령들에게 아예 말 못하는 사람이 되라고 주문한다. 아전의 잘못이 눈에 띄더라도 절대로 꾸짖지 말고 침묵하라고 한다. 부임하는 길에는 오직 엄하고 온화하며 과묵하기를 마치 말 못하는 사람처럼 하라고 한다. 길을 가다가 수령을 보고 인사하지 않는 아전을 발견하더라도 입도 뻥긋하지 말라는 거다. 아전으로부터 무시를 당하는 게 입을 열어 책망하는 것보다 낫다. 아전을 꾸짖거나 책망하면 온갖 좋지 않은 소문이 돌아다닌다.

　요즘도 기관장에 부임하자마자 잘난 척하면서 자신을 과시하려고 말을 많이 늘어놓다가 구설수에 오르는 경우가 적지 않다. 여성 직원들과 성적 농담을 했다가 성희롱 구설로 곤욕을 치르는 경우도 종종 볼 수 있다. 성희롱이 지나쳐 공직을 영영 떠나는 사례도 있다. 공직자는 말 잘해서 칭찬 받기보다 말실수로 구설을 겪는 경우가 훨씬 많다. 말을 잘해서 부러움을 사거나 입술의 권위를 갖는 사람은 종교인, 개그맨 정도다. 정치인이 조심해야 할 세 가지인 돈, 술, 말 가운데 으뜸은 말조심이다.

　국민들은 말 잘하는 고위공직자를 바라지 않는다. 말 잘하는 공직자보다 신뢰하고 공감할 수 있는 사람을 선호한다. 국민 눈높이에서 공감하는 언어를 구사하는 정치인이 더 존중받는다. 국민들과 공감하는 능력이 없다면 차라리 침묵하는 게 낫다. 프랑스의 보나파르트 나폴레옹 황제의 카리스마 비결은 침묵이다. 158센티미터의 단신인 그가 병사들을 모아 놓고 말없이 둘러볼 때 병사들은 나폴레옹이 점차 커지고 있음을 느꼈다고 한다. 세계적인 명연설로 꼽히는 에이브러햄 링컨 대통령의 게티즈버그 연설은 고작 '2분짜리'였다. 말 많이 늘어놓는다고 감동을 주지 않는다.

　침묵은 때로는 달변보다 훨씬 강력한 권위를 갖는다. 침묵은 이따금 편협한 사람에게는 지혜를, 무지한 사람에게는 능력을 대신한다. 정약용은 출세의 지름길을 '신이출화(愼爾出話)'라고 했다. '삼갈 신(愼), 너 이(爾), 날 출(出), 말할 화(話)'다. 『시경』에 있는 신이출화는 '너는 말을 삼가라!'는 뜻이다. 말 늘어놓다가 망신당하지 말고 침묵하라는 얘기다. 침묵이 중요하지만 갑작스럽게 성내는 일도 없어야 한다. 특히 공직사회에서 그렇다. 정약용은 "많이 말하지도 말고 갑자기 성내지도 말라"고 당부한다. 아랫사람은 윗사람이 움직이고, 정지하고, 말하고, 침묵하는 것을 살펴서 소문을 퍼트리는 법이다.

심지어 숨소리와 표정도 뒷담화의 대상인데, 핏대야 오죽하랴. 윗사람의 일거수일투족과 핏대는 방에서 문으로, 문에서 고을로, 고을에서 사방으로 새어나가서 순식간에 한 도에 퍼진다. 그러다 어느 순간 임금 귀에 들어가기도 한다. 아랫사람에게 툭하고 던진 말 한마디가 돌고 돌아 대통령 귀에 들어갈 수 있다는 사실을 알아야 한다. 영국 찰스왕의 손에 잉크가 묻자 짜증내는 표정 하나가 SNS를 통해 몇 분 만에 전 세계인에게 생중계되는 세상이다.

비록 시중드는 아이가 어리고 어리석다 해도 몇 년 동안 관청에 있다 보면 기민함과 영리함이 귀신같다. 정약용은 이런 사실을 공직에 있을 때는 몰랐다가 강진서 유배생활 하면서 깨달았다. 시중드는 아이는 요즘으로 치면 비서를 얘기하는 거다. 마음에 들지 않거나 거슬리는 점이 있다고 해서 아랫사람이나 비서를 꾸짖고 화를 내면 수령은 어느새 고을에서 괴팍한 사람이 되어 있다.

정약용은 특히 수령이 꾸짖을 때 "이곳 인심이 극악해서 이런 일이 일어났다"는 표현을 쓰면 고을 사람들의 공분을 살 것이라고 단언한다. 하지만 "이곳 인심이 순박한데도 네가 그것을 어지럽혀 죄가 더욱 중하다"고 순화시켜 말하면 마을 사람들이 좋아할 것이라고 지적한다. 요즘도 외부에서 들어간 고위공직자나 기업의 CEO, 또는 공공기관 고위 간부들이 "이 회사는 왜 이 모양이냐"는 식으로 말해 조직 구성원들의 집단 반발을 사는 경우가 있다. 아무리 마음에 들지 않더라도 조직 전체를 비하하거나 폄훼하는 발언은 자제하는 게 좋다. 말 한마디 잘못해서 인심을 잃지 않는 게 필요하다. 침묵은 공직과 민간 가릴 것 없이 권위이자 지혜다.

개혁을 가로막는 사람들

개혁은 임금 혼자서 할 수 없다. 영조가 노비법을 완화하고 균역법을 실시하려 하자 신하들이 임금 소매를 끌어당기면서 말리다 궁궐의 난간을 부러뜨린 일이 있다. 신하가 임금의 소매를 붙잡는 것도 상상하기 어려운데, 임금의 소매를 당기다 궁궐 난간이 부러진 일은 임금에게 위해를 가할 수 있는 경호상 중대 사건이다. 기득권층인 관리들의 반발은 임금의 소매를 붙잡고 위해를 불사할 정도로 거셌다. 하지만 기득권층의 협조 없이 개혁은 불가능하다. 균역법을 시행하려는 영조가 광화문에 나와서 "나라가 비록 망하더라도 이 법은 고쳐야만 한다"고 눈물로 호소한 것은 누구 들으라는 외침인가. 기득권층, 관리, 그리고 백성 들으라고 한 설득 작업이다.

　　　　　　　　　　　　　　　　정약용 코드

개혁의 주체가 누구인지를 정약용은 요순시대에 빗대서 설명한다. 요순시대는 태평성대의 시대라고 알려져 있고, 가만히 있어도 모든 일이 술술 풀려 백성과 나라가 편안한 것처럼 알려져 있다. 하지만 실제는 전혀 그렇지 않다. 요 임금과 순 임금이 팔짱을 끼고 앉아서 태평성대가 온 것 같지만, 두 임금이 편안하게 앉아 있었던 시간은 한순간도 없었다. 요순시대가 잘못 알려진 것은 순전히 신하들 때문이다. 요 임금과 순 임금보다 부지런한 임금이 없는데도 신하들은 두 임금이 한 일이 없었다고 임금을 속인다. 요 임금과 순 임금보다 더 치밀한 임금이 없지만, 두 임금이 엉성하고 세상 물정을 몰랐다고 주장한다.

　　신하들의 얘기는 임금이 요 임금과 순 임금처럼 가만히 있으라는 주문이다. 가만히 있으면 요 임금이나 순 임금 때처럼 태평성대가 올 텐데 굳이 나서서 일을 벌이지 말라는 얘기다. 정약용은 바로 이런 신하들의 행태야말로 천하가 나날이 썩어 문드러져 새로워지지 못하는 이유라고 지적한다. 임금의 개혁을 가로막는 이는 다른 사람이 아니라 이런 신하들이다. 요 임금과 순 임금이 부지런히 많은 일을 했는데도, 신하들은 두 임금이 가만히 앉아 있었기 때문에 태평성대를 구가했다고 왜곡한다.

　　순 임금이 하는 일 없이 다스렸다고 말한 사람은 사실 공자다. 공자가 이런 말을 한 이유는 따로 있다. 순 임금에게는 어질고 유능한 신하 22명이 있었다. 고요가 대표적이다. 순 임금은 고요에게 법 집행을 맡겼다. 고요는 다섯 가지 형벌인 '오형'과 다섯 가지 가르침인 '오교'를 만들어 법을 집행했고, 이때부터 나라가 화합하고 천하가 다스려졌다. 순 임금이 팔짱을 끼고 말없이 단정히 앉은 채 손가락 하나 까딱하지 않고도 천하를 교화시킨 왕으로 꼽히는 것은 바로 고요 때문이다.

순 임금에게는 고요 같은 신하가 무려 22명이 있었다. 순 임금은 순전히 신하들을 잘 둔 덕분에 성왕으로 추앙받는다. 공자가 말하려던 핵심은 유능한 신하에 있다. 순 임금이 가만히 있을 수 있었던 것은 유능한 신하를 뒀기 때문이다. 조선의 신하들은 자신들이 고요 같은 신하도 아니고 열심히 일하지도 않으면서 임금이 가만히 있어야 나라가 잘 돌아간다는 말로 임금을 호도했다고 정약용은 지적한다.

임금 혼자서 나라를 바꿀 수 없다. 고요 같은 신하를 얼마나 많이 거느리고 있느냐가 정부와 정권의 성공을 가른다. 순 임금과 요 임금처럼 성공한 정권, 존경과 칭송받는 CEO가 되려면 아랫사람을 잘 부려야 한다. 고요 같은 신하들을 두면 저절로 태평성대가 온다. 한두 명만 있어도 나라가 그런대로 잘 돌아갈 수 있다. 인사가 그만큼 중요하다는 얘기다. 고요 같은 신하가 한 명도 없으면 태평성대는 절대로 오지 않는다. 임금이나 CEO 혼자서 고군분투하고 전전긍긍하다 끝날 뿐이다. 정약용은 개혁의 중요성이 공직자에게 달려 있음을 강조하고 있는 것이다. 공직자를 개혁과 변화의 주체로 세워야 한다. 수령이 앞장서면 나라가 바뀐다.

정권 초기 개혁의 바람이 불면 공직자들은 일단 엎드리고 숨을 죽인다. 공직자들이 숨죽이고 복종하는 듯한 모습에 집권 세력이 뿌듯함과 만족감을 느끼겠지만 결말은 뻔하다. 그들은 복지부동, 복지안동할 뿐이다. 공공기관 개혁이라는 거창한 화두는 언제나 용두사미로 끝나기 쉽다. 백만 공직자가 솔선수범 움직이게 만들어야 한다. 백만 공직자를 고요 같은 사람들로 활용하겠다고 마음먹어야 한다. 고요 같은 장관, 국장, 과장, 주무관을 둔다면 그 정부의 성공은 물어보나 마나다.

측근 관리 잘해야 성공한다

김홍도가 그린 그림 「안릉신영도(安陵新迎圖)」를 보면 수령의 부임 행차는 대단하다. 「안릉신영도」는 1785년 요산헌이 그의 부친의 안릉(황해도 재령) 수령 부임 행렬을 김홍도에게 그려달라고 부탁해서 그린 그림이다. 각종 깃발을 든 기수 48명과 병졸, 악대, 아전과 노비 등에 이어 18명의 수행원이 받드는 쌍가마가 있다. 그 다음에 책객, 좌수 등의 행렬이 뒤따른다. 정약용이 부임하는 수령에게 없애라고 신신당부했던 게 바로 '책객(冊客)'이다.

없애라던 책객이 좌수와 함께 버젓이 부임 행렬에 포함된 걸 보면 책객은 공식 수행원에 가까웠던 모양이다. 책객은 말 그대로는 '책이나 읽는 수령의 손님'이고, 수령의 개인적인 측근이다. 그런데 책객은 수령과 개인적 인연으로 관청에 머무르면서 협잡이나 청탁을 일삼았고, 수령의 노름 파트너 역할을 했다. 정약용은 책객이 없어져야 청탁을 물리치는 일이 가능하다고 강조한다. 책객은 한마디로 로비스트다. 청탁하려는 사람들은 수령보다는 만만한 책객에 우선적으로 접근하기 마련이다. 책객이 없어져야 부정 청탁이 사라진다.

정약용은 "동헌에 앉아 책객들과 태연하게 마조나 강패놀이 같은 놀음을 하면서 부끄러움을 모르니 장차 어떻게 백성이 나쁜 짓 하는 것을 금하겠는가"라고 지적했다. 책객이 수령의 노름과 오락 파트너 역할까지 하는 것이다. 술친구까지 하고도 남았을 것이다. 정약용은 법에도 없는 개인 비서인 책객이 관청 일에 관여하는 것을 일절 금하라고 당부한다. 측근으로는 회계를 처리하고 집안일까지 처리하는 서기 한 사람이 있으면 충분하다. 정약용은 책객 같은 측근 관리를 잘하라고 수령에게 당부했다.

원래 책객이 그리 나쁜 취지는 아니다. 조선의 개국공신 정도전이 바로 이성계의 책객이었다. 정도전은 원나라를 멀리하고 명

나라와 친하자는 배원친명을 내세우고 고려 말 사회 병폐의 원인 중 하나인 불교를 배척하면서 주자학 이념의 새로운 사회를 만들고자 했다. 정도전은 고려 말 권문세가 가운데 자신의 개혁 구상에 귀를 기울여주는 사람이 없자, 변방인 함흥에서 나라를 지키고 있던 이성계를 찾아가 그의 책객을 자청했다. 왜구를 물리친 '기대주' 이성계의 개인 비서이자 브레인 역할을 한 거다.

정도전은 이성계의 브레인으로 15년을 지내면서 이성계를 도왔다. 정도전은 나중에 이성계에게 "고조가 장자방을 쓴 게 아니라 장자방이 고조를 쓴 것"이라고 말한다. 이성계가 자신을 쓴 게 아니라 자신이 나라를 개혁하려고 이성계를 활용했다는 말을 하고 있는 것이다. 이성계에게는 상당히 불쾌하게 들렸을 법하다. 하지만 정도전 같은 브레인이 있었기에 개국이 가능했던 측면도 부인하기 어렵다. 측근을 잘 쓰느냐는 매우 중요하다. 공직자가 자신의 처신을 아무리 잘하더라도 측근 관리를 잘못하면 좋은 평가를 받지 못하는 경우가 많다. 책객 같은 측근이 발호해서 온갖 이권에 개입하게 방치하면 큰 곤욕을 치를 수 있다.

청탁을 멀리하기 위해 책객과 함께 경계해야 할 게 '존문(存問)'이다. 수령이 지방에 부임하기 전에 임금에게 하직 인사를 올리고 나서는 서울의 고관대작에게 찾아가 부임 인사를 한다. 중앙의 고관대작들은 신임 수령들에게 "그 지방에 가면 누구누구는 내가 아는 사람이니 찾아가 경의를 표하고 안부를 전하라"고 당부한다. 수령은 부임하자마자 인사를 부탁받은 고을 유지에게 경의를 표하고 고관대작의 안부를 전한다. 이것이 안부를 묻는다는 뜻의 존문이다.

안부를 묻는 게 나쁠 리는 없지만 조정의 고관대작-수령-지역 유지(토호)로 이어지는 삼각 커넥션에는 검은 그림자가 어른거린다. 수령이 지역 유지인 토호에게 부임 인사 편지를 보내거나 찾아가서 존문을 하면, 토호들은 선물을 싸들고 수령을 찾아와 답례를 하는 게 관행이다. 수령과 고을 토호가 오가면서 네트워크를 형성하면, 네트워크는 청탁 창구로 이어지기 쉽다. 그래서 정약용은 "조정 고관의 부탁을 들어주지 말라"고 당부했다.

조직의 활력소, 인사 메기역할론

정약용은 수령이 부임하고 나서 아랫사람들을 그냥 두든지 바꾸든지 인사를 단행해야 하는 시점을 한 달로 봤다. 한 달 내에 인사를 단행하지 못하면 조직을 장악하기 어렵다는 얘기다. 수령의 보좌기관인 향청은 지방에서 상대적으로 지속적인 권력을 누리고 있던 향리 등을 규찰해서 향촌 질서를 바로잡기 위해 세워진 향촌 자치기구다. 향청의 우두머리인 좌수 임명권은 전적으로 수령에게 있다. 정약용은 "좌수 자리에 마땅한 사람을 구하지 못하면 모든 일이 잘 되지 않는다"고 좌수 인사의 중요성을 강조했다. 좌수는 수령의 매우 중요한 측근이다. 수령의 잘못을 지적하고 비판(간쟁)할 수 있는 위치에 있는 간부는 좌수와 군교의 우두머리(경찰서장) 정도다. 그만큼 좌수가 누가 되느냐가 중요하다.

우리나라에 다면평가가 본격적으로 등장한 것은 외환위기 이후이지만, 정약용은 이미 다면평가와 평판 조회를 활용하고 있었다. 좌수를 뽑기 위해 정약용이 도입한 방법이 아랫사람의 의견을 반영하는 다면평가다. 정약용은 동료 또는 아랫사람으로부터 가장 많은 점수 또는 추천을 받는 사람을 좌수로 임명하고, 그 다음 점수를 얻는 인물을 좌수 다음가는 자리에 앉히라고 조언한다. 좌수를 잘 임명하면 수령이 도중에 해임되는 일은 피할 수 있지만, 좌수를 잘못 뽑으면 죄체(罪遞), 즉 죄를 지어 쫓겨나는 일을 당할 수 있다고 경고했다.

홍문관에서 근무하던 어느 날 숙직을 하다가 갑자기 인사발령을 받았다. 노량진 별장(別將) 겸 장용영 발아병장이었다. 경연 담당과 왕의 자문, 궁중의 경서와 사적을 담당하는 정6품의 홍문관 수찬 자리에서 경호실 소속으로 바뀐 것이다. 정약용이 인사발령을 받고 한밤중에 찾아간 곳은 정조의 숙소였다. 정조는 이 자리에서 경기 암행어사라는 직책을 은밀히 내렸다. 암행어사는 특성상 임금이 자신의 방으로 조용히 불러 밀명을 맡기는 게 당시 관행이었다. 겉으로는 경호실로 발령 내놓고 실제로는 심야 독대 자리에서 암행어사 밀명을 내린 것이다.

정약용은 관직에 있던 12년(과거 1차 합격 시점부터 계산하면 18년) 동안 많은 자리를 옮겨 다녔다. 첫 공직은 희릉직장이다. 경기도 원당에 있는 중종의 계비 장경왕후의 묘소(희릉)를 지키는 책임자이다. 요즘으로 치면 묘지 관리소장이다. 이후에는 발령받은 지 불과 며칠 만에 자리를 옮기는 인사를 한 해에 3~4차례 겪었다. 심지어 하루 이틀 간격으로 인사발령을 받은 적도 있다. 예를 들면 1796년 12월 1일에 병조참지(국방부 차관보), 12월 3일 우부승지(법무비서관), 12월 4일 좌부승지(국방비서관), 그리고 요즘의 경호실에 해당되는 부호군 간부로 자리를 옮긴다. 1794년 3년 부친상을 마치고 돌아온 뒤에도 자리는 수시로 바뀌었다. 공직 복귀 첫 자리가 성균관 직강이었으나 8월에 비변사 낭관, 10월에 홍문관 교리와 수찬으로 자리를 옮겼다. 잦은 인사를 겪은 정약용은 부단한 인사야말로 조직의 활력을 줄 수 있다고 봤다.

정약용은 인사를 매우 중요시했다. 세종 때의 강희맹은 이조판서 등 인사 관련 요직을 두루 섭렵한 대표적인 인사 전문가로 꼽힌다. 강희맹은 사람은 누구나 처음 업무를 맡았을 때는 부지런하고 성실하지만 나중에는 게을러져서 방심하게 된다고 지적한다. 물은 한자리에 고이면 썩기 마련이고, 한자리에 오래 있으면 매너리즘에 빠져 긴장감을 놓기 쉽다. 강희맹은 "인사 업무 책임자인 이조판서 임기는 1년으로 제한하자"고 이조판서 임기제를 임금에게 건의했다. 인사 책임자가 매너리즘에 빠지면 공직 전체에 긴장감이 사라지기 쉽다는 얘기다. 1년은 아니더라도 인사책임자 순환을 자주 시켜주면 어느 조직이나 활력을 불어넣기에 좋을 수 있다. 정약용은 인사 책임자에게 공직사회의 메기 역할을 기대했다.

정약용은 '인사가 만사'인 대표적인 사례로 재상 이원익을 꼽는다. 인조 때 안주 목사로 있던 이원익은 쌀 1만여 석을 풀어 굶어 죽는 백성들을 먹여 살렸다. 3개월 단위로 번갈아 하던 병졸들의 훈련을 2개월 단위로 6차례로 나눠 백성들의 부담을 덜어줬다. 이원익의 탁월한 행정 모델은 전국으로 확대됐다. 정약용은 "이원익의 안주 목사 시절의 행적이 가장 뛰어났다"고 평가했다. 이원익이 칭송을 받는 배경에는 성공한 인사가 있었다. 이원익 목사는 쓸 만한 사람을 좌수로 임명한 뒤 모든 일을 그에게 물어서 시행했고, 자신은 오로지 결재만 했다. 고요 같은 측근을 둔 것이다.

권력은 주변부터 무너지지 않는다

'모범생' 정약용은 근무시간부터 깐깐했다. 자신의 근무시간을 아침 6시에서 밤 10시까지로 정해 놓고 미리 아전들에게 공지했다. 아전과 군교(경찰서장) 등의 간부들이 배석한 가운데 진행되는 관청 직원들의 아침 인사인 조회는 동틀 무렵에 시작했다. 매일 밤 10시 시중드는 사람이 마칠 시간이 되었다고 알려야 근무를 마쳤다. 정약용이 정한 근무시간대로라면 하루 16시간 가까운 중노동을 해야 한다. 힘들어서 못 해먹겠다는 아전들의 푸념이 나왔을 것이다. 어쩌면 과로사 얘기도 나왔을지 모른다.

실제 조선의 관청 시계는 정약용처럼 빡세게 돌아가지 않았다. 구한말 1895년 관보에 공고된 '관청 집무시간'은 오전 9시부터 오후 3시까지로, 6시간에 불과했다. 느지막하게 출근했다가 점심 먹고 퇴근하는 정도로 느슨했다. 연산군 때 한성 판윤(서울시장) 어세겸의 별명은 '오고당상(吾鼓堂上)'이었다. '오시 오(吾), 북 고(鼓), 집 당(堂), 윗 상(上)'으로 정오를 알리는 북소리가 들리고 나서야 출근하는 고위 관리(당상관)라는 뜻이다. 서울시장이 이 정도였으니 아랫사람의 근무기강은 뻔한 이치다. 『반계수록』은 "전에는 승상부나 어사부라 해도 가족을 거느리고 관사 생활을 했지만 지금은 모든 관사가 빈집이나 여관 같다. 일이 있으면 사무를 보고 일이 끝나면 서둘러 퇴근을 한다"고 했다. 경기 감사(도지사)는 수원의 공관에 살지 않고 서울의 개인 집에서 생활했다. 장관급이거나 권력기관의 기관장은 관사 생활을 하면서 업무를 챙기던 관행이 사라졌다는 얘기다. 게다가 출퇴근 시간도 정해져 있지 않고, 일이 있으면 출근이요, 일을 마치면 퇴근이라는 '마음대로' 근무였다.

공직자 출퇴근 시간을 두고 뒷말이 나오면 공직기강 점검이
뒤따라오는 것은 너무나 당연한 일이다. 감찰기관의 공직자 출퇴
근 시간 체크는 궁궐 나들목인 동십자각과 서십자각에서 이뤄졌
다. 서십자각은 지하철 3호선 경복궁역 부근에 위치해 있었으나
일제강점기에 전철이 생기면서 허물어졌다. 동십자각은 광화문에
서 국립현대미술관 쪽 네거리의 망루로 아직 남아 있다. 체크 포
인트에서는 공직자들의 출퇴근 시간, 음주와 군복 착용 여부가
중점 점검 대상이었다. 지각하는 관리들에게 곤장 열 대로 처벌
을 강화해야 한다는 건의가 있었다고 『성종실록』은 기록한다. 상
습적으로 지각하는 관리를 파면시키라는 임금의 특별지시도 내
려졌다. 오죽했으면 지각하는 공직자에게 매질하고 파면하라는
지시까지 내리는 상황이 벌어졌을까. 그것도 임금 곁에 일하는
공직자들이 이 지경이었으니 지방으로 가면 엉망이었을 것이다.

하기야 '모범생' 정약용도 공직기강 점검에서 걸린 적이 있
다. 34살 때인 1795년 규장각의 당직 근무를 서다가 징계를 받았
다. 이유는 군복을 입고 근무하는 규정을 어겼다는 것이다. 한마
디로 복장 불량이다. 요즘 같으면 을지훈련 때 노란색(또는 청록
색) 민방위복을 입지 않고 근무를 했다는 얘기다. 징계를 받은 정
약용은 한동안 공직을 떠나 있어야 했다. 나중에 심환지가 정조

에게 "정약용이 '군복의 일'로 인해 특명을 내려 벼슬을 그만두게 한 뒤 이제껏 풀리지 않았지만 그 사람은 쓸 만하다"면서 복직을 건의해서 공직에 복귀했다. '군복의 일'이 바로 군복 착용 위반이라는 공직기강 해이 건이다.

정약용이 군복 미착용으로 징계를 받을 정도였으니 다른 공직자들의 기강 해이는 말할 것도 없었다. 낮술을 즐기는 관리들이 적지 않았고, 심지어 임금을 모시는 비서실의 당직 비서관이 음주 근무를 하다 적발된 적도 있다. 세조가 밤에 불시에 승지(비서관)를 찾아서 질문을 했는데, 만취한 승지가 제대로 대답을 못하는 일도 발생했다. 전쟁 중에 비변사(계엄사령부)의 비밀보고가 임금에게 보고되지 않고 비서진에서 묵살된 일까지 생긴다. 임진왜란 발발 4년 뒤인 1596년 비변사가 비밀보고를 올렸는데 승지가 임금에게 보고도 하지 않았고, 비변사에 보내는 답신도 사흘이나 묵혔다. 비상계엄 상황에서 최우선 순위에 둬야 할 계엄사 보고가 묵살되는 도저히 있을 수 없는 일이, 그것도 임금 주변에서 벌어진 것이다. 담당 승지 파면은 당연한 일이다.

임진왜란을 겪은 선조 때는 임금의 비서실장인 도승지가 자신의 업무를 한 달씩 미루다가 사헌부 탄핵을 받는 일도 일어났다. 개인 업무를 보려고 무단결근하고 충청도를 다녀온 고위 관리도 적발됐다. 요즘처럼 KTX나 SRT가 있으면 당일치기도 가능

정약용 코드

했겠지만, 조선시대에 충청도 왕복은 장거리 일정이다. 그러고 보면 임진왜란이 괜히 일어난 게 아니다. 공직기강은 풀어질 대로 풀어져 있었다. 그것도 권력의 핵심부터 무너져 내렸다.

임금 곁에 있는 관리들은 모두들 편한 자리만 찾았고, 임금을 곁에서 모시는 힘든 자리는 기피했다. 숙종은 "사간원은 임금의 이목을 맡은 곳이고 옥당(홍문관)은 논사하는 곳인데, 모두 잠깐 들렀다가 잠깐 만에 나가 버리니 무슨 일이 되겠는가? 그나마도 중대사나 큰 시비를 가릴 일이 있어 부르면 그때마다 병이 있다고 핑계를 댄다"고 한탄을 했다. 대통령실 비서실에 해당되는 승정원도 경력관리 차원에서 잠깐 근무한 뒤 빠져나가려고 발버둥을 쳤다는 게 조선의 현실이었다. 조선에서는 임금을 가까이서 보좌하는 곳은 기피하려는 3D 근무처였고, 오로지 편안한 지방 수령 자리만 좇았던 것이다.

해이해진 공직기강을 다잡고 부정부패를 적발해 내기 위한 암행어사 제도는 성종 때 처음 실시됐다가 17세기 들어 활성화됐다. 산천초목을 떨게 하면서 위세를 누린 암행어사의 활약상은 『춘향전』 등에서 화려하게 나오지만 실제로는 그렇지 않았다. 정약용은 암행어사 제도의 문제점을 조목조목 지적한다. 3~4년에 한 번씩 암행어사를 파견한다는 게 조정의 방침이지만, 실제로는 7~8년 만에 한 번씩 파견에 그쳤다. 수시 암행어사 파견으로 공

직사회의 긴장감을 높여야 했지만 '어쩌다' 어사 파견에 그쳤다
는 얘기다.

　기강을 다잡고 부정부패를 척결해야 할 암행어사가 오히려
비리에 연루되기도 했다. 어사가 성 상납을 받거나 기생을 유혹
하는 일도 벌어졌다. 암행어사 박래부는 황진이와 함께 조선의
3대 명기로 꼽히던 기생 부용에게 황금집에 살게 해주겠노라고
유혹했다가 논란을 겪었다. "암행어사 출도"를 외친 다음 향응
을 받은 어사 같지 않은 암행어사도 나왔고, 암행어사가 나타나
자 수령이 성문을 닫아버리고 조사를 방해하는 일도 있었다. 암
행어사의 위신이 말이 아니었다. 암행어사가 압수한 불법 문서를
수령이 훔쳐가고, 암행어사를 사칭해서 아전과 백성들로부터 재
물을 빼앗는 일도 발생했다. 임금의 암행어사가 이런 대접을 받
을 정도로 권위는 땅에 떨어졌다. 바닥에 떨어진 것은 암행어사
의 권위만이 아니었다. 그것은 임금의 권위였고 조선이라는 나라
의 권위였다.